全国职业教育"十二五"精品教材

管 理 学

主 编 金 武 朱庆宝 李 贞

航空工业出版社

北 京

内 容 提 要

本书通过将管理理论和实践相结合，深入浅出地介绍了管理学的基础知识，体现了理论源自实践，又反过来指导实践的思想。全书共分 10 章，内容包括管理概述、管理理论的演进、计划、组织、领导、控制、激励与沟通、人力资源管理、营销管理、企业战略管理等。

本书从培养学生管理技能的角度出发，构建内容体系，创新编写体例，增强管理理论的实践性和应用性，可供各类职业院校经管类专业及相关专业学生选用，也可供从事管理工作的人员学习、参考。

图书在版编目（CIP）数据

管理学 / 金武，朱庆宝，李贞主编. -- 北京 ：航空工业出版社，2011.8
 ISBN 978-7-80243-801-9

I. ①管… II. ①金… ②朱… ③李… III. 管理学 IV. ①C93

中国版本图书馆 CIP 数据核字(2011) 第 150440 号

管理学
Guanlixue

航空工业出版社出版发行
（北京市安定门外小关东里 14 号　100029）
发行部电话：010-64815615　　010-64978486
北京市科星印刷有限责任公司印刷　　全国各地新华书店经销
2011 年 8 月第 1 版　　　　　　　　2011 年 8 月第 1 次印刷
开本：787×1092　　1/16　　印张：14.25　　字数：356 千字
印数：1—3000　　　　　　　　　　　　　定价：29.80 元

编者的话

管理学是一门新兴的学科，也是一门实践性、应用性很强的学科，其对个人、企业、国家甚至整个社会的进步都起着巨大的推动作用。随着全球化进程的加快和科学技术的发展，管理的理论层出不穷，管理的工具日益增多，管理的方法令人耳目一新，管理学还在蓬勃发展之中。

本书抓住了管理理论和实践的精髓，深入浅出地介绍了管理学的基础知识。全书共分 10 章，内容包括管理概述、管理理论的演进、计划、组织、领导、控制、激励与沟通、人力资源管理、营销管理、企业战略管理等。

在本书的编写过程中，我们对国内外最新学术成果进行了综合、充实和完善，在展示本学科前沿成果的同时力求使内容浅显易懂，使学生在最短时间内能够掌握管理学的基本框架。本书从培养学生管理技能的角度出发，构建内容体系，创新编写体例，增强管理理论的实践性和应用性。

（1）在结构安排上，以基本概念、基本原理和基本技能为基础，以管理理论和管理思想为前提，以管理的四大基本职能为重点，并突出管理在企业中的应用，以此构建内容体系，力求深入浅出，环环相扣。

（2）在编写体例上，坚持形式为内容服务，并进行大胆创新。本书的编写体例具有以下特点：

- ➢ 每个项目的开始都设有"引子"和"本章内容提要"，提示学生注意把握知识要点；同时，精心选择导入案例，以增强对项目内容的导入力度，提升学生的求知欲。
- ➢ 内容讲解中，根据需要设计了"知识链接"、"管理故事"、"管理案例"、"课堂互动"等模块，加强学生对理论知识的理解，提高学生的学习兴趣。
- ➢ 每个项目之后除了正常的"项目小结"和"思考与练习"外，还设计了针对性较强的"案例分析"和"综合实训"。其中，"案例分析"对"案例导入"的内容进行了详细的解析，以提高学生分析问题、解决问题的能力；"综合实训"则可有效地促进学生运用所学知识处理实际问题，有助于真正培养学生的管理技能。

本书由牡丹江大学的金武、朱庆宝、李贞任主编，曲岚、李柏权、李卫红、赵月霞任副主编。其中金武编写项目三至项目六，朱庆宝编写项目一，李贞编写项目二，曲岚编写项目项目七，李柏权编写项目九，李卫红编写项目八，赵月霞编写项目十。最后全书由金武统稿。

本书参考了大量的文献资料，但个别地方难免会有疏漏，敬请诸位专家学者谅解。在此，我们向参考过的文献的作者表示诚挚的谢意。由于编写时间仓促，编者水平有限，书中疏漏与不当之处在所难免，敬请广大读者批评指正。

编　者

2011 年 8 月

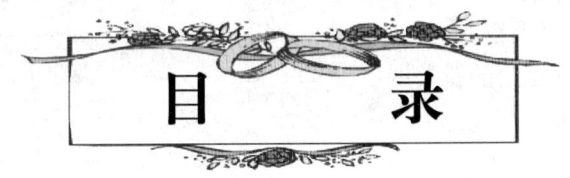

目　　录

项目一　管理概述 ... 1
案例导入——升任公司总裁后的思考 ... 1
任务一　掌握管理的基础知识 ... 2
　　一、管理的概念 ... 2
　　二、管理的二重性 ... 2
　　三、管理的基本职能 ... 3
　　四、管理的过程 ... 4
任务二　了解管理者的基础知识 ... 4
　　一、管理者的概念 ... 4
　　二、管理者的分类 ... 4
　　三、管理者的角色 ... 5
　　四、管理者应具备的基本素质 ... 6
　　五、管理者应具备的基本技能 ... 7
任务三　了解管理学的特点与研究方法 ... 8
　　一、管理学的概念 ... 8
　　二、管理学的特点 ... 8
　　三、管理学的研究内容 ... 9
　　四、管理学的研究方法 ... 10
案例分析——从助理到总裁的跨越 ... 11
综合实训　企业调查与访问 ... 11
项目小结 ... 12
思考与练习 ... 13

项目二　管理理论的演进 ... 14
案例导入——赵助理的烦恼 ... 14
任务一　了解古典管理理论 ... 15
　　一、泰罗的科学管理理论 ... 15
　　二、法约尔的一般管理理论 ... 18
　　三、韦伯的行政组织理论 ... 20
　　四、古典管理理论的贡献与局限性 ... 22
任务二　了解行为科学理论 ... 22
　　一、梅奥的人际关系学说 ... 23
　　二、麦格雷戈的"X-Y理论" ... 24
任务三　掌握现代管理理论 ... 25

一、现代管理理论的代表学派 25
　　二、现代管理理论的特点 29
　任务四　了解管理理论的新发展 29
　　一、企业再造理论 29
　　二、战略管理理论 30
　　三、学习型组织理论 31
　　四、企业文化理论 32
　案例分析——利达公司的出路 32
　综合实训　利用现代管理理论解决公司难题 33
　项目小结 34
　思考与练习 35
项目三　计　划 37
　案例导入——艾琳化妆品公司的计划 37
　任务一　了解计划的基础知识 38
　　一、计划的概念与内容 38
　　二、计划的性质 39
　　三、计划的分类 39
　　四、计划的作用 40
　任务二　掌握制定计划的步骤 41
　　一、环境分析 41
　　二、确定目标 44
　　三、拟定可行性计划方案 45
　　四、评估备选方案 46
　　五、选定方案 46
　　六、拟定派生计划 46
　　七、通过编制预算使计划数字化 46
　任务三　掌握制定计划的方法 47
　　一、甘特图法 47
　　二、滚动计划法 47
　　三、网络计划技术 48
　任务四　掌握决策的基础知识 50
　　一、决策概述 50
　　二、决策的分类 51
　　三、决策的程序 52
　　四、决策的方法 54
　综合实训　编制企业计划书 60
　案例分析——对艾琳化妆品公司计划的解析 61
　项目小结 62
　思考与练习 63

目录

项目四 组 织 ·· 65
案例导入——胡经理的难题 ··· 65
任务一 了解组织的基础知识 ··· 66
一、组织的概念 ··· 66
二、组织的特征 ··· 66
三、组织的分类 ··· 67
四、组织的作用 ··· 68
任务二 掌握常见的组织结构 ··· 69
一、直线制结构 ··· 69
二、职能制结构 ··· 69
三、直线职能制结构 ·· 70
四、事业部制结构 ·· 71
五、矩阵制结构 ··· 72
六、网络制结构 ··· 73
任务三 掌握组织设计的基本程序 ······································ 74
一、组织设计的概念 ·· 74
二、组织设计的基本程序 ··· 74
三、组织设计的原则 ·· 77
任务四 了解组织文化的结构和建设步骤 ··························· 78
一、组织文化的概念 ·· 78
二、组织文化的结构 ·· 78
三、组织文化的内容 ·· 79
四、组织文化的功能 ·· 80
五、组织文化的建设 ·· 80
案例分析——鼎立建筑公司的改进策略 ····························· 81
综合实训 分析企业的组织结构 ·· 82
项目小结 ··· 83
思考与练习 ··· 84

项目五 领 导 ·· 86
案例导入——哪种领导方式最有效 ···································· 86
任务一 了解领导的基础知识 ··· 87
一、领导的概念 ··· 87
二、领导的作用 ··· 88
三、领导的权力 ··· 88
任务二 掌握领导的理论 ··· 90
一、领导特质理论 ·· 90
二、领导行为理论 ·· 91
三、领导权变理论 ·· 93
任务三 了解领导的艺术 ··· 97

一、领导艺术的概念 ··· 97
　　二、领导艺术的特点 ··· 97
　　三、领导艺术的内容 ··· 98
　案例分析——3 种风格迥异的领导方式 ······························· 100
　综合实训　校园模拟指挥 ··· 101
　项目小结 ·· 102
　思考与练习 ··· 103

项目六　控　制 ··· 105
　案例导入——格雷格厂长的目标与控制 ······························ 105
　任务一　了解控制的基础知识 ·· 106
　　一、控制的概念 ·· 106
　　二、控制的结构 ·· 106
　　三、控制的分类 ·· 107
　　四、控制的基本原则 ··· 108
　　五、控制的作用 ·· 109
　任务二　掌握控制的过程 ··· 110
　　一、确定控制标准 ··· 110
　　二、衡量工作成效 ··· 112
　　三、纠正偏差 ·· 113
　任务三　掌握控制的方法 ··· 114
　　一、预算控制 ·· 115
　　二、非预算控制 ·· 117
　案例分析——格雷格厂长的有效控制方法 ···························· 120
　综合实训　个人消费控制 ··· 121
　项目小结 ·· 122
　思考与练习 ··· 123

项目七　激励与沟通 ··· 125
　案例导入——黄工为什么会走 ·· 125
　任务一　了解激励的基础知识 ·· 126
　　一、激励的概念 ·· 126
　　二、激励的过程 ·· 127
　　三、激励的分类 ·· 127
　　四、激励的原则 ·· 128
　任务二　掌握激励理论 ·· 129
　　一、需要层次理论 ··· 129
　　二、双因素理论 ·· 131
　　三、期望值理论 ·· 131
　　四、公平理论 ·· 132
　　五、强化理论 ·· 133

任务三 掌握激励的方法与技巧 134
一、激励的方法 134
二、激励的技巧 136

任务四 了解沟通的基础知识 137
一、沟通的概念 137
二、沟通的过程 137
三、沟通的分类 138
四、沟通网络 140

任务五 掌握有效沟通的技巧 142
一、沟通的障碍 142
二、有效沟通的技巧 143

案例分析——为何伯乐难留良马 145
综合实训 沟通能力的培养 146
项目小结 147
思考与练习 148

项目八 人力资源管理 150
案例导入——销售明星小白 150
任务一 了解人力资源管理的基础知识 151
一、人力资源管理概述 151
二、人力资源管理的特点 152
三、人力资源管理的职能 152

任务二 掌握人力资源管理的过程 153
一、人力资源规划 153
二、招 聘 154
三、员工培训 156
四、绩效评估 158

任务三 了解员工薪酬与福利管理的内容 161
一、薪酬管理 161
二、福利管理 163

案例分析——小白的去留 165
综合实训 招聘过程演练 165
项目小结 166
思考与练习 167

项目九 营销管理 169
案例导入——宝马：消费者钟爱的品牌车 169
任务一 了解市场营销的基础知识 170
一、市场营销概述 170
二、市场营销的功能 170
三、营销管理的过程 171

四、市场营销观念的演变 171
任务二　掌握产品策略 173
　　一、产品生命周期策略 173
　　二、品牌策略 175
　　三、包装策略 177
任务三　掌握价格策略 178
　　一、新产品定价策略 178
　　二、产品组合定价策略 179
　　三、心理定价策略 180
　　四、折扣定价策略 181
任务四　了解分销渠道策略 183
　　一、分销渠道的概念 183
　　二、分销渠道的功能 183
　　三、分销渠道的设计 183
　　四、分销渠道的管理 184
任务五　了解促销策略 185
　　一、人员推销 185
　　二、广告促销 186
　　三、营业推广 188
　　四、公共关系营销 188
案例分析——宝马集团的营销组合策略分析 189
综合实训　了解宝洁公司日化产品的定价策略 190
项目小结 191
思考与练习 193

项目十　企业战略管理 195
案例导入——沃尔玛的"平价观" 195
任务一　了解战略管理的基础知识 195
　　一、战略管理概述 195
　　二、战略管理的原则 196
　　三、战略管理的任务 197
任务二　掌握企业战略管理的过程 197
　　一、战略分析阶段 198
　　二、战略制定与选择阶段 199
　　三、战略实施与控制阶段 201
任务三　掌握战略管理的方法 204
　　一、SWOT 分析法 204
　　二、波士顿矩阵 206
　　三、麦肯锡矩阵 207
案例分析——沃尔玛的成本领先战略 207

综合实训　SWOT 分析法的应用 ………………………………………… 209
项目小结 ……………………………………………………………………… 210
思考与练习 …………………………………………………………………… 211

参考文献 …………………………………………………………………… 213

项目一　管理概述

【引　子】

　　管理作为人类社会协作劳动和共同生活的产物,其实践活动和人类历史一样悠久。随着生产力的发展和人类社会的进步,生产和社会分工的细化以及协作程度的不断加深,管理活动逐步趋向于专业化和科学化,并广泛渗透到社会生活的各个领域。

【本章内容提要】

◇　掌握管理的概念、二重性、基本职能和过程;
◇　了解管理者的概念、分类、角色,以及管理者应该具备的基本素质和基本技能;
◇　了解管理学的概念、特点、研究内容和研究方法。

案例导入——升任公司总裁后的思考

　　郭宁最近被所供职的生产机电产品的公司聘为总裁。在他准备去接任此职位的前一天晚上,他浮想联翩,回忆起他在该公司工作20多年的经历。

　　郭宁在大学里学的是工业管理,大学毕业后就到该公司工作,最初担任液压装配部的助理监督。当时他对液压装配所知甚少,在管理工作上也没有实际经验,他几乎每天都是手忙脚乱。由于郭宁非常认真好学,加上监督长对他的指点,经过半年多的时间,郭宁已经掌握了每日的作业管理情况,能够独自承担液压装配的监督工作。

　　由于表现出色,郭宁被提升为装配部经理,负责包括液压装配部在内的4个装配单位的领导工作。当他担任装配部经理时,他发现自己除了要关心当天的装配工作情况之外,还得做出此后数周乃至数月的工作计划,还要参加很多会议,完成很多报告。此时,他没有过多的时间从事他过去喜欢的技术工作,而是要腾出更多的时间用于规划工作和帮助下属,使下属的工作做得更好,也使自己有更多的时间去参加会议、批阅报告,并完成向上级的工作汇报。

　　在他担任装配部经理6年之后,正好该公司负责规划工作的副总裁辞职,郭宁便主动申请担任此职务。他自信拥有担任新职务的能力,但由于此高级职务工作的复杂性,他在刚接任时遇到了不少麻烦。但他还是渐渐适应了,做出成绩之后,后来被提升为负责生产工作的副总裁,而这一职位往往是由公司最资深的人来担任的。

　　现在,郭宁又被提升为总裁。他知道,一个人当上公司最高主管职位之时,他应该自信拥有处理任何情况的能力,但他也明白自己尚未达到那种水平。因此,他不禁为以后的工作而担忧!

问题

1. 郭宁当上总裁后,其主要职责与过去相比有了哪些变化?
2. 郭宁要想胜任公司总裁的工作,必须具备哪些管理技能?

任务一 掌握管理的基础知识

一、管理的概念

管理是指在特定环境下,通过计划、组织、领导和控制等职能,协调以人为中心的组织资源,以有效实现组织目标的活动或过程。

上述管理的概念中包含 5 个方面的含义:

(1)管理工作是在特定的环境下进行的,有效的管理必须审时度势、因势利导、灵活应变。

(2)管理的基本职能是计划、组织、领导和控制。

(3)管理的本质是协调。

(4)管理的对象和内容是组织资源,包括人、财、物、信息、技术、时间、组织信誉和社会关系等。管理工作的有效性体现在对这些资源的合理、高效利用。

(5)管理的目的是有效实现组织目标。

【知识链接】

管理的各种定义

关于管理的定义,仁者见仁,智者见智。以下是几种有代表性的观点:

世界百科全书的解释是:管理就是对工商企业、政府机关、人民团体及其他各种组织的一切活动的指导,其目的是使每一行为或决策有助于实现既定的目标。

重视管理者个人领导艺术的管理学家认为:组织中一切有目的的活动都是在不同层次的领导者的领导下进行的,管理就是领导。

重视决策作用的管理学家认为:组织中任何工作都是通过一系列决策完成的,管理就是决策。

重视管理职能的管理学家认为:管理就是对被管理对象实施一系列管理职能的过程。

重视协调工作的管理学家认为:管理就是在某一组织中,为完成目标而从事的对人与物质资料的协调活动。

二、管理的二重性

管理具有二重性,这是由生产过程本身的二重性所决定的。生产过程是由生产力和生产关系组成的统一体,这一性质决定着管理也具有组织生产力与协调生产关系两重功能,从而使管理具有自然属性和社会属性。

（一）自然属性

管理的自然属性是指由共同劳动的社会化性质决定的、与生产力相联系的、不以人的意志为转移，也不因社会制度的不同而改变的一种客观存在的性质，即在任何时代、任何国家、任何组织中都存在管理活动、管理思想、管理制度和管理方法。

（二）社会属性

管理的社会属性是由共同劳动所采取的社会结合方式的性质决定的，是与生产关系直接相联系的。管理的社会属性实际上体现的是"为谁管理"的问题，因此，管理必然是维护生产关系的。

三、管理的基本职能

管理职能是指管理者实施管理的功能或程序，即管理者在实施管理活动中所体现出来的具体作用及实施程序或过程。管理实践证明，计划、组织、领导与控制是一切管理活动最基本的职能。

（一）计 划

计划是管理的首要职能，管理活动从计划工作开始。计划职能的主要任务是在收集大量资料的基础上，对组织未来环境的发展趋势作出预测，并根据预测的结果和组织拥有的可支配资源建立组织目标，然后制定出各种实施目标的方案、措施和具体步骤，为组织目标的实现作出完整的谋划。

（二）组 织

计划的实施需要其他成员的合作，组织工作正是从人类对合作的需要中产生的。组织职能有两层含义：一是进行组织结构的设计、构建和调整，如成立某些机构或对现有机构进行调整和重塑等；二是企业为实现计划目标所进行的必要的组织过程，如进行人员、资金、技术、物资等的调配，并组织实施等。

（三）领 导

领导职能贯穿于整个管理过程中，是集中体现管理者素质和管理能力的核心环节。为了使领导工作卓有成效，管理者必须了解个人和组织行为的动态特征，激励员工以进行有效的沟通。

（四）控 制

控制职能是管理过程的监视器和调节器，其作用是检查组织活动是否按照既定的计划、标准和方法进行，及时发现偏差、分析原因并进行纠正，以确保组织目标的顺利实现。控制职能与计划职能有着十分密切的联系，计划是控制的标准和前提，控制的目的是为了计划的顺利实现。

【课堂互动】

以你组织某次班级活动或社团活动为例，解释说明管理的四大职能。

四、管理的过程

管理是一个各项职能活动周而复始的循环过程。没有计划便无法控制，没有控制也就无法积累制定计划的经验。企业往往在进行控制工作的同时，又需要编制新的计划或对原有计划进行修改。同时，没有组织架构，便无法实施领导，而在实施领导的过程中，又可能反过来对组织进行调整。

就总体而言，管理工作一般都是从计划开始，经过组织、领导，到控制结束，如图1-1所示。

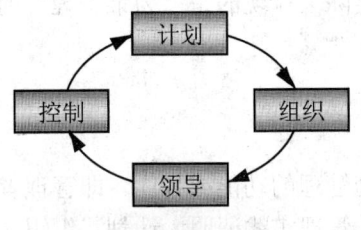

图1-1　管理过程循环图

任务二　了解管理者的基础知识

一、管理者的概念

管理者是指在组织中从事管理活动的人员，即在组织中担负计划、组织、领导和控制等工作，以期实现组织目标的人员。

现代观点认为，管理者的首要标志是对组织目标负有责任，只要共同承担职能责任，对组织的成果有贡献，他就是管理者。此外，管理者除了指挥别人完成工作以外，其自身也可能承担某项具体的工作。

二、管理者的分类

按照管理者在组织中所处的层次划分，管理者可分为高层管理者、中层管理者和基层管理者，如图1-2所示。

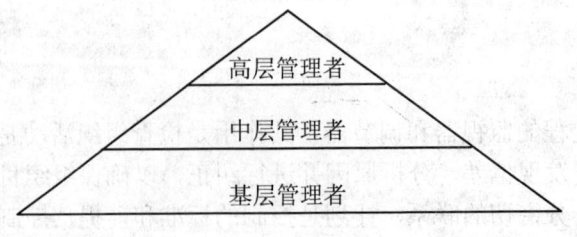

图1-2　管理者的层次

（一）高层管理者

高层管理者是指对整个组织的管理工作负有全面责任的管理者。其主要职责是：制定组织的总体目标和战略，掌握组织的大政方针，并评价整个组织的绩效。高层管理者在与外界的交往中往往代表组织，以"官方"的身份出现。

（二）中层管理者

中层管理者通常是指处于高层管理者和基层管理者之间的一个或若干个中间层次的管理者。其主要职责是：贯彻执行高层管理者所制定的重大决策，监督和协调基层管理者的工作。与高层管理者相比，中层管理者更注重日常事务的管理。

（三）基层管理者

基层管理者又称一线管理者，是指组织中处于最低层次的管理者，他们所管辖的仅仅是作业人员而不涉及其他管理者。其主要职责是：给下属作业人员分派具体的工作任务，直接指挥和监督现场作业活动，保证各项任务的有效完成。

【管理故事】

丙吉问牛

西汉宣帝时期，丞相丙吉十分关心百姓的疾苦，经常外出考察民情。有一天，丙吉到长安城外去视察民情，走到半路就有人拦轿喊冤，查问之下原来是有人打架斗殴致死，家属来告状。丙吉回答说："不要理会，绕道而行。"走了没多远，随从又发现有一头牛躺在路上直喘气，丙吉下轿围着牛看了很久，问了很多问题。人们就议论纷纷，说这个丞相不称职，死了人不管，对一头生病的牛却那么关心。

皇帝听到传言之后就问丙吉为什么这样做，丙吉回答说："这很简单，打架斗殴是地方官员该管的事，如果他渎职不办，再由我来查办他，我绕道而行没有错。丞相管天下大事，现在天气还不热，牛就躺在地上直喘气，我怀疑今年天时不利，可能有瘟疫出现。要是瘟疫流行，我没有及时察觉就是我的失职。所以，我必须弄清楚这头牛生病的原因。"一番话说得皇帝连连称赞。

管理启示：管理者应该清楚自己所处的层次，明白自己的职责，有所为、有所不为。

三、管理者的角色

20世纪60年代末，加拿大管理大师亨利·明茨伯格提出"管理者角色"理论，他将管理者的角色分为人际角色、信息角色和决策角色3个方面，这3个方面又包含着10种不同但却高度相关的角色，如表1-1所示。

【课堂互动】

张玲是一家造纸厂的厂长，这家工厂正面临着一项指控：厂里排泄的废水污染了邻近的河流。因此，张玲必须到当地的管理局去为本厂申辩。李刚负责厂里的生产管理，他刚接到通知：昨天向本厂提供包装纸板箱的供应商遭了火灾，至少在1个月内无法供货，而本厂的包装车间想知道他们该做什么。罗兰主要负责文字处理和办公室的工作，办公室的两个职工为争一张办公桌发生了一场纠纷，这件事情要由罗兰去处理。

在上述案例中，张玲、李刚、罗兰这3人都是管理者。请问，他们3人分别扮演了管理者的什么角色？

表 1-1　明茨伯格的"管理者角色"理论

	角色	描述	主要活动
人际角色	代表人	象征性的首脑，必须履行法律性或社会性的例行义务	迎接来访者，签署法律文件
	领导者	负责激励和动员下属，以及人员配备、培训和交流	实际上从事所有的有下级参与的活动
	联络者	维护自行发展起来的外部关系网络，协调组织内外部的关系	发感谢信，从事其他外部活动
信息角色	监督者	获取各种特定的即时信息，以便透彻地了解组织与环境，是组织内部和外部信息的神经中枢	阅读期刊和报告，保持私人接触
	传播者	将从外部和下级得到的信息传递给组织的其他成员	举行信息交流会，用各种方式传达信息
	发言人	向外界发布有关组织的计划、政策、行动、结果等信息，是组织所在行业的专家	举行董事会议，向媒体发布信息
决策角色	企业家	寻求组织和环境中的机会，制定改进方案并发起变革，监督某些方案的策划	制定战略，检查会议执行情况，开发新项目
	对抗者	当组织面临重大的或意外的动乱时，负责采取补救行动	制定战略，检查陷入混乱和危机的时期
	资源分配者	负责分配组织的各种资源，批准所有重要的组织决策	从事涉及预算的各种活动，并安排下级的工作
	谈判者	在主要的谈判中作为组织的代表	合同谈判

四、管理者应具备的基本素质

管理者素质是指一个管理者应该具备的内在的基本属性与质量。一般来说，管理者的素质包括思想政治素质、业务素质、工作能力素质、身体素质和心理素质等。

（一）思想政治素质

管理者的思想政治素质是指管理者在行为、作风中所表现出来的思想、认识和品行等方面的特质，具体表现在以下几个方面：① 正确的世界观、人生观和价值观；② 现代化的管理思想；③ 强烈的事业心、高度的责任感、正直的品质、民主的作风；④ 实事求是、勇于创新的精神。

（二）业务素质

优秀的管理者应该掌握以下几个方面的业务知识：① 市场经济的基本运行规律和基本理论；② 组织管理的基本原则、方法、程序和各项专业管理的基本知识；③ 心理学、组织行为学、社会学等方面的专业知识。

（三）工作能力素质

管理者不仅要具有一定的业务知识，还要有较高的工作能力，如较强的分析、判断、概括能力，组织、指挥和控制能力，沟通、协调组织内外各种关系的能力，不断探索和创新的能力、知人善任的能力等。

（四）身体素质

管理者的指挥、协调、组织活动，需要有足够的智慧，也需要消耗大量的精力。因此，管理者必须具有强健的体魄和充沛的精力。

（五）心理素质

面对复杂多变的环境和各种不同类型的任务，管理者要想应付自如、游刃有余，还要具备健康的心理素质，如有主见、非武断，有勇气、非鲁莽，有毅力、非固执，心胸豁达等。

【知识链接】

优秀管理者必备的"十商"

（1）德商（MQ）：是指一个人的道德品质，包括体贴、尊重、容忍、宽容、诚实、负责、平和、忠心、礼貌等各种美德。

（2）智商（IQ）：是一种表示人智高低的数量指标。

（3）情商（EQ）：是指控制自己情绪和处理人际关系的能力。

（4）逆商（AQ）：是指面对逆境承受压力的能力，或承受失败和挫折的能力。

（5）胆商（DQ）：是指一个人胆量、胆识、胆略的度量，体现了一种冒险精神。

（6）财商（FQ）：是指理财能力，特别是投资能力。

（7）心商（MQ）：是指维持心理健康、缓解心理压力、保持良好心理状况和活力的能力。

（8）志商（WQ）：是指一个人的意志品质水平，包括坚韧性、目的性、果断性、自制力等。

（9）灵商（SQ）：是指对事物本质的顿悟能力和直觉思维能力。

（10）健商（HQ）：是指一个人所具有的健康意识、健康知识和健康能力。

五、管理者应具备的基本技能

（一）管理者的一般技能

管理技能是相对于管理者在具体管理方面的能力而言的，是对管理能力的概括和总结。一般来说，管理者应该具备的基本技能包括技术技能、人际技能和概念技能3个方面。

1. 技术技能

技术技能是指管理者使用某一专业领域内的技术和知识来完成组织任务的能力，包括专业知识、经验、技术、技巧、程序、方法，以及运用工具的熟练程度等。

2. 人际技能

人际技能是指管理者处理人际关系的技能。人际技能要求管理者了解别人的信念、思考方式、感情、个性，以及每个人对自己、对工作、对集体的态度，还要掌握评价和激励员工的一些技术和方法，最大限度地调动员工的积极性和创造性。

3. 概念技能

概念技能是指管理者观察、理解和处理各种全局性的复杂关系的抽象能力。具有概念技能的管理者通常把组织看成一个整体，能把握组织之间、个人之间、组织与个人之间的关系，了解组织行动的过程和结果；能识别问题，发现机遇和威胁，并选定方案进行决策。

（二）不同层次管理者对技能的要求

技术技能、人际技能和概念技能是各个层次管理者都需要具备的3种技能，只是不同层次的管理者对这3种技能的要求程度会有所不同。

一般来说，越是处于高层的管理者，越是要制定全局性的决策，以便抓住问题的实质，并根据问题和实质果断地作出正确的决策。而作为基层管理者，他们每天的工作是从事具体的作业活动管理，及时解决基层工作中出现的各种具体问题，因此他们必须全面而系统地掌握与其工作内容相关的各种技术技能。

图1-3所示为不同层次的管理者对3种技能要求的比例关系。

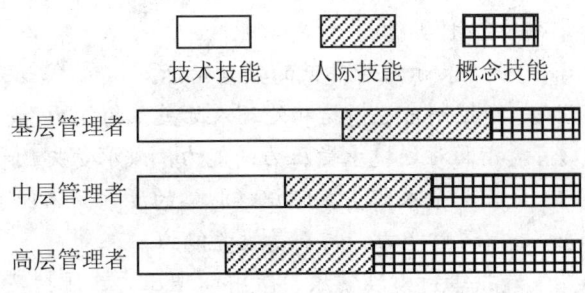

图1-3　不同层次的管理者对3种技能要求的比例关系

任务三　了解管理学的特点与研究方法

一、管理学的概念

管理学是一门从管理实践中形成和发展起来的，系统地研究管理活动及其基本规律和一般方法的学科。

近几十年来，随着社会的不断进步和管理活动的日益丰富，管理越来越受到重视。这就为全面、系统地研究管理活动过程中的客观规律和一般方法提供了必要的条件和基础，从而使管理学的研究不断得到充实和发展。

二、管理学的特点

（一）管理学是一门综合性的学科

每个组织的管理都涉及人、财、物、信息、技术、环境等要素的动态平衡。管理过程的复杂性、动态性和管理对象的多样性决定了管理知识、方法和手段的多样化。因此，管理学也必然涉及众多的学科，如哲学、经济学、社会学、心理学、数学等，这就要求管理者要有广博的知识。

（二）管理学是一门具有艺术性的学科

管理学作为一门指导人们从事管理工作的学科，不可能为管理者提供所有管理问题的标准答案。管理学只是探索管理的一般规律，提出管理的一般理论、原则和方法等，而要将这些理论、原则和方法应用到实践中，还要求管理者从实际出发，因地制宜地加以选择。从这个意义上讲，管理学具有一定的艺术性。

> 管理的科学性和艺术性是相互补充的。不注重管理的科学性，这种艺术性就会表现为随意性；反之，不注重管理的艺术性，管理学就会变成僵硬的教条。管理的科学性来源于实践，而艺术性要结合具体情况并在实践中体现出来，二者是有机统一的。

（三）管理学是一门不精确的学科

人们通常把在给定条件下能够得到确定结果的学科成为精确学科（如数学、物理学等），只要给出足够的条件，按相关法则运算就能得到确定的结果。管理学则不然，在已知条件完全相同时，有可能产生截然不同的结果。这就要求管理者在处理问题时，要时刻注意密切结合实际，而不应该生搬硬套管理学的基本原理。

（四）管理学是一门应用性的学科

管理不可能脱离实践，管理理论必须与管理实践相结合。管理者要想有效地实施管理活动，不仅要掌握一定的管理知识和理论，而且要能灵活地将所掌握的管理知识应用于实践之中。这就要求管理者在掌握管理知识的基础上，通过实践和应用，培养灵活运用管理知识的技能。

【管理故事】

南风的威力

北风要和南风比试威力，南风说："好吧，我们就比一比看谁能把行人身上的大衣脱掉。"

北风首先舞动霜剑冰刀，搅得周天寒彻，结果行人为了抵御严寒的侵袭，便把大衣裹得紧紧的。

南风则徐徐吹动柳枝，顿时风和日丽，行人因为觉得春暖上身，始而解开纽扣，继而脱掉大衣。最终，南风获得了胜利。

管理启示： 管理学既是一种遵循规律、照章办事的科学，同时更是一门讲究方法、注重感情的艺术。有时，艺术的方法、真挚的情感比科学的制度更为有效。

三、管理学的研究内容

管理学主要研究管理工作的客观规律性，即如何根据客观规律的要求来建立一定的理论、原则、组织形式、方法和制度，指导管理的实践，实现管理的预期目标。具体来说，管理学的研究内容主要涉及以下几个方面。

（一）基础部分

基础部分主要从一般意义上对管理学进行总体描述，为管理学的学习与研究构建总纲和基础，其内容包括管理的概念、性质、职能，管理者的角色与技能，管理学的特点等。

（二）原理部分

原理部分主要从管理规律的角度阐明管理应遵循的各项原理与原则，研究反映管理活动本质内容的基本管理理论，并分析由这些理论派生出来的各项管理原则的内涵、要求等内容。

（三）职能部分

职能部分主要从管理过程的角度分析"管理是什么"的问题，奠定管理学学习与研究的世界观或认识论，并具体分析每一职能的内涵、功能、过程及要求。

（四）方式部分

方式部分主要从方法论的视角揭示各种管理方式的适应性问题，探讨管理者应如何根据管理环境、组织性质等变量的综合分析，选择科学有效的管理方式。

四、管理学的研究方法

管理学的研究方法是由管理学的特点决定的，这些特点是从不同侧面反映出来的，从而也形成了各种不同的研究方法。管理学的研究方法主要有历史研究法、案例分析法、比较研究法和归纳演绎法4种。

（一）历史研究法

历史研究法是指运用有关管理理论与实践的历史文献，全面考察管理的历史演变、重要的管理思想和流派、重要的管理案例等，从中找出规律性的东西，寻求对现在仍有重要意义的管理原则、方式和方法。

（二）案例分析法

案例分析法是指在学习与研究管理学的过程中，通过对典型案例的分析讨论，总结出管理的经验、方法和原则。

（三）比较研究法

比较研究法是指把不同或类似的事物加以比较和对照，从而确定它们之间的相同点和差异点的一种研究方法。

（四）归纳演绎法

归纳和演绎是两种不同的推理和认识事物的科学方法。归纳法是指由个别到一般、由事实到概括的推理方法；演绎法是指由一般到个别、由一般原理到个别结论的推理方法。实际研究中，人们通常将归纳法与演绎法结合起来运用，即为归纳演绎法。

案例分析——从助理到总裁的跨越

郭宁从助理监督到装配部经理,再到副总裁,直至公司总裁,实际上是从基层管理者逐步上升到高层管理者的过程。

郭宁当上公司总裁后,其主要职责与过去相比有了以下变化:担任助理监督时,他只需关心产品是否合格,此时他所做的是纯技术性的工作;当上装配部经理后,他还要管理好下属,制定一些短期的工作计划,并向上级汇报工作;副总裁最为关心的也只是自己所管部门的技术、生产等工作,使本部门工作与其他部门的工作协调一致;而当上总裁后,郭宁的工作重点就得转向企业的长期发展和企业外部交流,从战略层面上保证企业的稳步前进。总之,郭宁的职位不断上升,管理职责也在不断扩大,从管理一个团队到一个部门,从部门之间的协作到整个企业的进步,反映了3个管理层次之间关注目标的差别。

总裁是企业的最高层管理者,郭宁要想胜任该职位,最重要的是具备良好的概念技能,要具有战略发展眼光,能准确、快速地判断企业今后可能面临的一系列重大问题,并能及时采取措施预防和纠正。

从郭宁在该公司工作20多年的经历来看,他善于学习和用人,具有计划、预测和应对突发事件的能力,而这些能力也正是一个合格的总裁所必须具备的。要想使公司有进一步的发展,郭宁还必须了解生产、人事、财务等部门的详细运作情况,掌握这些部门的工作方法和方式,协调好各个部门的运作。此外,企业是由多个部门和人员组成的大系统,只有用全局的观点处理该系统与外部环境的关系,才能够胜任该职位的工作。

综合实训 企业调查与访问

【实训目的】
1. 使学生理论联系实际,加深对管理的感性认识与理解。
2. 初步培养学生的现代管理者素质。

【实训要求】
1. 由学生自愿分组,每组6~8人,并选出小组负责人。
2. 调查前的资料收集。调查前要搜集企业的性质、经营业务、发展历程等资料,以便调查与访问的顺利展开。
3. 重点访问一位管理者,了解其职位、工作职能、胜任该职位所必须的管理技能等情况。
4. 利用课余时间完成本次实训,并撰写调查报告,报告内容包括实训过程、总结、感想等。
5. 调查访问结束后,组织一次课堂交流与讨论。各小组选出一名代表对本次实训活动进行归纳与总结,将调查访问所得的重要资料(如照片、文字材料、影音资料等)做成PPT进行演示。

【实训考核】
由教师根据表1-2所示的考核成绩表对学生作出考核与评价。

表 1-2 考核成绩表

考核内容	考核标准		比重（%）	小计（%）
资料收集	内容	相关性	15	30
	数量	丰富性	15	
书面报告	内容	条理性	10	30
		简明性	10	
		创新性	10	
PPT 演示	内容	合理性	10	40
		准确性	10	
	现场表现	语言流利	10	
		表现自如	10	
合计（%）			100	

项目小结

本项目主要介绍了管理、管理者和管理学的基础知识，以便为以后的各个项目做好铺垫。

1. 管 理

管理是指在特定环境下，通过计划、组织、领导和控制等职能，协调以人为中心的组织资源，以有效实现组织目标的活动或过程。

管理具有二重性，即自然属性和社会属性。

管理职能是指管理者实施管理的功能或程序，即管理者在实施管理活动中所体现出来的具体作用及实施程序或过程。管理实践证明，计划、组织、领导与控制是一切管理活动最基本的职能。

管理是一个各项职能活动周而复始的循环过程。

2. 管理者

管理者是指在组织中从事管理活动的人员，即在组织中担负计划、组织、领导和控制等工作，以期实现组织目标的人员。

按照管理者在组织中所处的层次划分，管理者可分为高层管理者、中层管理者和基层管理者。

管理者的角色可分为人际角色、信息角色和决策角色3个方面，这3个方面又包含着10种不同但却高度相关的角色。

管理者素质是指一个管理者应该具备的内在的基本属性与质量。一般来说，管理者的素质包括思想政治素质、业务素质、工作能力素质、身体素质和心理素质等。

管理技能是相对于管理者在具体管理方面的能力而言的，是对管理能力的概括和总结。一般来说，管理者应该具备的基本技能包括技术技能、人际技能和概念技能3个方面。

3. 管理学

管理学是一门从管理实践中形成和发展起来的，系统地研究管理活动及其基本规律和一一般方法的学科。

管理学具有以下特点：① 管理学是一门综合性的学科；② 管理学是一门具有艺术性的学科；③ 管理学是一门不精确的学科；④ 管理学是一门应用性的学科。

管理学的研究内容主要涉及基础部分、原理部分、职能部分和方式部分4个方面。

管理学的研究方法主要有历史研究法、案例分析法、比较研究法和归纳演绎法4种。

思考与练习

一、名词解释

　　管理　　管理职能　　管理者　　管理学

二、填空题

　1. 按照管理者在组织中所处的层次划分，管理者可分为_____、_____和_____。

　2. 管理者的角色可分为_____、_____和_____3个方面。

　3. 一般来说，管理者的素质包括_____、_____、_____、_____和_____等。

　4. 管理学的研究方法主要有_____、_____、_____和_____4种。

三、选择题

　1. 管理的本质是（　　）。
　　A. 计划　　　　B. 组织　　　　C. 控制　　　　D. 协调

　2. 一般认为，管理的4大基本职能是（　　）。
　　A. 计划、组织、协调、领导　　　　B. 计划、组织、人员配备、控制
　　C. 计划、组织、领导、控制　　　　D. 计划、组织、控制、协调

　3. （　　）在与外界的交往中，往往代表组织，以"官方"的身份出现。
　　A. 高层管理者　　B. 中层管理者　　C. 基层管理者　　D. 作业人员

　4. 管理者举行董事会议或向媒体发布信息时，充当的是（　　）角色。
　　A. 联络者　　　　B. 传播者　　　　C. 发言人　　　　D. 企业家

　5. （　　）是指管理者观察、理解和处理各种全局性的复杂关系的抽象能力。
　　A. 专业技能　　　B. 技术技能　　　C. 人际技能　　　D. 概念技能

四、简答题

　1. 管理的二重性是什么？
　2. 管理者应具备哪些基本技能？不同层次的管理者对技能有何要求？
　3. 管理学的特点有哪些？

项目二　管理理论的演进

【引　子】

随着管理实践活动的日益丰富，人们逐渐归纳出了一些对管理实践的认识和见解，即管理思想；通过进一步的总结与提炼，逐渐把握了其中的规律和本质，最终归纳出了管理活动的一般知识体系，即管理理论。这些管理理论对管理实践活动起着指导和促进作用，使企业的管理活动变得更有效率。

【本章内容提要】

- 了解泰罗的科学管理理论、法约尔的一般管理理论和韦伯的行政组织理论；
- 了解梅奥的人际关系学说和麦格雷戈的"X-Y理论"；
- 掌握现代管理理论的各个学派的主要观点；
- 了解管理理论的发展趋势。

管理从 15 世纪末才开始形成一门学科，但管理的观念和实践已经存在了数千年。纵观管理理论发展的全部历史，大致可以分为 3 个阶段。

第一阶段为古典管理理论，即 19 世纪末 20 世纪初在美国、法国、德国等西方国家形成的具有一定科学依据的管理理论，其代表人物有泰罗、法约尔、韦伯等。

第二阶段为行为科学理论，早期被称为人际关系学说，出现于 20 世纪 20 年代，以后发展成为行为科学理论；20 世纪 60 年代中叶，又发展成为组织行为学。其代表人物有梅奥、巴纳德等。

第三阶段为现代管理理论，主要出现于第二次世界大战以后。这一时期，管理界非常活跃，出现了一系列的管理学派，这些学派在历史渊源和理论内容上互相影响、互相联系，形成了盘根错节、互相争荣的局面，被形象地称为"管理理论的丛林"。

案例导入——赵助理的烦恼

利达公司是一家生产汽车配件的公司，前些年有过骄人的业绩。但近几年来，公司的盈利水平不断下降，为此，公司上下人心浮动，企业面临着严峻的考验。

一天，张经理把新来的助理小赵叫到办公室，给他简单地介绍了公司目前的经营状况，然后交给小赵一项特殊的任务：深入调查造成本企业盈利水平下降的主要原因，并提出相应对策。

小赵曾系统学习过管理理论，对古典管理理论与现代管理理论都有较深的认识。他对总经理交办的这项任务高度重视，决定应用所学的管理理论分析与解决本公司的实际问题。

在确定产品研发、销售等环节都没有问题的情况下，小赵又深入车间了解一线生产情况。车间里，生产线运行正常，员工们工作也比较认真，但是有些员工积极性不高，工作节奏缓慢。车间主任抱怨道:"去年每个人都涨了一级工资,现在,咱厂在本地工厂中工资已经是最高的了,可是工人的积极性一点也没提高。"谈到严格管理的问题时,车间主任又说:"其实咱厂的管理是很严格的,有那么多的管理规章制度。我本人也提倡严格管理,对那些迟到早退、浪费材料的工人从不客气,可是这些现象就是屡禁不止,生产率就是上不去。有些工人好像是在专门跟厂里作对。"

调查的情况千头万绪,小赵决定应用管理理论进行分析,并提出有效的应对方案,以出色地完成总经理交办的任务。在小赵看来,古典管理理论和行为科学理论比较适用于公司目前的状况,但还需要进一步理顺。

1. 针对利达公司目前所面临的问题,古典管理理论和行为科学理论哪个更为有效?
2. 请你帮助赵助理制定出解决该公司问题的对策方案。

任务一　了解古典管理理论

古典管理理论形成于19世纪末20世纪初,该阶段的管理理论侧重于从管理职能、组织方式等方面研究企业的效率问题。古典管理理论主要包括科学管理理论、一般管理理论和行政组织理论等。

一、泰罗的科学管理理论

美国管理学家泰罗是最先突破传统管理格局的先锋人物,被称为"科学管理之父"。泰罗认为,落后的管理是造成生产率低下、工人"磨洋工"和劳资冲突不断的主要原因,因此,泰罗提出了通过改进工作方法来提高生产效率的基本理论。一般认为,泰罗1911年出版的《科学管理原理》是科学管理理论正式形成的标志。

【知识链接】

泰罗个人简介

弗雷德里克·温斯洛·泰罗(1856—1915),美国著名发明家和管理工程师。他从一名普通的车间杂工干起,先后被提拔为工长、设计室主任和总工程师。

1881年,泰罗开始进行工人劳动时间和工作方法的研究;1898~1901年,泰罗受雇于贝瑟利恩钢铁公司,完成了著名的搬运生铁实验和铁铲实验;1901年退休,开始从事无偿的咨询和演讲活动,宣传其科学管理理论;1906年,当选美国机械工程师协会主席,获得宾夕法利亚大学的名誉科学博士学位;1915年,在费城逝世,终年59岁。

(一)科学管理理论的主要观点

科学管理理论的核心是提高劳动生产率,其主要观点如下。

1. 制定工作定额

泰罗认为,要制定出有科学依据的"合理的日工作量",就必须进行工时和动作研究。具体方法是选择合适且技术熟练的工人,把他们的每一项动作、每一道工序所使用的时间记录下来,加上必要的休息时间和其他延误时间,就得出完成该项工作所需要的总时间。然后据此制定出一个工人"合理的日工作量",这就是工作定额原理。

2. 挑选"第一流的工人"

泰罗认为,"第一流的工人"是指那些自己愿意努力工作,而工作对其又合适的工人。管理者的责任在于为雇员找到最合适的工作,并按照生产需要对工人进行选择、分工和培训,使其成为"第一流的工人"。

【课堂互动】

> 有人认为,在现代企业尤其是一些民办中小企业中,只要科学地挑选工人,就没有必要花费大量的精力和财力对工人进行培训,因为即使对工人进行了培训,他们也有可能跳槽。你认为这个观点正确吗?为什么?

3. 实施标准化管理

泰罗的标准化原理是指使工人掌握标准化的操作方法,使用标准化的工具、机器和材料,并使作业环境标准化。为此,泰罗亲自做了大量实验,如在米德维尔钢铁厂进行的金属切削实验,以及在贝瑟利恩钢铁公司进行的搬运生铁实验和铁铲实验。

【知识链接】

铁铲实验

> 泰罗通过观察贝瑟利恩钢铁公司工人的劳动过程,并使用秒表和量具来精确计算工人铲煤的效率与铁铲尺寸的关系,发现每铲重量为 21 磅时的效率最高,从而得出铲煤效率最高时的铁铲尺寸大小和铲煤动作的规范方式,并相应设计出 12 种规格的铁铲。工人每次工作时,除指派任务外,还要根据材料的比重使用指定规格的铁铲(确保每铲重量为 21 磅),以提高劳动效率。

4. 实行差别化的计件工资制度

为了最大限度地刺激工人的劳动积极性,泰罗提出了计件工资制度,这一制度包含以下 3 个方面的内容:① 通过工时研究和分析,制定出一个有科学依据的定额或标准;② 实行差别计件工资制来鼓励工人完成或超额完成工作定额,并使计件工资率随完成定额的程度而浮动;③ 工资支付的对象是工人而不是职位,即根据工人的实际工作表现而不是根据工作类别来支付工资。

5. 劳资双方进行"精神革命"

泰罗认为,劳资双方要想从生产中获得各自的收益,就必须进行一场"精神革命",变互相指责、怀疑、对抗为互相信任和合作,为共同提高劳动生产率而努力。

6. 实行"职能工长制"

泰罗主张实行"职能管理",即将管理工作加以细分,使所有的管理者只承担一种管理职能。他设计出 8 个职能工长代替原来的 1 个工长,其中 4 个在计划部门,4 个在车间,每个职能工长负责某一个方面的工作。工长在其职能范围内,可以直接向工人发出指令。

7. 将计划职能与执行职能分开

泰罗主张把计划职能和执行职能分开,成立专门的管理部门负责调研、计划、培训,以及发出指示和命令;所有工人和部分工长只承担执行职能,即按照管理部门制定的操作方法和指示,使用规定的标准工具,从事实际的操作。

8. 实行例外原则

泰罗认为,规模较大的企业管理必须应用例外原则,即企业高层管理者把例行的一般日常事务授权给下级管理者去处理,自己只保留对例外事项的决定权和监督权。

(二)科学管理理论对管理实践的启示

泰罗的科学管理理论是管理理论发展史上的一个里程碑,它是使管理成为科学的一次质的飞跃。作为一个较为完整的管理理论体系,泰罗的科学管理理论对管理实践主要有以下4个方面的启示:

(1)管理活动不是一门不可传授的艺术,而是一种可以传授的知识和科学;管理活动不是单纯依靠经验进行的,而是要遵循一定的科学规律,按照一定的科学方法进行。

(2)企业开展管理活动的目标是追求效率的提高,因此,企业内部需要广泛地进行分工与合作。

(3)企业应加强制度建设,制定专业的管理职能和组织体系。

(4)通过对工人的培训可以达到提高生产效率的目的。

(三)科学管理理论的其他代表人物

泰罗的科学管理理论在20世纪初得到了广泛的传播和应用,影响很大。因此,在他同时代和以后的年代中,很多人也积极从事于管理实践与理论的研究,丰富和发展了科学管理理论。其中,代表人物主要有以下几个。

1. 卡尔·乔治·巴思

巴思是泰罗最早、最亲密的合作伙伴,为科学管理工作作出了很大贡献。他是一位很有造诣的数学家,其研究的许多数学方法和公式为泰罗的工时研究、动作研究、金属切削实验等研究工作提供了理论依据。

2. 亨利·甘特

甘特是泰罗在创建和推广科学管理理论时的亲密合作者,他与泰罗密切配合,使科学管理理论得到了进一步发展。甘特的重要贡献之一是设计了一种用线条表示的计划图表,称为甘特图,主要用于编制进度计划。甘特还提出了"计件奖励工资制",这种制度补充了泰罗的差别计件工资制的不足。此外,甘特还很重视管理中人的因素,强调"工业民主",这对后来的人际关系学说有很大的影响。

> 甘特的"计件奖励工资制"的基本思想是,除了按日支付有保证的工资外,超额部分给予奖励;而完不成定额的,只能拿到原定日工资。这种制度可以使工人感到收入有保证,从而激发工人的劳动积极性。

3. 吉尔布雷斯夫妇

美国工程师弗兰克·吉尔布雷斯与夫人在动作研究和工作简化方面做出了特殊贡献。他们采用以下两种手段进行时间与动作研究:① 将工人的操作动作分解为17种基本动作,吉尔布雷斯将其称为"therbligs";② 用拍影片的方法记录工人的操作动作,寻找合理的最佳动作，以提高工作效率。

与泰罗不同的是，吉尔布雷斯夫妇在工作中开始注意到人的因素，在一定程度上试图把效率和人结合起来。吉尔布雷斯毕生致力于提高工作效率，即通过减少劳动中的动作浪费来提高效率，被人们称为"动作研究之父"。

二、法约尔的一般管理理论

法约尔和泰罗是同一时代的人，是古典管理理论在法国最杰出的代表，被誉为"管理过程之父"。由于所处地位的关系，法约尔研究的对象与泰罗有所不同，泰罗着重于车间、工厂的生产管理研究，而法约尔则着重于企业全面经营的研究。法约尔于1916年问世的名著《工业管理与一般管理》，是对其一生管理经验和管理思想的总结。

【知识链接】

法约尔个人简介

亨利·法约尔（1841—1925），法国著名管理学家。1860年，法约尔从圣艾蒂安国立矿业学院毕业后进入康门塔里福尔香堡采矿冶金公司，成为一名采矿工程师，并在此度过了整个职业生涯。1885年起，任法国最大的矿冶公司总经理达30年。法约尔根据自己50多年的管理实践，于1916年发表了《工业管理与一般管理》一书，提出了适用于一切组织的五大管理职能和有效管理的14条原则，奠定了管理过程学派的理论基础。

（一）一般管理理论的主要观点

法约尔的一般管理理论归纳了企业经营的六大基本活动、管理的五大基本职能和一般管理的14条原则。

1. 企业经营的六大基本活动

法约尔通过对企业经营活动的分析，将企业的全部活动概括为以下6种：

（1）技术活动——指生产方面的系列活动，如生产、制造、加工等。

（2）商业活动——指流通方面的系列活动，如购买、销售、交换等。

（3）财务活动——指资金的筹集、运用和控制等。

（4）安全活动——指维护设备和保护职工的安全等。

（5）会计活动——指清理财产、计算成本、编制资产负债表、统计各种经营数据等方面的活动。

（6）管理活动——指计划、组织、指挥、协调和控制等方面的活动。

2. 管理的五大基本职能

法约尔将管理活动与其他5种活动分开讨论，强调管理的重要性。具体而言，管理有以下5种基本职能。

（1）计划。法约尔认为，计划就是探索未来、制定行动方案。任何任务的完成都依赖于计划，管理活动的主要表现和明显标志也是计划。

（2）组织。组织是对企业计划执行的分工。组织一个企业就是建立企业的物质和社会的双重结构，为企业提供所有必要的原料、设备、资本、人员。在配备了必要的物质资源以后，人员或社会组织就应该能够完成其6项基本活动。

（3）指挥。指挥就是使组织人员发挥作用，是一种以指挥人员对管理原则的了解为基础的艺术。法约尔要求指挥人员透彻了解自己的下属，知道如何去指挥别人。

（4）协调。协调就是结合、统一、调和所有的活动和力量，使企业的一切工作配合得当，以便于企业经营的顺利进行。协调的另一方面是使职能机构和物资设备机构之间保持一定的比例，这是组织高效、保质、保量完成任务的保证。

（5）控制。控制就是运用各种手段使一切活动都按已制定的计划和命令进行。控制可以指出工作中的缺点和错误，以便纠正并避免重犯。

【课堂互动】

> 法约尔概括的企业六大基本活动与管理五大职能在今天看来是否仍然严谨、科学？你能指出现实管理中未被其包括的活动或行为吗？

3. 管理的14条原则

法约尔根据自己的工作经验，归纳出简明的14条管理原则。

（1）劳动分工原则。法约尔认为，劳动分工属于自然规律。劳动分工不只适用于技术工作，而且也适用于管理工作，所以应该通过分工来提高管理工作的效率。

（2）权力与责任原则。法约尔认为，要贯彻权力与责任相符的原则，就应该制定有效的奖惩制度，即"应该鼓励有益的行动而制止与其相反的行动"。

（3）纪律原则。法约尔认为，纪律是一个企业兴旺发达的关键，没有纪律，任何一个企业都不可能兴旺繁荣。

（4）统一指挥原则。是指组织内每一个人只能服从一个上级并接受他的命令。

（5）统一领导原则。是指对于组织内部目标相同的活动，只能有一个领导、一个计划。

（6）个人利益服从整体利益的原则。即个人和小集体的利益不能超越组织的利益，当二者不一致时，管理者必须想办法使二者相统一。

（7）人员报酬公平原则。是指工人的报酬与支付方式要公平，给雇员和雇主以最大的满足。

（8）集中原则。主要是指组织权力的集中与分散问题。法约尔认为，集中或分散问题只是一个简单的尺度问题，问题在于找到适合于该企业的尺度。

（9）等级链原则。等级链是指从最上级到最下级各层权力连成的等级结构，它是一条权力线，用以贯彻执行统一的命令和保证信息传递的秩序。

（10）秩序原则。是指组织中的每个成员都应该有相应的岗位，做到"人皆有位，人称其职"。

（11）公平原则。主管人员对其下属仁慈、公平，就可能使下属对上级热心和忠诚。

（12）人员稳定原则。如果人员不断变动，工作将得不到良好的效果。

（13）首创精神。这是提高组织内部各级人员工作热情的主要源泉。

（14）团结精神。是指必须注意保持和维护组织中团结、协作、融洽的关系，特别是人与人之间的相互关系。

【管理故事】

由"取暖需要"诞生的新式服装

德国有个叫伦格尔的小伙子,为了养家糊口,即使在寒冷的严冬,也得在大街上行走叫卖。由于寒风凛冽、衣衫单薄,他常常想把手插在大衣的口袋里取暖。当时的大衣口袋都是方方正正的,因为设计者和一般穿大衣的人都认为,大衣口袋是用来装东西的,必须是方形的才方便。

伦格尔则从"想把手插进大衣口袋里取暖"的需求出发,感到有必要将方口袋改成斜口袋。于是,他便设计了斜式口袋的大衣,经他和家人试穿后,人们纷纷效仿,不久这种大衣便流行起来。后来,斜式口袋的大衣风行欧洲和美洲,并由大衣推广到各式各样的上衣和下装。

管理启示: 首创精神可以开辟一片新的天地。伦格尔获得成功,是由于他具有首创精神,他从"满足取暖需要"的角度出发,顺利地设计出新型的斜口袋式大衣。

(二)一般管理理论对管理实践的启示

法约尔的一般管理理论对管理实践的启示主要体现在以下3个方面:

(1)管理理论可以指导实践。

(2)管理者必须善于预见未来,制定长期的管理计划。许多企业缺乏战略管理的思维,没有制定长期规划,结果丧失了长远发展的后劲。

(3)管理能力可以通过教育来获得,这是企业得以良性发展的重要基准。现在,越来越多的企业重视员工培训,正是他们主动提升管理能力的结果。

三、韦伯的行政组织理论

韦伯是现代社会学的奠基人,其观点对社会学家和政治学家都有着深远的影响。他在组织管理方面有关行政组织的观点,是他对社会和历史因素引起的组织变化的研究结果,也是其社会学理论的组成部分,因而在管理理论发展史上被人们称为"组织理论之父"。

【知识链接】

韦伯个人简介

马克斯·韦伯(1864—1920),德国著名社会学家。1882年进入海德堡大学读法律,之后又就读于柏林大学和哥丁根大学。1896年任海德堡大学经济学教授,1919年任慕尼黑大学社会学教授。其主要著作有《经济和社会》、《社会和经济组织的理论》等。

(一)行政组织理论的主要观点

韦伯的行政组织理论的核心是理想的行政组织形式。他对组织形式的研究是从人们所服从的权力或权威开始的,其主要观点包括以下3个方面。

1. 理想的行政组织体系

韦伯认为,理想的行政组织是通过职务或职位而不是通过个人或世袭地位来管理。理想的行政组织结构分为最高领导层、行政官员和一般工作人员3层,企业无论采用何种组织结构,都具有这3层基本的原始框架。

2. 权力的分类

韦伯指出，任何一种组织都必须以某种形式的权力为基础，才能实现其目标。韦伯把权力划分为以下 3 种类型：① 合法权力，是指依法任命，并赋予行政命令的权力，对这种权力的服从就是对确认职务或职位的服从；② 传统的权力，是指古老的、传统的、不可侵犯的权力，以执行者地位的正统性为依据；③ 超凡的权力，是指建立在个人崇拜和迷信的基础之上的权力。

3. 理想行政组织的管理制度

韦伯认为，每一个官员都应该按照一定准则行使职能，这些准则包括以下几个方面：① 任何组织都应该有确定的目标；② 为保证组织目标的实现，必须实行劳动分工；③ 按等级制度形成一个指挥链；④ 组织人员之间是一种指挥和服从的关系，这种关系是由职位所赋予的权力来决定的；⑤ 承担每一个职位的人都是经过挑选的，人员必须是称职的，同时也不能随便免职；⑥ 管理人员只是企业或组织的管理者，但不是所有者；⑦ 管理人员有固定的薪金，有明文规定的升迁制度和严格的考核制度；⑧ 管理人员必须严格遵守组织中的法规和纪律。

【课堂互动】

> 韦伯阐述的理想的行政组织体系是高度结构化的、正式的行政组织形式，你认为这种理想的组织可能实现吗？

（二）行政组织理论对管理实践的启示

韦伯的行政组织理论对管理实践活动的启示主要体现在以下 3 个方面：

（1）企业的组织体系应按照不同的职务划分为高、中、低 3 个管理层，每一层都对应不同的管理职能。

（2）管理人员必须遵守组织规则，自己的行为要受规则的制约，同时他们也有责任监督其他成员服从这些规则。

（3）理想行政组织的几项准则，可以作为企业内部机构改革的基本准则。

【管理故事】

如何补充国库

有一次，安东尼皇帝派使者到朱丹·哈·尼撒拉比那儿，问了这样一个问题："帝国的国库快要空了，你能给我一个补充国库的建议吗？"

朱丹听后，一句话也没说，直接把使者带到他的菜园，然后默默地干起活来。他把大甘蓝拔掉，种上小甘蓝，对甜菜和萝卜也是如此。使者看到朱丹无意回答他的问题，心中大为不悦，没好气地对他说："你总得给我一句话吧，我回去也好有个交代。""我已经给你了。"朱丹不紧不慢地说。使者满脸的愕然，无奈之下，只得返回安东尼那儿。

"朱丹给我回信了吗？""没有。""他给你说什么了吗？""也没有。""那他做了什么？""他只是把我领到他的菜园里，然后他把那些大蔬菜拔掉，种上小的。""噢！他已经给我建议了！"皇帝兴奋地说。

第二天，安东尼立刻遣散了所有的官员和税收大臣，换成少量的有能力、诚实的人。不久，国库就得到了补充。

> **管理启示**：要想提高组织效率，就要下狠心"减肥"，裁去能力不足却担任重要岗位的人员，精心挑选有干劲、有活力的新锐。

四、古典管理理论的贡献与局限性

泰罗、法约尔和韦伯分别从3个不同的方面对古典管理理论进行了诠释。他们试图从个人、组织和社会方面来解决资本主义的劳资关系、生产效率、社会组织等方面的问题，如图2-1所示。

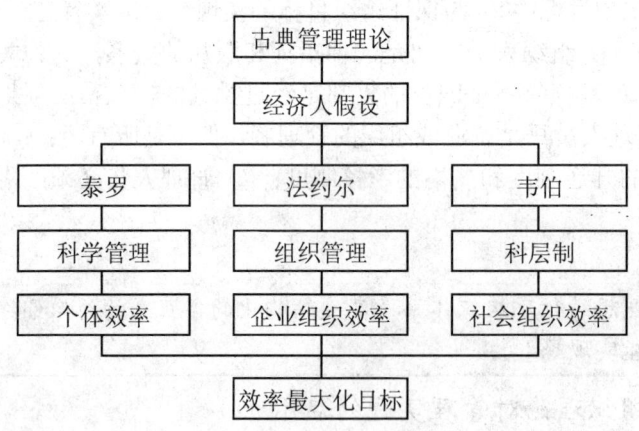

图2-1　古典管理理论

（一）古典管理理论的贡献

古典管理理论最突出的贡献是为整个企业和组织提供了一系列的原理和方法。泰罗重视操作管理，而法约尔在理论上系统地研究管理活动，为将管理学引入课堂打下了基础。韦伯则以权力分类为基础，对行政组织内部的管理问题进行了透彻的分析。

古典并不是过时，古典管理理论为现代管理理论的建立提供了必要的基础，而且还在为现代企业管理方法提供指导，应该说它是不朽的。

（二）古典管理理论的局限性

古典管理理论的3种代表理论虽然从不同侧面对管理进行了研究，但它们都有以下两个共同点：一是都用"经济人"的观点来研究管理活动中的人，即把组织中的人当做机器来看待，忽视人的因素，因此有人称基于这种管理思想的组织实际上是"无人的组织"；二是都只关注组织内部的问题，而忽视了组织与外部的联系，因此是一种封闭系统的管理。

由于这些共同的局限性，古典管理理论逐渐被后来的管理理论所取代。

任务二　了解行为科学理论

行为科学理论产生于20世纪30年代，是继古典管理理论之后的又一类重要管理理论。行为科学理论的研究重点是运用心理学知识研究管理实践中的人际关系，通过对管理活动中人的行为的研究，分析其行为产生的原因，进而调节组织中的人际关系，提高劳动生产率。行为科学理论的代表理论有人际关系学说和"X-Y 理论"等。

一、梅奥的人际关系学说

20 世纪 30 年代，人际关系学说开始形成，而人际关系研究最初始于著名的"霍桑试验"。霍桑试验第一次把工业中的人际关系问题提到首要地位，并且提醒人们在处理管理问题时要注意人的因素，这对管理心理学的形成具有极大的促进作用。1933 年，在总结霍桑试验研究成果的基础上，梅奥出版了其代表作《工业文明中的人类问题》，创立了人际关系学说。

【知识链接】

霍桑试验

1924 年，美国国家科学院的全国科学研究委员会开始在西方电器公司的霍桑工厂开展试验研究，分析工作条件与生产效率之间的关系。1927 年，美国哈佛大学心理学教授乔治·埃尔顿·梅奥作为顾问加入该试验，直到 1932 年结束。后人将此期间开展的一系列活动统称为"霍桑试验"。

试验前期，研究人员进行了照明试验和继电器装配工人小组试验，为不同的工作小组提供不同的照明强度、工资报酬、休息时间、工作日长度等条件，但试验结果却发现，工作条件和福利待遇的改善与否对劳动生产率的影响并不明显。

随后，研究人员进行了两年的访谈试验，由工人自由选择话题进行倾诉，从而获得了大量有关工人态度的第一手资料。研究人员发现，工人的劳动效率在很大程度上与工作中发展起来的人际关系有关。

为了进一步验证这种结论，研究人员又进行了接线板接线工作室试验，观察计件工资下一个生产小组中的工人在集体工作时的表现，结果发现，尽管实行刺激性的计件工资，但工人并不追求最高产量，而是有意识地限制自己的产量，使之保持在中等水平以上，以保证其他同伴不会因为产量低而失业。工人中有一种默契和无形的压力，有自己的行为规范和非正式领袖，这些因素左右着工人的行为。

梅奥个人简介

乔治·埃尔顿·梅奥（1880—1949），著名心理学家和管理学家。第一次世界大战期间，他利用业余时间用心理疗法治疗受伤士兵，成为澳大利亚采用此种疗法的先驱。1923—1926 年，梅奥作为宾夕法利亚大学的研究人员为洛克菲勒基金会进行工业研究。1926 年，梅奥进入哈佛大学工商管理学院从事工业研究，任该院工业研究室副教授。1927 年，梅奥应邀参加了霍桑试验，1933 年发表了著名的《工业文明中的人类问题》。

（一）人际关系学说的主要观点

人际关系学说的主要观点如下：

（1）工人是"社会人"，而不是单纯追求金钱收入的"经济人"。作为复杂社会系统的成员，人的行为并不单纯出自追求金钱的动机，还有社会和心理方面的需要，包括追求人与人之间的友情、归属感、安全感等。

（2）企业中除了"正式组织"之外，还存在着"非正式组织"。非正式组织是企业成员在共同工作的过程中，由于具有共同的社会感情而形成的非正式团体。这种非正式组织有特定的规范和倾向，左右着成员的行为，它与正式组织是相互依存的，对劳动生产率有很大影响。

（3）提高工人的满意度是提高劳动生产率的关键。在决定生产效率的诸多因素中，首要因素是工人的满意度，而工作条件、福利和报酬只是第二位的。因此，雇主不仅要为工人提供舒适的工作环境，还要创造一种工人参与管理、自由发表意见、同事之间及上下级之间坦诚交流的和谐的人际关系。

（二）人际关系学说对管理实践的启示

梅奥的人际关系学说对管理实践活动的启示主要体现在以下 3 个方面：

（1）企业高层领导不能实行"一言堂"，否则会导致"万马齐喑"的局面。

（2）管理人员应该关心员工 8 小时工作以外的日常生活，通过改善员工的业余文化生活等管理工作调动员工的积极性。

（3）企业领导要善于利用非正式组织，引导其在企业中发挥积极作用，但要防止拉帮结派。

二、麦格雷戈的"X-Y 理论"

麦格雷戈在他所著的《企业的人性方面》一书中，提出了有名的"X-Y 理论"。他认为，管理者对员工有两种不同的看法，相应地，他们就会采取两种不同的管理办法，他将这两种不同的人性假设概括为"X 理论"和"Y 理论"。

【知识链接】

麦格雷戈个人简介

道格拉斯·麦格雷戈（1906—1964），美国著名的行为科学家、"X-Y 理论"管理大师。麦格雷戈是人际关系学派最具有影响力的思想家之一。1935 年，他取得哈佛大学哲学博士学位，随后留校任教；1937~1964 年期间，在麻省理工学院任教，他教授的课程包括心理学和工业管理等，并对组织的发展有所研究。1948~1954 年，在安第奥克学院任院长。1957 年在美国《管理评论》杂志上发表了《企业的人性方面》一文，提出了有名的"X-Y 理论"，该文于 1960 年以书的形式出版。

（一）"X-Y 理论"的主要观点

1. X 理论

麦格雷戈认为，持 X 理论观点的管理者对人的基本判断有以下几种：

（1）一般人天性好逸恶劳，只要可能，就会设法逃避工作。

（2）人生来就以自我为中心，漠视组织的要求。

（3）一般人缺乏进取心，逃避责任，甘愿听从指挥，安于现状，没有创造性。

（4）人们通常容易受骗，容易受人煽动。

基于这种对人作出的"性本恶"的判断，持 X 理论观点的管理者就必然会在管理工作中采取强制、惩罚、解雇等手段来迫使员工工作。这种对员工严加监督和控制的方式，实际体现在泰罗科学管理理论的奉行者及其之前的传统管理方式上。

2. Y 理论

Y 理论对人性的认识与 X 理论恰好相反，它对人性假设持一种"性本善"的判断，其主要观点如下：

（1）一般人天生并不是好逸恶劳的，工作中体力和智力的消耗就像游戏和休息一样自然，人们对工作的喜恶取决于他们对工作带来的满足感和对惩罚的理解。

（2）外来的控制与惩罚并不是促使人们为实现组织目标而努力工作的唯一方法，甚至可以说它不是最好的方法。相反，如果让人们参与制定自己的工作目标，则有利于实现自我指挥和控制。

（3）在适当的条件下，一般人是能主动承担责任的，不愿负责、缺乏雄心壮志并不是人的天性。

（4）大多数人都具有一定的想象力和创造力。

（5）在现代社会中，人的智慧和潜能只能部分地得到发挥。

基于这种对人性的乐观认识，持有 Y 理论观点的管理者会主张在管理行为上实行以人为中心的、宽容的、民主的管理方式，以使员工的个人目标同组织目标很好地结合起来，并为员工发挥其智慧和潜能创造有利条件。

【课堂互动】

> 实际工作中，管理者受自我价值观的影响，必然会在这两种理论所反映的人性假设中相对偏向于其中的某一种。而对这两种不同人性假设的信奉，则直接影响着管理者在管理过程中所采用的管理方式。那么，你更推崇哪种理论呢？

（二）"X-Y 理论"对管理实践的启示

纯 X 理论和纯 Y 理论最大的缺点就是忽略了人类的可塑性与多样性，其理论假设都过于片面，因此不适用于目前复杂的社会。企业中员工的素质良莠不齐，有的人较积极，有的人较消极，领导者若是先入为主地认同 X 理论或 Y 理论，就不能解决所有员工的问题。因此，领导者必须视情况综合运用"X-Y 理论"，找出折中的方案。

任务三　掌握现代管理理论

第二次世界大战以后，管理理论的发展进入了一个新的阶段。与前面几个历史阶段不同的是，这个阶段没有哪一种理论能在这个时期的理论发展过程中起主导作用。这一阶段出现了一种被称为"管理理论丛林"的现象，这标志着现代管理理论的形成。

一、现代管理理论的代表学派

现代管理理论的代表学派有管理过程学派、行为科学学派、社会系统学派、决策理论学派、系统理论学派、经验主义学派、权变理论学派、管理科学学派等。

（一）管理过程学派

管理过程学派主要研究管理的过程和职能，其代表人物有哈罗德·孔茨、西里尔·奥唐奈、詹姆斯·穆尼、拉尔夫·戴维斯等人。

1. 主要观点

管理过程学派认为，管理过程就是各项管理职能发挥作用的过程，因此，他们以此为出发点，将管理工作划分为若干职能，对各职能的性质、特点和重要性，以及实现这些职能的原则和方法等加以研究，最终建立起系统的管理理论，用以指导管理实践。

2. 管理启示

管理过程学派的观点对管理实践活动的启示主要体现在以下几个方面：

（1）管理是一个过程，企业可以从管理经验中总结出一些基本道理或规律，以改进管理工作。

（2）该理论只适用于生产环境稳定的情况，很难应付现实中动态多变的生产环境。

（3）该学派总结的管理职能并不包括所有的管理行为，也不是在任何组织目标下都通用的，因此，对于该学派的理论学习应该适时而定，不能生搬硬套。

（二）行为科学学派

行为科学学派始于梅奥的霍桑试验及其创建的人际关系学说，而后众多学者对该理论进行了完善，代表人物有马斯洛、赫茨伯格、麦格雷戈等。

1. 主要观点

行为科学学派以人的行为及其产生的原因作为研究对象，从人的需要、欲望、动机、目的等心理因素的角度研究人的行为规律，特别是人与人之间的关系、个体与集体之间的关系，并借助于这种规律性的认识来预测和控制人的行动，以提高工作效率，实现组织目标。

2. 管理启示

行为科学学派的观点对管理实践活动的启示主要体现在以下两个方面：

（1）企业不仅要重视对事和物的管理，更应该重视对人及其行为的管理。

（2）企业应该重视管理方法的转变，将原来的监督管理转变为人性化的管理。

（三）社会系统学派

社会系统学派的创始人和代表人物是美国管理学家切斯特·巴纳德，该学派是以巴纳德的现代组织理论体系的建立为标志的。

1. 主要观点

社会系统学派的主要观点包括以下 3 个方面：

（1）组织是由个人组成的协作系统，是社会大系统中的一部分，受到社会环境各方面因素的影响。

（2）正式组织包含 3 个基本要素，即协作的意愿、共同的目标和信息的交流。

（3）管理者应该在系统中处于相互联系的中心，并为组织成员提供信息交流，使组织正常运转。

2. 管理启示

社会系统学派的观点对管理实践活动的启示主要体现在以下两个方面：

（1）企业可以利用系统理论和社会学知识改造传统的组织结构，明确组织内部的信息沟通机制。

（2）企业在转变的过程中，应重视非正式组织的力量。

（四）决策理论学派

决策理论学派是二战后新兴的管理学派，其代表人物是美国经济学家和社会科学家赫伯特·西蒙。

1．主要观点

决策理论学派的主要观点包括以下4个方面：

（1）决策贯穿管理的全过程，决策是管理的核心。

（2）决策过程包括4个阶段，即搜集情况阶段、拟订计划阶段、选定计划阶段和评价计划阶段，而每一个阶段本身就是一个复杂的决策过程。

（3）在决策标准上应实事求是，用"令人满意"的准则代替"最优化"准则。

（4）组织决策可分为程序化决策和非程序化决策，经常性的活动应采取程序化决策，非经常性的活动应采取非程序化决策。

2．管理启示

决策理论学派的观点对管理实践活动的启示主要体现在以下两个方面：

（1）企业应将决策职能贯穿于管理活动的全过程。

（2）企业应注重分析管理行为的必要性和重要性。

（五）系统理论学派

系统理论学派是应用系统论、控制论、信息论的理论和方法来分析和研究企业及其他组织的管理活动过程，其代表人物有理查德·约翰逊、弗里蒙特·卡斯特和詹姆斯·罗森茨韦克，他们3人合著的《系统理论与管理》是该学派的代表作。

1．主要观点

系统理论学派的主要观点包括以下3个方面：

（1）组织是由目标与价值、技术、社会心理、组织结构、管理这5个不同的分系统构成的整体。

（2）企业的成长和发展要受到人员、物资、机器，以及其他资源和要素的影响，管理者应力求保持各部分之间的动态平衡。

（3）企业是一个投入产出系统，投入的是物资、劳动力和各种信息，产出的是各种产品。

2．管理启示

系统理论学派的观点对管理实践活动的启示主要体现在以下两个方面：

（1）企业管理者要从整体的观点出发，不仅要解决内部关系问题，还必须注意解决企业与外部环境之间的关系问题。

（2）企业管理者应该学会用系统的观点来考察和管理企业，以提高企业的整体效率。

（六）经验主义学派

经验主义学派又称经理主义学派，代表人物有彼得·德鲁克、欧内斯特·戴尔、艾尔弗雷德·斯隆、威廉·纽曼等。

1. 主要观点

经验主义学派的主要观点主要包括以下两个方面：

（1）管理不是纯粹的理论研究，应侧重于实际应用，而且要以知识和责任为依据。

（2）管理者的任务是了解本组织的特殊目的和使命，使工作富有活力并使职工有所成就，并处理本组织对社会的影响和责任。

2. 管理启示

经验主义学派的观点对管理实践活动的启示主要体现在以下两个方面：

（1）管理应侧重于实际应用，而不是纯粹的理论研究。

（2）管理者可以依靠自己的经验制定目标和措施，并对工作和成果进行评价，使员工得到成长和发展。

（七）权变理论学派

权变理论学派是 20 世纪 70 年代形成的一种管理学派，其代表人物有卢桑斯、菲德勒、豪斯等人。

1. 主要观点

权变理论学派认为，企业管理中没有一成不变、普遍适用的"最好的"管理理论和方法，因此企业只有根据其所处的内外部环境权宜应变地处理问题。权变理论的最终目标是提出最适合于具体情境的组织设计和管理活动。

2. 管理启示

管理者应该根据组织的具体条件及其面临的外部环境，采取相应的组织结构、领导方式和管理方法，灵活地处理各项业务。

（八）管理科学学派

管理科学学派也叫数理学派，其代表人物有埃尔伍德·斯潘赛·伯法、希尔、爱德华·鲍曼、罗伯特·费特、塞缪尔·里奇蒙等人。

1. 主要观点

管理科学学派认为，管理就是制定和运用数学模型与程序的系统，就是用数学符号和公式来表示计划、组织、控制、决策等合乎逻辑的程序，求出最优解，以达到企业的目标。解决问题的 7 个步骤如下：① 观察和分析；② 确定问题；③ 建立模型；④ 得出解决方案；⑤ 对模型和解决方案进行验证；⑥ 建立对解决方案的控制；⑦ 解决方案付诸实施。以上 7 个步骤相互联系，相互影响。

2. 管理启示

管理科学学派的观点对管理实践活动的启示主要体现在以下 3 个方面：

（1）企业面临的复杂的、大型的问题可以分解为小问题，然后分别进行诊断和处理。

（2）企业可以通过建立一套决策程序和数学模型来增加决策的科学性，可以利用计算机等现代设备辅助决策。

（3）各种可行性方案均是以经济效果作为评价的依据。

项目二 管理理论的演进

【课堂互动】
你能指出某种学派理论的不完善性或局限性吗?你认为哪一学派的理论在今天的管理中更有实用价值?

二、现代管理理论的特点

现代管理理论是一个学科群,其基本目标就是要在急剧变化的现代社会中,建立起一个充满创造力的自适应系统。与古典管理理论相比,现代管理理论具有以下显著的特点。

(1) 强调系统化。现代管理理论运用系统思想和系统分析方法来指导管理实践,解决和处理管理的实际问题。应用系统分析的方法,就是从整体角度来认识问题,防止片面性。

(2) 重视人的因素。重视人的因素,就是要注意人的社会性,研究和探索人的需要,并在一定的环境条件下尽可能地满足人的需要,以保证组织中全体成员为完成组织目标而自觉作出贡献。

(3) 重视"非正式组织"的作用。就是在不违背组织原则的前提下,发挥非正式群体在组织中的积极作用,从而有助于组织目标的实现。

(4) 广泛应用先进的管理理论和方法。随着社会的发展和科学技术水平的提高,先进的科学技术和方法在管理中的应用越来越重要。所以,管理者必须利用现代的科学技术与方法,促进管理水平的提高。

(5) 把"效率"和"效果"结合起来。管理工作不仅仅是追求效率,更重要的是从整个组织的角度来考虑组织的整体效果以及对社会的贡献。因此,企业要把效率和效果有机地结合起来,从而使管理的目的体现在效率和效果之中。

(6) 强调不断创新。管理意味着创新,就是在保证"惯性运行"的状态下,不满足现状,利用一切可能的机会进行变革,从而使组织更加适应社会条件的变化。

(7) 重视理论联系实际。现代管理理论重视管理学在理论上的研究和发展,并善于对管理实践进行归纳总结,找出规律性的东西。

任务四 了解管理理论的新发展

20 世纪末至 21 世纪初,面对信息化、全球化、经济一体化等新的国际形势,企业管理活动出现了深刻的变化,管理思想与管理理论也出现了新的发展趋势,具有代表性的理论有企业再造理论、战略管理理论、学习型组织理论和企业文化理论等。

一、企业再造理论

美国企业从 20 世纪 80 年代开始了大规模的企业重组革命,日本企业也于 20 世纪 90 年代开始进行所谓的第二次管理革命。这十几年间,企业管理经历了前所未有的、脱胎换骨的变革。

1993 年,美国麻省理工学院教授迈克尔·哈默与詹姆斯·钱皮在经过多年的调研后,正式提出了企业再造理论。该理论认为,为了适应新的世界竞争环境,企业必须摒弃已成惯例的运营模式和工作方法,以工作流程为中心,重新设计企业的经营、管理及运营方式,制定企业再造方案，并组织实施与持续改善。

根据哈默与钱皮共同编著的《企业再造——工商管理革命宣言》一书，企业再造理论适用于以下3类企业：

（1）问题丛生的企业。这类企业除了进行企业再造之外，别无选择。

（2）目前业绩虽然很好，但却潜伏着危机的企业。这类企业当前的财务状况还算令人满意，但却有"风雨欲来"之势。

（3）处于事业发展高峰的企业。这类企业将再造看成是大幅度超越竞争对手的重要途径，他们追求卓越，不断提高竞争标准，构筑竞争壁垒。

二、战略管理理论

20世纪70年代以后，企业竞争加剧，风险日增。为了谋求长期的生存和发展，企业开始注重构建竞争优势。1976年，安索夫的《从战略规则到战略管理》一书出版，标志着现代战略管理理论体系的形成。随后，斯坦纳等人又对该理论进行了完善，而迈克尔·波特所著的《竞争战略》一书更是把战略管理推向了高峰。

波特的战略管理理论以企业组织与环境关系为主要研究对象，重点研究企业应如何适应充满危机和动荡的环境。他强调通过对产业演进的说明和各种基本产业环境的战略分析，得出不同的战略决策，并通过战略实施与评价验证战略的科学性和有效性。波特认为，战略管理的过程如图2-2所示。

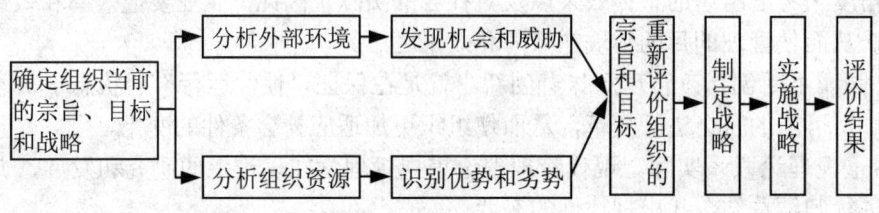

图2-2 战略管理的过程

【知识链接】

迈克尔·波特与《竞争战略》

迈克尔·波特是哈佛大学商学院的教授，兼任许多大公司的咨询顾问。1980年，他的著作《竞争战略》把战略管理的理论推向了顶峰，该书被美国《幸福》杂志标列的全美500家最大企业的经理、咨询顾问和证券分析家们奉为必读的"圣经"。

该书的重要贡献如下：① 提出对产业结构和竞争对手进行分析的一般模型，即五力竞争模型；② 提出企业构建竞争优势的3种基本战略，即寻求降低成本的成本领先战略、使产品区别于竞争对手的差异化战略和集中优势占领少量市场的集中化战略；③ 价值链分析。波特认为企业的生产是一个创造价值的过程，企业的价值链就是企业所从事的各种活动，包括设计、生产、销售、发运，以及各种支持性活动。

三、学习型组织理论

20世纪90年代以来，知识经济的到来使信息与知识成为重要的战略资源，在此背景下诞生了学习型组织理论。该理论的形成是以美国管理学家彼得·圣吉的著作《第五项修炼》为标志的。

学习型组织理论认为，传统的组织类型已经越来越不适应现代环境发展的要求，未来真正出色的企业，将是能够设法使组织成员全新投入，并有能力不断学习的组织。学习型组织是一种更适合人性的组织模式，这种组织有崇高而正确和核心价值和使命，具有强大的生命力和实现共同目标的动力，能够不断创新，持续蜕变。

彼得·圣吉提出的"五项修炼"的内容如下：

（1）自我超越。就是不断认识自己和外界环境的变化，并不断赋予自己新的奋斗目标，超越自我。

（2）改善心智模式。就是改善认知模式，要求企业能够不断随着外部环境的变化适时调整甚至革新企业内部的习惯性做法。

（3）建立共同愿景。就是建立一个组织成员共同的远景和愿望，并以这个共同愿景感召全体组织成员，使之为这个愿景而奋斗。

（4）团队学习。彼得·圣吉将团队学习型组织的交谈称为"深度会谈"。通过深度会谈，组织内的成员可以互相帮助，有效沟通，建立共识，使集体思维变得越来越默契，从而达到团队智商远远大于个人智商的目的。

（5）系统思考。就是要求组织具备系统观察、系统思考的能力，以系统的观点和动态的观点观察世界，从而决定其正确的行动。

【管理故事】

博士的困惑

一个博士刚到一家研究所上班，成为该研究所里学历最高的人员。一天，博士到单位后面的小池塘去钓鱼，正好正副所长在他的一左一右，也在钓鱼。他只是微微点了点头，心想：这两个本科生，有啥好聊的呢？不一会儿，正所长放下钓竿，伸伸懒腰，蹭蹭蹭从水面上如飞地走到对面上厕所。博士眼睛睁得都快掉下来了。水上飘？不会吧？这可是一个池塘啊！正所长上完厕所回来的时候，同样也是蹭蹭蹭地从水上飘回来了。怎么回事？博士又不好去问，自己是博士哪！

过一阵，副所长也站起来，蹭蹭蹭地飘过水面去上厕所。这下子博士更是差点昏倒：不会吧，难道我到了一个江湖高手云集的地方？

博士也内急了。这个池塘两边有围墙，到对面厕所非得绕10分钟的路，而回单位上又太远，怎么办？博士生也不愿意去问两位所长，憋了半天后，也起身往水里跨：我就不信本科生能过的水面，我博士生不能过。只听"咚"的一声，博士栽到了水里。两位所长将他拉了起来，问他为什么要下水，他问："为什么你们可以走过去呢？"两位所长相视一笑："池塘里有两排木桩子，这两天下雨涨水正好淹住了。我们都知道这木桩的位置，所以可以踩着木桩过去。你怎么不问一声呢？"

管理启示：学历代表过去，只有学习能力才代表将来。尊重经验的人，才能少走弯路。一个好的团队，也应该是学习型的团队。

四、企业文化理论

20世纪80年代初，在总结日本企业经营管理经验的基础上，企业文化理论开始出现。1981年，美国管理学家威廉·大内出版《Z理论——美国企业界怎样迎接日本的挑战》一书，最早提出企业文化的概念。理查德·帕斯卡尔、托马斯·彼得斯和泰伦斯·狄尔等人又对其进行了不同角度的阐述和完善，最终促成了企业文化理论的形成。

企业文化是指企业及其全体员工在企业生产经营和管理过程中逐渐形成的观念形态，是文化形式和价值体系的总和。它包括价值观、行为规范、道德伦理、风俗习惯、精神风貌、规章制度、员工文体素质和文化生活等，其中，价值观处于核心地位。简言之，企业文化就是企业共同的价值观体系，是企业所有成员对问题的共同理解和一致看法。

企业文化理论的内容如下：① 在管理过程中强调以人为本的"人本主义"；② 强调组织结构的扁平化；③ 强调团队精神和情感管理；④ 强调塑造企业文化。

【知识链接】

国内外著名企业的企业文化

海尔：真诚到永远。

万科：创造健康丰盛的人生。

沃尔玛：顾客是上帝，尊重每一位员工，每天追求卓越。

福特：人员是我们的力量源泉。

诺基亚：科技以人为本。

惠普：我们相信并尊重个人。

英特尔：服务客户，精准求实，诚信共享，创业创新。

日立：和诚、开拓。

卡西欧：创造与奉献。

案例分析——利达公司的出路

利达公司面临的问题，简单地说就是如何提高生产率的问题。对小赵来说，现在让他纠结的就是到底是应用古典管理理论还是行为科学理论来解决现实问题，这就需要对两种理论有着非常深刻的认识。

古典管理理论主要从工作本身入手，要求以科学的作业标准和对工人的严格训练达到提高生产率的目的。行为科学理论的重点是研究管理实践中人的问题，主要通过对职工在生产中的行为以及产生这些行为的原因进行分析和研究，进而调解组织中的人际关系，提高劳动生产率。

具体来说，古典管理理论与行为科学理论的区别表现在以下几个方面：

（1）古典管理理论把工人看作"经济人"，认为金钱是刺激人们工作积极性的唯一因素；而行为科学理论则认为工人是"社会人"而不是"经济人"。

（2）古典管理理论认为领导应以权力为基础，强调下属的绝对服从；而行为科学理论则认为权威来自于下级接受的意愿，领导不应以权力为基础，而应以领导者和拥护者的相互影响为基础。

（3）古典管理理论只注重正式组织的作用；而行为科学理论既注重正式组织的作用又兼顾到非正式组织的作用。

（4）古典管理理论忽略了工人的满足度对生产率的影响；而行为科学理论却认为提高生产率的主要途径是提高工人的满足度，特别是要提高人际关系的满足度。

由以上分析可以看出，行为科学理论更适用于利达公司目前的情况。当刺激性的工资水平和严格的管理制度都不能发挥作用时，只有寻求其他途径来达到提高生产率的目的。因此，赵助理可以从以下几个方面来制定其解决方案：

（1）充分提高管理的透明度，在需要员工参与时，与员工们商量解决。

（2）注重对员工需求的分析，有针对性地为员工提供学习、娱乐的机会和条件。

（3）时时刻刻让员工感受到企业的温暖。例如，每月在黑板上公布当月过生日的员工姓名；员工生育时，企业派车接送，并由经理亲自送上贺礼等。

总之，利达公司只有注重提高员工的满足度，让员工把公司当成自己的家，使之愿意为公司服务，才能走出目前的困境。

综合实训　利用现代管理理论解决公司难题

【实训目的】

1. 使学生充分理解现代管理理论各学派的观点及其实质。
2. 培养学生应用管理理论解决实际管理问题的能力。

【背景材料】

某公司在过去一年里利润持续下降。为了找出利润下降的原因，公司董事会委派有关人员对公司各个方面进行了一次调研，调研结果如下：

（1）公司有着健全的组织结构，严格规定了各级管理人员的管理职责，并制定了明确的规章制度和考核机制。

（2）公司在过去的一年内，各部门都制定了详细的计划，明确了自己的职责和工作目标。

（3）公司一直为员工提供优厚的待遇，并持续给员工涨工资，但并没有换回相应的生产率。

（4）公司去年人员变动比较频繁，尤其是销售部门。截至去年年底，销售队伍中工作年限未满1年的员工比例高达47%。

（5）公司内部员工普遍认为，本公司的工作很枯燥，缺乏生机，甚至让员工缺乏归属感；员工也很难在工作中实现自我能力的提升。

【实训要求】

1. 将全班学生分成若干小组，每组7~8人，选出一名学生担任董事长，其他组员担任董事会成员。以小组为单位模拟召开一次董事会，商讨解决对策，以解决公司面临的问题。讨论的内容可以围绕以下几个问题进行：

（1）现行指导公司管理活动的管理理论是否可行，如何完善？
（2）该公司还应参考哪些管理理论改进自身的管理活动？具体可采取哪些措施？
2. 讨论结束后，各小组撰写一份有关分析问题和解决对策的分析报告。

【实训考核】

由教师根据表 2-1 所示的考核成绩表对学生作出考核与评价。

表 2-1 考核成绩表

考核内容	考核标准		比重（%）	小计（%）
讨论发言	内容	合理性	10	40
		准确性	10	
	现场表现	语言流利	10	
		表现自如	10	
书面报告	内容	条理性	20	60
		完整性	20	
		创新性	20	
合计（%）			100	

项目小结

本项目主要介绍了管理理论的 3 个发展阶段，即古典管理理论、行为科学理论和现代管理理论，最后简述了管理理论的发展趋势。

1. 古典管理理论

古典管理理论主要包括科学管理理论、一般管理理论和行政组织理论等。

科学管理理论的核心是提高劳动生产率，其主要观点如下：① 制定工作定额；② 挑选"第一流的工人"；③ 实施标准化管理；④ 实行差别化的计件工资制度；⑤ 劳资双方进行"精神革命"；⑥ 实行"职能工长制"；⑦ 将计划职能与执行职能分开；⑧ 实行例外原则。

除泰罗之外，科学管理理论的代表人物还有卡尔·乔治·巴思、亨利·甘特和吉尔布雷斯夫妇等。

法约尔的一般管理理论归纳了企业经营的六大基本活动、管理的五大基本职能和一般管理的 14 条原则。

韦伯的行政组织理论的核心是理想的行政组织形式，其主要观点包括以下 3 个方面：① 理想的行政组织体系；② 权力的分类；③ 理想行政组织的管理制度。

2. 行为科学理论

行为科学理论的代表理论有人际关系学说和"X-Y 理论"等。

人际关系学说的主要观点如下：① 工人是"社会人"，而不是单纯追求金钱收入的"经济人"；② 企业中除了"正式组织"之外，还存在着"非正式组织"；③ 提高工人的满意度是提高劳动生产率的关键。

麦格雷戈价格人性假设可概括为"X 理论"和"Y 理论"，其中，X 理论对人作出的"性本恶"的判断，而Y理论对人性假设持一种"性本善"的判断。

3. 现代管理理论

现代管理理论的代表学派有管理过程学派、行为科学学派、社会系统学派、决策理论学派、系统理论学派、经验主义学派、权变理论学派、管理科学学派等。

与古典管理理论相比，现代管理理论具有以下显著的特点：① 强调系统化；② 重视人的因素；③ 重视"非正式组织"的作用；④ 广泛应用先进的管理理论和方法；⑤ 把"效率"和"效果"结合起来；⑥ 强调不断创新；⑦ 重视理论联系实际。

4. 管理理论的新发展

新经济形势下，具有代表性的管理理论有企业再造理论、战略管理理论、学习型组织理论和企业文化理论等。

企业再造理论认为，为了适应新的世界竞争环境，企业必须摒弃已成惯例的运营模式和工作方法，以工作流程为中心，重新设计企业的经营、管理及运营方式，制定企业再造方案，并组织实施与持续改善。

战略管理理论强调通过对产业演进的说明和各种基本产业环境的战略分析，得出不同的战略决策，并通过战略实施与评价验证战略的科学性和有效性。

学习型组织理论认为，传统的组织类型已经越来越不适应现代环境发展的要求，未来真正出色的企业，将是能够设法使组织成员全新投入，并有能力不断学习的组织。

企业文化理论的内容如下：① 在管理过程中强调以人为本的"人本主义"；② 强调组织结构的扁平化；③ 强调团队精神和情感管理；④ 强调塑造企业文化。

思考与练习

一、填空题

1. 古典管理理论主要包括_____、_____和_____等。
2. 法约尔的一般管理理论归纳了企业经营的六大基本活动，即_____、商业活动、财务活动、_____、会计活动和_____。
3. 韦伯把权力划分为3种类型，即_____、_____和_____。
4. 社会系统学派认为正式组织包含3个基本要素，即_____、_____和_____。

二、选择题

1. 科学管理之父是（　　）。
   A．泰罗　　　　　　B．法约尔　　　　C．梅奥　　　　D．韦伯
2. 亨利·甘特是（　　）的代表人物。
   A．古典管理理论　　　　　　　　B．行为科学理论
   C．现代管理理论　　　　　　　　D．当代管理理论
3. 法约尔提出的管理的五大基本职能是（　　）。
   A．计划、组织、决策、领导、控制
   B．计划、组织、领导、协调、控制

C. 计划、组织、指挥、协调、控制
   D. 计划、组织、决策、指挥、控制
4. 法约尔提出的管理原则有（　　）条。
   A. 5　　　　B. 6　　　　C. 10　　　　D. 14
5. 韦伯被称为（　　）。
   A. 科学管理之父　　　　B. 管理过程之父
   C. 组织理论之父　　　　D. 动作研究之父
6. 人际关系研究最初始于著名的（　　）。
   A. 金属切削实验　　　　B. 搬运生铁实验
   C. 铁铲实验　　　　　　D. 霍桑试验
7. 人际关系学说认为工人是（　　）。
   A. 经济人　　B. 社会人　　C. 复杂人　　D. 自我实现人
8. （　　）对人作出的"性本恶"的判断。
   A. X 理论　　B. Y 理论　　C. 超 Y 理论　　D. Z 理论
9. 赫伯特·西蒙是（　　）的代表人物。
   A. 社会系统学派　　　　B. 决策理论学派
   C. 系统理论学派　　　　D. 经验主义学派
10. （　　）也叫数理学派。
    A. 管理科学学派　　　　B. 决策理论学派
    C. 系统理论学派　　　　D. 经验主义学派
11. （　　）所著的《竞争战略》一书将战略管理推向了高峰。
    A. 迈克尔·哈默　　　　B. 詹姆斯·钱皮
    C. 迈克尔·波特　　　　D. 彼得·圣吉

三、简答题

1. 简述科学管理理论的主要观点。
2. 简述"X-Y 理论"的主要观点。
3. 简述经验主义学派的主要观点及其对管理实践的启示。
4. 现代管理理论有哪些特点？
5. 彼得·圣吉提出的"五项修炼"的内容有哪些？

项目三　计　划

【引　子】

计划职能在各项管理职能中的地位集中体现在其首位性上。这种首位性一方面是指计划职能在实践顺序上处于"计划—组织—领导—控制"四大管理职能的第一位；另一方面是指计划职能对整个管理活动过程及其结果的影响具有首要意义。因此，对企业来说，良好的计划是提高竞争力的重要途径和有力工具。

【本章内容提要】

◆ 了解计划的概念、内容、性质、分类和作用；
◆ 掌握制定计划的基本步骤；
◆ 掌握制定计划常用的3种方法；
◆ 掌握决策的概念、分类、程序和方法。

案例导入——艾琳化妆品公司的计划

艾琳·格拉斯纳曾在一家大公司里当过区域经理，管理过250多个推销员。当她离开这家大公司之后，便开始经营自己的化妆品公司。她从意大利的一家小型香水厂购置了一套化妆品配制流水线，租用了一座旧仓库，并且安装了一套小型的化妆品灌瓶与包装生产线。3年过去了，艾琳化妆品公司初见成效，格拉斯纳小姐打算拓展她的产品线，建立分销网络。以下是她针对这一计划所采取的措施：

（1）她准备了一份使命报告，报告中提出"艾琳化妆品公司准备生产一套化妆品系列，在美国东北部通过百货商店与专业商店分销上市。"为此，她还建立了3个长期目标：一是成为意大利香水在美国市场上的主要代理人；二是只销售高级化妆品；三是以高收入顾客为主要销售对象。

（2）格拉斯纳打算在美国东部的5座大城市里开设自己的经销办事处。她巡视了10座城市，最后选中5座城市作为最佳落脚点，并确定到明年的6月1日，这些办事处开张营业。在办事处开张之前，她还要协调好签署租约、添置办公设备、安装电话、雇佣办事员、招聘或续聘推销员、通知客户准备新的办事处专用信笺等事宜。

（3）格拉斯纳为艾琳化妆品公司设立的另一个目标是，在下一年度，销售额达到300万美元。销售部经理说，这个目标不现实。格拉斯纳又问生产部经理，如果所有的生产线都上马，工厂是否能完成每年300万美元的定单任务。生产部经理回答说，这些必须等他核准生产能力的各项数字后，才能给她一个答复。

（4）面对那么多要完成的目标，格拉斯纳决定把她的一些职权委派给那些主要部门的经理们。她逐一与他们交谈，一一落实要达到的目标。她给生产部经理定下的目标是，增强生产能力，每个月生产 1 万件产品，将破损率降低到 5%，并把工薪支出保持在 50 万美元之内。生产部经理也提出了异议，认为有的指标不合理。到了年终，生产部经理完成了两个目标，但工薪支出却超出预算 10 万美元。

1. 如何才能使"成为一个主要代理人"的目标更加具体化？
2. 在开设新办事处的过程中，格拉斯纳忽略了制定计划中的哪一个步骤？
3. 你认为格拉斯纳在处理公司主要计划与派生计划之间的关系上存在哪些问题？

任务一 了解计划的基础知识

一、计划的概念与内容

（一）计划的概念

计划的概念有广义与狭义之分，广义的计划是指管理者制定计划、执行计划和检查计划执行情况的全部过程；狭义的计划是指管理者对未来应采取的行动所做的谋划和安排。实际上，前者是指计划的编制过程，可以称为计划工作；后者是一种行动方案，它可以是目标、策略、政策、程序或预算方案等。

计划是管理的首要职能，是组织生存的必要条件。任何一个组织的存在都有一定的目标，而目标的实现又依赖于计划的制定和执行。

（二）计划的内容

计划的内容通常用 5 个 "W" 和 1 个 "H" 来表示。

（1）What——做什么，即明确一个时期的具体任务和要求。例如，企业生产计划应明确所生产产品的品种、数量、规格等，以保证合理利用企业资源，并为考核提供依据。

（2）Why——为什么做，即明确计划的宗旨、目标和战略，使计划执行者了解并支持计划，以便发挥执行者的积极性和主动性，实现预期目标。

（3）When——何时做，即规定计划中各项工作的起始时间、进度和完成时间，以便执行者进行有效控制并对组织资源进行合理安排。

（4）Where——何地做，即规定计划的实施地点和场所，了解计划实施的环境条件和限制条件，以便合理安排计划实施的空间组织和布局。

（5）Who——谁去做，即明确实施计划的部门和人员，包括每一阶段的责任者、协助者和利益相关者等。

（6）How——如何做，即制定实施计划的措施，以及相应的政策和规则等，以便相关人员对组织资源进行合理的预算、分配和使用。

【课堂互动】

如果一个组织没有计划，这个组织将会是什么样？

二、计划的性质

（一）目的性

目标是计划的核心，实现目标是计划的出发点和归宿。在组织中，每一个计划及其派生计划的制定都是为了促使组织总体目标和各个阶段目标的实现。有效制定计划能够对组织行为产生积极的指导作用，从而确保组织沿着既定的方向和目标前进。离开了目标，计划就毫无意义。

（二）先行性

计划是实施其他各项管理职能的依据。任何组织都只有把实现目标的计划制定出来以后，才能确定合适的组织结构，配备合格的人员，确定有效的领导方式和控制方法等。此外，组织、领导和控制职能的工作都要随着计划的改变而改变。

（三）普遍性

计划工作的普遍性包含以下两层意思：① 由于资源的有限性，组织中的任何管理活动都需要进行有效的计划，只有这样，才能有效利用资源；② 组织中任何层次的管理者都或多或少地拥有制定计划的权力和责任，尽管不同层次的管理者所从事的计划工作的侧重点和内容会有所不同。

（四）效率性

计划工作的效率是以一定时期内所得到的利益扣除为制定和执行计划所需要的费用之后的总额来测定的。如果某一计划所消耗的费用太高，即使它可以使组织目标得以实现，也只能说该计划工作是低效的，甚至是无效的。

【课堂互动】

在实际工作中，可以将计划职能和其他职能的顺序颠倒（如先控制后计划）吗？

三、计划的分类

由于人类活动的复杂性和多元性，计划的种类也变得十分复杂和多样。计划可以按照不同的标准进行分类，常见的分类标准有以下几种。

（一）按计划的期限分

按计划的期限分，计划可分为长期计划、中期计划和短期计划。

- **长期计划**：是指组织在较长时期内（通常是 5 年以上）的发展方向和方针，主要规定组织各个部门在该时期内从事某种活动应达到的目标和要求。
- **中期计划**：是长期计划的具体化，同时又为短期计划指明了方向，其计划期限通常在 1 年以上、5 年以下。
- **短期计划**：是指组织各个部门在较短的时期内（通常是 1 年以内）应该从事的活动及从事该活动应该达到的要求。短期计划是长期计划和中期计划的落实，内容详细、具体，最接近于组织实施的行动计划。

（二）按计划的层次分

按计划的层次分，计划可分为战略计划、战术计划和作业计划。

- **战略计划**：也称战略规划，是指由高层管理者制定的，为组织设立总体目标和寻求组织战略方案的计划。
- **战术计划**：是指为了实现企业的总体目标，组织的具体部门或职能部门在未来各个较短时期内的行动方案。
- **作业计划**：是指由基层管理者制定的，规定总体目标如何实现的细节性的操作计划。

【知识链接】

战略与战术的区别

从范围上讲，战略是国家或一方势力根据形势需要，在整体范围内为经营和发展自己的势力而制定的一种全局性的具有指导意义的规划和策略；而战术是在特定的局部地区，为维持和发展自己在本地区的作用、扫除已经出现或将要出现的威胁而采取的手段。

从时间上讲，战略是依据形势需求制定的长期方略，往往可以维持几年或几十年；而战术持续的时间则相对较短，一般在1年以内。

从形式上讲，战略是全局的，是指导战术形成的总体构思；而战术是局部的，是围绕战略思想、地区环境而制定的有效的方法，是战略思想的特殊体现。

（三）按计划的对象分

按计划的对象分，计划可分为综合计划、局部计划和项目计划。

- **综合计划**：是指组织根据业务经营过程的各个方面所做的全面规划和安排，关系到组织的多个目标和多方面的内容，如企业的年度综合经营计划。
- **局部计划**：是指为了达到组织的分目标而制定的计划。局部计划一般是综合计划的子计划，内容单一，局限于某一特定的部门。
- **项目计划**：是指组织为特定活动所做的计划，如某项产品的开发计划、职工俱乐部建设计划等。

【课堂互动】

综合计划一定是战略计划，项目计划一定是作业计划吗？这两种分类标准之间有何关系？

四、计划的作用

（一）计划是管理活动的依据

计划为管理工作提供了基础，是管理活动的依据。管理者要根据计划分派任务，确定下级的权力和责任，使组织中全体成员的活动方向趋于一致，从而形成一种协调的组织行为，保证实现计划所设定的目标。计划使得管理者的各项管理工作更加有效，使得管理工作的监督、检查和纠正工作有了明确的依据。

（二）计划是合理配置资源的手段

计划将组织活动从时间、空间上进行分解，通过规定组织中不同部门在不同时间应从事的具体活动，明确所需资源的时间、数量和种类等，从而为合理配置资源提供了依据。组织中的任何活动都必须以一定的资源为基础，而计划可以使组织的各项资源得到合理分配，使组织的各项目标活动顺利完成。

（三）计划是降低风险、掌握主动的依据

组织面临的外部环境是不断变化的。一个组织如果对未来的变化没有准确的预测，必然会导致组织行为的失败。而计划作为一种对未来行动的筹划，必然对未来的各种情况进行预测，并针对各种变化因素制定应对措施，以最合理的方案安排组织的各项活动，从而降低组织未来活动的风险。

（四）计划是实施控制的依据

由于各种主客观因素的影响，组织在实施计划的过程中，可能会产生与目标要求不完全相符的情况，从而出现偏差。此时，组织如不及时采取措施控制偏差，不仅会导致组织活动的失败，而且会危及组织的生存，这就需要对组织活动进行控制。而计划为控制提供了标准，没有计划，控制就成为无本之末。

【管理故事】

运筹帷幄，决胜千里

汉高祖刘邦打败了楚霸王项羽，当了皇帝，行赏的时候，把张良评为头功。元帅韩信听了很不高兴，认为天下是自己一刀一枪打下来的，为什么论功却不如张良？刘邦知道了，说了一句："运筹帷幄之中，决胜千里之外。"意思是说，因为有张良在大帐里出谋划策，你韩信才能在千里之外取胜。韩信想了想，这才服了。

管理启示： 刘邦所说的运筹是指谋划和筹划，也就是管理上所讲的计划。可见，计划的地位多么重要。

任务二 掌握制定计划的步骤

一个完整的计划一般需要7个步骤才能完成，即环境分析、确定目标、拟定可行性计划方案、评估备选方案、选定方案、拟定派生计划和通过编制预算使计划数字化。在实际工作中，计划制定者应根据具体情况确定哪些步骤必不可少，哪些步骤可以省略，哪些步骤可以平行进行等，从而制定出符合组织实际情况的计划方案。

一、环境分析

组织环境因素对组织计划的制定起着关键性的影响作用。因此，组织应在分析自身经营能力的基础上，掌握外部环境的变化，从而制定出切合实际的计划。具体来说，企业应从宏观环境、行业环境和企业内部环境3个方面进行分析。

（一）宏观环境分析

宏观环境是指企业所处的大环境，能够较大范围地影响企业的行为，主要包括政治法律环境、经济环境、社会文化环境和技术环境。

1. 政治法律环境

政治法律环境是指一个国家的社会制度，执政党的性质，政府的方针、政策，以及国家制定的法律、法规等。不同的国家有着不同的社会制度，不同的社会制度对企业生产经营活动有着不同的限制和要求。即使在社会制度没有发生变化的同一个国家，政府在不同时期的基本路线、方针、政策也是在不断变化的，企业必须仔细分析这些变化对其内部活动的影响。此外，企业还必须了解与其活动相关的法制系统及其运行状态。

2. 经济环境

经济环境主要是指影响企业生存和发展的社会经济状况，包括社会经济结构、经济体制、宏观经济发展水平、宏观经济政策等因素。一般来说，在宏观经济大发展的情况下，市场扩大，需求增加，企业发展的机会就多。反之，在宏观经济低速发展，甚至停滞或倒退的情况下，市场需求增长很小甚至不增加，这样，企业发展的机会也就相对较少。

3. 社会文化环境

社会文化环境是指企业所处地区的民族特征、文化传统、价值观、宗教信仰、教育水平、社会结构、风俗习惯等因素。社会文化因素对企业经营的影响是间接的、潜在的、持久的。

【管理案例】

> **肯德基在香港**
>
> 肯德基于1973年第一次进军香港。伴随着一声声"好味道舔手指"的广告语，第一家肯德基家乡鸡粉墨登场，但是谁料一年之后就败走麦城。肯德基这次失败的原因之一在于，"好味道舔手指"这句世界闻名的广告语很难被注重风雅的香港居民所接受。
>
> 事隔8年之后，肯德基第二次进军香港市场。这一次，家乡鸡改用"甘香鲜美好口味"的宣传语，使新的广告词带有浓厚的港味，更容易被香港人所接受。
>
> 由此可见，不同的文化背景影响着不同的消费观念和消费行为，"入乡随俗"应该是商业适应市场的基本规律。

4. 技术环境

技术环境是指企业所处环境中的总体技术发展水平，它既包括导致社会巨大发展的、革命性的产业技术进步，也包括与企业生产直接相关的新技术、新工艺、新材料的发明情况、应用程度和发展趋势。企业在制定计划的过程中，要密切注意与本企业产品有关的科学技术的发展水平、发展速度和发展趋势，这样才能使计划更加容易实现。

（二）行业环境分析

根据迈克尔·波特的观点，一个行业存在着5种基本的竞争力量，即现有竞争者、潜在进入者、替代品、购买者和供应商。将这5种竞争力量综合起来，就可得到五力竞争模型，如图3-1所示。

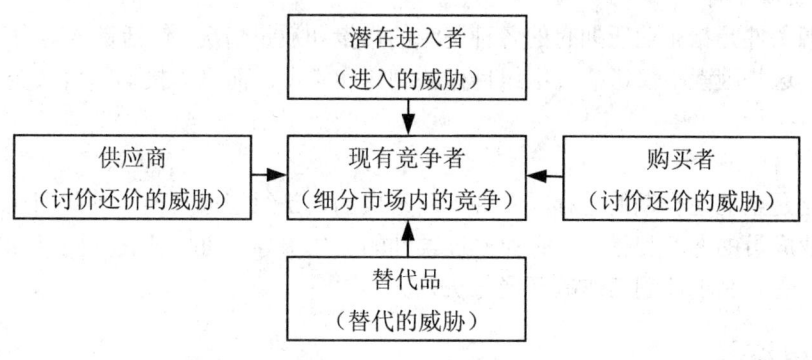

图 3-1 五力竞争模型

1．现有竞争者

行业内的现有竞争者是 5 种力量中最主要的竞争力量。现有企业之间的竞争通常表现在价格、广告、售后服务等方面。

2．潜在进入者

潜在进入者是指行业外部有可能并准备进入该行业的企业。潜在进入者一旦加入，既可能给行业经营注入新的活力，促进市场的竞争和发展，也势必给行业内的现有企业带来竞争压力。

3．替代品

替代品是指那些与本企业产品具有相同功能，且对现有产品具有替代效应的产品。替代品是否产生替代效果，关键是看替代品能否提供比现有产品更大的价值。

4．购买者

对行业中的企业来讲，购买者也是一个不可忽视的竞争力量。购买者所采取的手段主要有：要求降低价格，要求较高的产品质量或更多的服务，甚至迫使行业中的企业互相竞争等。所有这些手段都会降低企业的获利能力。

5．供应商

企业生产经营所需的生产要素通常需要从外部获取，提供这些生产要素的企业就是供应商。供应商影响企业的主要方式是提高所供商品的价格，降低所供商品的质量。一旦供应商能够确定它所提供商品的价格、质量、性能和交货的可靠性等，这些供应商就会成为一种强大的力量。

【课堂互动】

你认同迈克尔·波特的观点吗？在你看来，还有哪些因素可能影响到企业的竞争环境？

（三）企业内部环境分析

企业内部环境主要是指企业所拥有的客观物质条件和工作情况等，是企业开展经营活动的重要基础，也是企业进行计划工作的重要依据。企业内部环境包括企业资源条件和企业文化两个方面。

1. 企业资源条件

企业资源条件是指企业所拥有的各种资源的数量和质量情况，包括资金实力、人员素质、科研力量等。这些因素不仅影响着组织目标的制定和实现，而且直接影响着该企业计划的正确制定与有效执行。

2. 企业文化

企业文化是企业在长期的生存与发展中所形成的，是组织成员的一种共同认知，能够强烈地影响企业成员的态度和行为。企业通过柔性的文化引导，可以使其共同目标转化为成员的自觉行动，更有利于计划工作的开展与执行。

二、确定目标

目标是指期望的成果，可能是个人的、小组的或整个组织努力的结果。目标为所有的管理决策指明了方向，并且可以作为衡量实际绩效的标准。基于这些原因，目标成为企业计划方案的核心。

（一）确定目标的原则

组织确定计划目标时，应遵循以下3项原则。

1. 明确性原则

目标的内容应阐述具体、意思明确，避免使用意思含糊的字句。

2. 可行性原则

可行性原则是指确定的目标一定要切实可行。如果目标很容易达到，就会缺乏挑战性，失去激励员工的作用；反之，如果目标难以实现，就会让员工丧失信心。因此，目标要既具有可操作性又具有挑战性。

3. 可考核性原则

组织目标要尽量具体化、定量化，以便于计划执行人员比较准确地把握自己所承担的任务，又可准确地进行考核，从而有效地控制目标的实现。而对于定性化的目标，则可以通过具体说明时间规定、成果要求等加强其可考核性。

【管理故事】

马和驴子的目标

唐太宗贞观年间，长安城西的一家磨坊里，有一匹马和一头驴，它们是好朋友。马在外面拉车，驴在屋里拉磨。贞观三年，马被玄奘大师选中，前往印度取经。

17年后，马驮着佛经回到长安。它重到磨坊会见它那位驴老弟，老马谈起这次旅途的经历，让驴目瞪口呆，驴惊叹道："你有那么多的见闻啊，那么遥远的道路，我想都不敢想。"马说："其实，我们走的路程都差不多，不同的是，我同玄奘大师有一个远大的目标，并始终如一地朝着目标前进，所以取得了不菲的成绩；而你却被蒙住了眼睛，年复一年地围着磨盘转，所以始终走不出这个狭隘的天地。"

管理启示： 成功计划与失败计划最根本的差别就在于有无明确合理的目标。有了明确发展目标的企业会向马一样不断前进，而缺乏目标的企业则会像驴一样，永远不会有所发展和超越。

（二）目标管理

目标管理（MBO）是由美国管理学家彼得·德鲁克于 1954 年提出来的，是指一个组织的上下级管理人员和组织内的所有成员共同制定目标、实施目标的一种管理方法。目标管理是按照一定程序进行的，如图 3-2 所示。

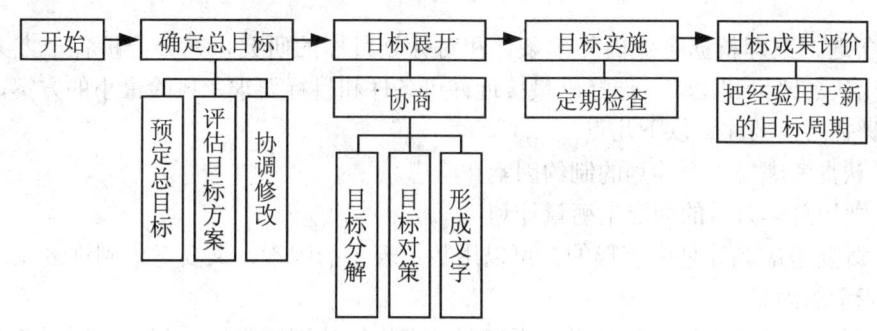

图 3-2　目标管理的程序

1．目标管理的开始

在目标管理的开始阶段，管理者必须向组织内部人员说明实行目标管理的原因，并让大家了解目标管理的性质、内容，以及各自在目标管理中的作用等。

2．确定总目标

总目标的确定有以下 3 个步骤：① 预定总目标。最高管理者根据本组织的实际情况制定基本的战略目标，这些目标是试探性的，也是试验性的。② 评估目标方案。对试探性的目标进行分析论证，选出最优方案。③ 协调修改。管理者向下属说明试探性目标的内容，征求大家的意见，经过反复的讨论、修改、论证，最终形成组织总目标。

3．目标展开

目标展开是指将总目标从上到下层层分解的过程。在进行目标展开时，高层管理者必须要与下级组织的管理者或个人进行面对面的协商，帮助各级组织和个人制定各自相应的目标和任务，以及目标完成的时间期限等，并将最后结果形成文字，固定下来。

4．目标实施

实施目标时，组织中各层人员都要按照目标体系的要求，分工协作，各司其职。目标的实施主要依靠员工的自我管理或自我控制，但是管理者也必须定期检查各项任务的进展情况。

5．目标成果评价

当目标管理的周期结束时，管理者必须逐个检查目标的完成情况，并与原定的目标进行比较，总结经验教训，将经验用于新的目标周期。需要注意的是，如果目标没有完成，组织上下应分析原因，切忌相互指责，以保持相互信任的气氛。

【课堂互动】

目标管理只管理结果，不管理过程。这一观点对吗？

三、拟定可行性计划方案

目标确定后，就需要拟定尽可能多的计划方案。可供选择的行动计划数量越多，被选计划的相对满意程度就越高,行动就越有效。因此,在拟定可行性计划方案时,要广泛发动群众,充分利用组织内外部的专家,通过他们献计献策,产生尽可能多的行动计划。同时,拟定计划方案时,既要依赖过去的经验,也要勇于创新。

四、评估备选方案

评估备选方案即根据企业内外部条件和对计划目标的研究,充分分析各个方案的优缺点,并作出认真评价和比较,选择出最接近许可条件和目标要求、风险最小的方案。组织在进行方案评估时,要注意以下几点:

(1) 认真考虑每一个计划的制约因素和隐患。
(2) 要用总体效益的观点来衡量计划。
(3) 既要考虑到计划中有形的、可以用数量表示的因素,又要考虑到许多无形的、不能用数量表示的因素。
(4) 要动态地考察计划的效果,不仅要考虑执行计划所带来的利益,还要考虑执行计划所带来的损失,特别是那些潜在的、间接的损失。

五、选定方案

选定方案即从多个备选方案中选择一个或几个较优方案,在选择方案时,通常可以采用以下3种方法:

(1) 经验法。即依靠经验(包括管理者个人的经验和众人的经验)来进行评定。
(2) 试点法。即对备选方案进行试验和试点。
(3) 数理法。即借助于数学模型进行研究与分析。

如果对备选方案进行分析和评估的结果表明,有两个以上的方案都适合,则管理者可以同时采用若干方案,而不只采用一个最佳方案。

六、拟定派生计划

派生计划是指为了支持主计划的实现而由各个职能部门和下属单位制定的计划。例如,生产计划、营销计划、财务计划等都是企业计划的派生计划。

组织在拟定派生计划时,要注意以下3个方面的问题:

(1) 务必使有关人员了解企业总计划的目标,掌握总计划的指导思想和内容。
(2) 协调各个派生计划,使其方向一致,以支持总计划,防止仅追求本部门目标而妨碍总目标的行为。
(3) 协调各个派生计划的工作时间顺序,如采购与制造、加工与装配的时间配合,以及能源、原材料等在时间上的合理安排。

七、通过编制预算使计划数字化

预算是指用数字表示预期结果或资源分配的计划,即"数字化"的计划。编制预算,一方面是为了使计划的指标体系更加明确,另一方面是为了企业更易于对计划执行过程进行控制。此外，由于实际情况总是在变化，所以预算在必要时也应有所变化，以便能更好地指导实际工作。

任务三　掌握制定计划的方法

为了保证制定的计划合理，确保组织目标的实现，计划编制过程中必须采用科学的方法。常用的编制计划的方法有甘特图法、滚动计划法和网络计划技术等。

一、甘特图法

甘特图是由亨利·甘特开发的，它是一种线条图，横轴表示时间，纵轴表示任务，线条表示在整个期间上计划和实际活动的完成情况，如图3-3所示。

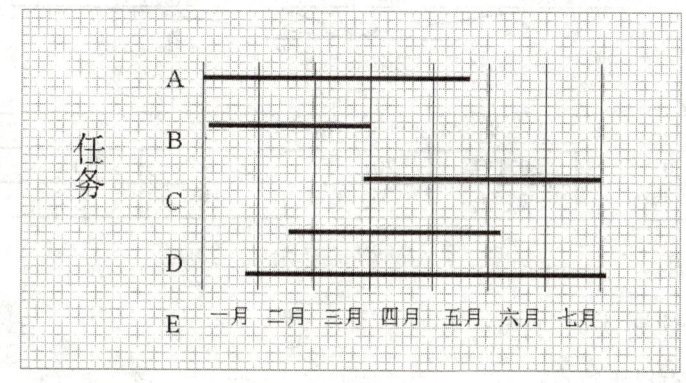

图3-3　甘特图

甘特图可以直观地表明任务计划在何时开始和完成，并可将实际进展与计划要求进行对比检查。管理者通过对甘特图的分析，可以极为便利地弄清一项任务的剩余工作，并可评估工作进度是提前还是滞后，或者是正常进行。

> 制作甘特图的软件有Ganttproject、Gantt Designer和Microsoft Project等。此外，制作者也可以在Microsoft Excel中手动绘制甘特图。

二、滚动计划法

滚动计划法是一种将短期计划、中期计划和长期计划有机地结合起来，根据近期计划的执行情况和环境变化情况，定期修改未来计划并逐期向前推移的方法。

在计划工作中难很准确预测未来各种影响因素的发展变化，而且计划期越长，这种不确定性就越大。因此，如果机械地按照几年前制定的计划实施，可能会导致重大的损失。滚动计划法则可避免这种不确定性可能带来的不良后果。

（一）滚动计划法的基本原理

滚动计划法的基本原理是：在制定近期计划时，同时制定未来若干期的计划，但计划内容采用近细远粗的办法，即近期计划的内容尽可能详尽，远期计划的内容则较粗略；在计划期的第一阶段结束时，根据该阶段的计划执行情况和内外部环境变化情况，对原计划进行修订，并将整个计划向前滚动一个阶段；以后根据同样的原则逐期滚动。图 3-4 所示是五年期的滚动计划法。

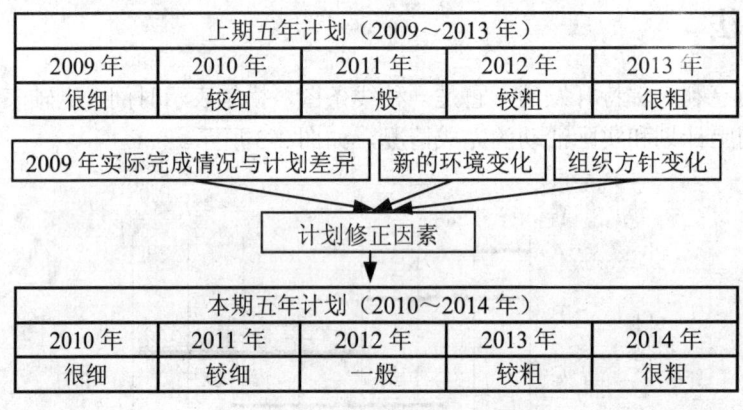

图 3-4　五年期的滚动计划法

（二）滚动计划法的特点

滚动计划法具有以下特点：

（1）预见性。编制滚动计划，可以连续地预测出下期计划的情况和存在的问题，便于企业尽早采取措施，发展有利因素，克服不利因素。

（2）灵活性。市场、环境因素的变化对企业的生产经营活动具有较大影响，为了适应新的变化，企业根据滚动计划法制定的计划也必须具有较大的灵活性，能够及时根据主客观条件调整、修改计划。

（3）均衡性。编制滚动计划既考虑了本期任务，又要预测下期情况，因而易于做到各期计划均衡生产，避免出现大起大落的现象。

（4）连续性。按滚动计划法编制计划，本期计划是在分析上期实际情况的基础上制定的，既是上期计划的延续，又是编制下期计划的基础，因而可使前、后期计划密切衔接，同时也便于长期计划与年度计划，年度计划与季度、月度计划紧密衔接，可以充分发挥长期计划对短期计划的指导作用。

三、网络计划技术

网络计划技术于 20 世纪 50 年代后期在美国产生和发展起来。这种方法包括各种以网络为基础而制定计划的方法，如关键路径法、计划评审技术、组合网络法等。

（一）网络计划技术的基本原理

网络计划技术的基本原理是：把一项工作或项目分成各种作业，然后根据作业顺序进行排列，通过网络图对整个工作或项目进行统筹规划和控制，以便用最少的人力、物力、财力，以最高的速度完成工作。网络计划技术的基本步骤如图 3-5 所示。

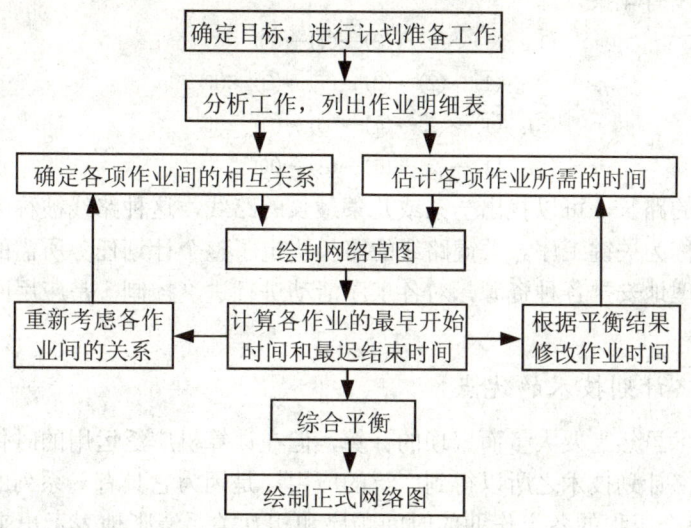

图 3-5　网络计划技术的基本步骤

（二）网络图

网络图是网络计划技术的基础。任何一项任务都可分解成多个步骤的作业，网络图根据这些作业在时间上的衔接关系，用箭线表示它们的先后顺序，从而画出的一个由各项作业相互联系，并注明所需时间的箭线图。图 3-6 所示是一个简单的网络图。

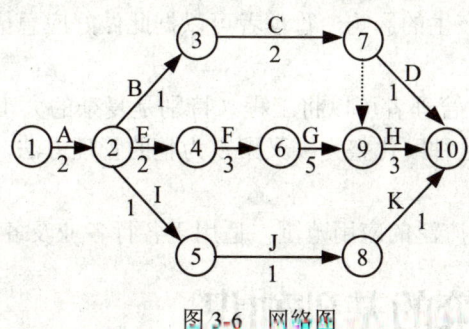

图 3-6　网络图

网络图主要由工序、事项和线路 3 个要素构成。

（1）工序，用"→"表示。工序是一项作业的过程，有人力、物力参加，经过一段时间才能完成。图 3-6 中箭线下的数字即表示完成该项作业所需的时间。此外，网络图中还有一些虚设的工序，这些工序既不占用时间，也不消耗资源，叫做虚工序，用"┈▶"表示。网络图中应用虚工序的目的是为了正确表示工序之间先后衔接的逻辑关系，避免工序之间的关系含混不清。

（2）事项，用"○"表示。事项是指两个工序之间的连接点。事项既不占用时间，也不消耗资源，只表示前道工序结束、后道工序开始的瞬间。一个网络图中只有一个始点事项，一个终点事项。

(3)路线。路线是指网络图中由始点事项出发,沿箭线方向前进,连续不断地到达终点事项的一条通道。一个网络图中往往存在多条路线,例如,图3-6中从始点①连续不断地走到终点⑩的路线有4条,即

①:①→②→③→⑦→⑩
②:①→②→③→⑦→⑨→⑩
③:①→②→④→⑥→⑨→⑩
④:①→②→⑤→⑧→⑩

比较各路线的路长,可以找出一条或几条最长的路线,这种路线被称为关键路线。关键路线上的工序被称为关键工序。关键路线的路长决定了整个计划任务所需的时间。确定关键路线,并据此合理地安排各种资源,对各工序活动进行进度控制,是应用网络计划技术的主要目的。

(三)网络计划技术的优点

网络计划技术虽然需要大量而繁琐的计算,但在计算机广泛运用的时代,这些计算大都被程序化了。网络计划技术之所以得到广泛的应用,是因为它具有一系列的优点。

(1)能把整个工程的各个作业的时间顺序和相互关系清晰地表示出来,并指出完成作业的关键环节和路线。因此,管理者在制定计划时可以统筹安排,全面考虑,又不会失去重点。

(2)可对工程的时间进度与资源利用实施优化。在计划实施过程中,管理者可以调动关键路线上的人力、物力和财力从事关键作业,进行综合平衡。这样既可以节省资源,又可以加快进度。

(3)可事先评价达到目标的可能性。该技术指出了计划实施过程中可能发生的困难点,以及这些困难点对整个任务产生的影响,管理者可以据此做好应急措施,从而降低不能完成任务的风险。

(4)便于组织与控制。管理者可以将工程(特别是复杂的大工程)分解成若干个子项目来分别组织实施与控制,这种既化整为零又聚零为整的管理方法,可以达到局部和整体的协调一致。

(5)易于操作,并具有广泛的应用范围,适用于各行各业及各种任务。

任务四　掌握决策的基础知识

一、决策概述

(一)决策的概念

决策是指人们为实现一定的目标,在充分掌握信息和对有关情况进行深刻分析的基础上,用科学的方法拟定并评估各种方案,从中选出合理方案的活动过程。简言之,决策就是一个提出问题、分析问题、解决问题的过程。

从上述决策的概念中可以看出,决策的内涵包括以下5个方面:

(1) 决策是以实现特定目标为前提条件的。
(2) 决策是面向未来的，要作出正确的决策，就要进行科学的预测。
(3) 决策要有两个以上的备选方案，这是科学决策的依据。
(4) 决策的重点在于对多个方案进行科学的分析、判断与选择。
(5) 决策的结果在于选择"合理"的方案，而非"最优"方案。

【管理故事】

父子与驴

儿子骑驴，老子牵驴，路人曰：小子不孝！

老子骑驴，儿子牵驴，路人曰：老子不仁！

老子儿子共骑一驴，路人曰：呔，驴儿可怜！

儿子老子共牵驴行，路人曰：傻，有驴不骑！

儿子老子扛驴而行，路人曰：疯，人岂是驴！

老子儿子坐地而止，路人曰：懒，焉能如此！

管理启示： 一个决策，往往褒贬纷至。言者也罢，闻者也罢，都是过程和手段，目的是要正确地决策，正确地行动。

（二）计划与决策的关系

计划与决策之间的关系如下：

(1) 决策是计划的前提，计划是决策的逻辑延续。决策为计划的任务安排提供了依据，计划则为决策所选择的目标活动的实施提供了组织保证。

(2) 在计划的制定过程中，无论是对企业内外部环境的分析，还是方案的选择，都包含了决策的过程。同时，计划的编制过程既是决策的落实过程，也是对决策更为详细的检查和修订过程。

二、决策的分类

（一）按决策的重要程度分

按决策的重要程度分，决策可分为战略决策、战术决策和业务决策。

> **战略决策：** 是指事关组织未来发展方向和远景的全局性、长远性的决策，如组织资本的变化、国内外市场的开拓、组织机构的调整等，主要由高层管理者负责进行。

> **战术决策：** 是指执行战略决策过程中的具体决策，如企业生产计划的确定、新产品设计方案的选择等，一般由中层管理者负责进行。

> **业务决策：** 是指日常业务活动中为提高工作效率和生产效率，合理组织业务活动进程而进行的决策，如生产任务的日常安排、工作定额的制定等，一般由基层管理者负责进行。

（二）按决策的重复程度分

按决策的重复程度分，决策可分为程序化决策和非程序化决策。

> **程序化决策：** 是指在日常管理中以相同或基本相同的形式重复出现的决策，如订货采

购、退货的处理等。这类问题经常重复出现，因而可以把决策过程标准化、程序化，可通过惯例、标准工作程序和业务常规等予以解决。
- **非程序化决策**：是指具有极大的偶然性和随机性，很少重复发生，无先例可循的具有大量不确定因素的决策，如新产品的开发、多样化经营等。在这种情况下，决策者很难照章行事，需要有创造性思维。

【课堂互动】

> 有人认为，高层管理者主要制定非程序化决策，而基层管理者主要制定程序化决策。你认同这种观点吗？

（三）按决策的可控程度分

按决策的可控程度分，决策可分为确定型决策、风险型决策和不确定型决策。
- **确定型决策**：是指每种备选方案只有一种确定的结果，即决策事件未来的自然状态明显，比较各种方案的结果就能选出最优方案。
- **风险型决策**：是指每种备选方案都有各种自然状态，决策者不能预先肯定未来发生哪种自然状态，但能知道有多少种自然状态以及每种自然状态发生的概率，这种决策可以通过比较各种方案的期望值来进行选择。
- **不确定型决策**：是指每种备选方案都有各种自然状态，但是未来发生哪种自然状态及各种自然状态出现的概率都是未知的，完全凭决策者个人的经验、感觉和估计来作出决策。

（四）按决策的权限分

按决策的权限分，决策可分为个体决策和群体决策。
- **个体决策**：是指决策权限集中于个人的决策。这种决策受决策者的知识、经验、心理、能力、价值观等个人因素的影响较大，决策过程带有强烈的个性色彩。
- **群体决策**：是指决策权限由集体共同掌握的决策。这种决策受个人因素的影响较小，受群体结构的影响较大，易产生"从众现象"和责任不明等，因此必须采取科学有效的方法加以控制。

【管理案例】

通用电气的全员决策

美国通用电气公司是一家集团公司，1981年杰克·维尔奇接任总裁后，认为"工人们对自己的工作比老板清楚得多，经理们最好不要横加干涉"。为此，他制定了"全员决策"制度，使那些平时没有机会互相交流的职工、中层管理人员都能出席决策讨论会。"全员决策"的开展，有效避免了公司中官僚主义的弊端，减少了繁琐程序，使公司在经济不景气的情况下取得了巨大的进展。

三、决策的程序

决策的程序一般分为界定问题、明确目标、拟定方案、选择方案、贯彻实施、反馈及追踪检查6个步骤，如图3-7所示。

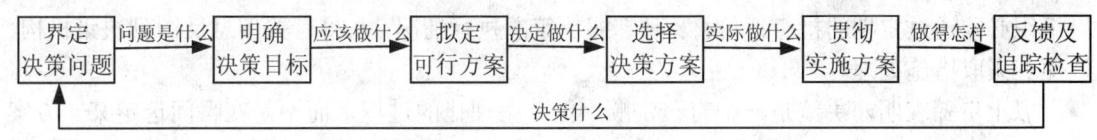

图 3-7 决策的过程

（一）界定决策问题

决策是为了解决一定的问题而制定的，没有发现组织运行中存在的问题，就没有必要制定新的决策来对组织活动作出调整和改变。因此，决策者首先要研究组织的现状，通过科学分析，找出问题及出现问题的原因，从而界定决策问题。

（二）明确决策目标

确定组织目标时要坚持实事求是，并对目标的优先顺序进行排序，从而减少决策过程中不必要的麻烦。明确决策目标不仅为方案的制定和选择提供了依据，也为决策的实施和控制、组织资源的分配和各种力量的协调提供了标准。

（三）拟定可行方案

拟定方案阶段的主要任务是，对信息系统提供的数据进行充分的系统分析，并在此基础上制定出两个以上的备选方案。通常来说，一个问题往往可以用多种方法来解决，所以在拟定可行方案时，应先把所有可能的方案及相关因素罗列出来，以便扩大选择余地。

（四）选择决策方案

选择决策方案的步骤如下：① 对拟定的方案进行充分论证，并作出综合评价；② 在评价的基础上，权衡各个方案的利弊得失，提出取舍意见；③ 在分析比较的基础上，从备选方案中选择最满意的方案。在选择决策方案的过程中，应注意以下问题：

（1）确定评价的价值标准。评价的价值标准要根据决策目标而定。凡是能够量化的都要制定出量化标准；难于定量化的，可以作出详细的定性说明。

（2）注意方案之间的可比性和差异性。即把不可比的因素转化为可比因素，着重对其差异进行比较与分析。

（3）从正反两方面进行比较。其目的在于考虑到方案可能带来的不良影响和潜在的问题，以权衡利弊得失，作出正确的决策。

（五）贯彻实施方案

将所选择的方案付诸实施是决策过程中至关重要的一环。方案一旦选定以后，组织应该着手制定实施方案的具体措施和步骤。一般而言，决策方案实施过程中应该做好以下工作：

（1）制定相应的具体措施，保证方案的正确实施。

（2）确保实施决策方案的相关人员充分了解并接受决策方案。

（3）建立重要工作的报告制度，以便随时了解方案进展情况，并及时调整行动。

（六）反馈及追踪检查

一项复杂的决策方案的实施通常需要较长时间，在这段时间中，情况可能发生变化，所以组织必须通过定期的检查评价，及时掌握决策的执行情况，并将有关信息反馈到决策机构，以便其采取措施处理。

以上步骤表明，决策是一个有一定顺序的、条理化的过程，而不是在瞬间选定某一方案的单纯的决断。为了介绍的方便，我们在理论上通常把决策过程划分为不同的阶段，但实际工作中应该注意，决策过程的各个步骤往往是相互联系、交错重叠的，不能将各个步骤的工作分割开来。

【课堂互动】

以本人亲身经历过的某一决策项目为例，具体说明制定决策的详细过程。

四、决策的方法

随着决策理论和实践的不断发展，人们在决策中所采用的方法也不断地得到充实和完善。目前，使用较多的决策方法通常可以分为定性决策方法和定量决策方法两类。前者注重于决策者本人的直觉，后者则注重于决策问题各因素之间的客观数量关系。在具体应用中，将二者密切配合，已经成为现代决策方法的一个重要发展趋势。

（一）定性决策方法

定性决策方法是指直接利用决策者本人或有关专家的智慧来进行决策的方法。常用的定性决策方法有专家会议法、德尔菲法、头脑风暴法和电子会议法等。

1. 专家会议法

专家会议法是指根据决策的目的和要求，邀请有关专家以会议的形式展开讨论分析，从而作出判断，最后综合各专家的意见做出决定。

这种方法通过座谈讨论，能互相启发、集思广益、取长补短，能够全面地集中各方面的意见，从而得出决策结论。但是，由于参加人数有限，与会代表往往很不充分，容易受到技术权威或政治权威的影响，使与会者不能真正畅所欲言，从而出现"一边倒"的现象。此外，由于受到个人自尊心的影响，与会者即使发现错误也不能及时修正原来的意见，因此，通过专家会议法做出的决策有时也会出现失误。

2. 德尔菲法

德尔菲法又称专家意见法，是由美国兰德公司于20世纪50年代初创造的一种方法。它是指充分发挥专家们的知识、经验和判断力，并按规定的工作程序来进行决策的方法。这种决策方法的一般过程是，聘请一批专家（10~50人），以相互独立的匿名形式就决策内容各自发表意见，用书面形式独立地回答决策者提出的问题，并反复多次修改各自的意见，最后由决策者综合确定决策的结论。

德尔菲法可以使每位专家充分发表自己的意见，免受权威人士左右。但此方法主要是依靠专家的主观判断，决策的准确程度取决于专家们的学识和对决策对象的兴趣；同时，决策意见反馈多次，不仅会花费较长的时间，还可能引起专家的反感。

3. 头脑风暴法

头脑风暴法最早由"风暴式思考之父"奥斯本于20世纪50年代提出。其具体过程是，将相关专家聚集在一起，使其在不受任何约束条件的环境下针对所要解决的问题畅所欲言、各抒己见，最后由组织者整理、分析、系统化之后得到决策结果。

头脑风暴法主要吸收专家的创造思维活动，其原则如下：① 严格控制问题范围，明确具体要求；② 提倡即兴发言，不允许参与者提前准备发言稿；③ 鼓励参与者对已经提出的设想进行改进和综合，为准备修改自己设想的人提供优先发言权；④ 支持和激励参与者解除思想顾虑，创造一种自由的气氛，激发参与者的积极性。

4．电子会议法

电子会议法是一种将群体决策与尖端的计算机技术相结合的决策方法，它对技术的要求很高，企业必须拥有成熟的现代通信技术和网络技术，才可采用此法。使用电子会议法的具体情形是，多达50人围坐在一张马蹄形的桌子旁，每人面前有一个计算机终端设备，管理者将问题显示给决策参与者，参与者把自己的回答输入计算机，个人评论和票数统计等都投影在会议室内的屏幕上。

电子会议法的主要优点是匿名、可靠和快速。决策参与者能不透露姓名地输出自己所要表达的任何信息，能充分地表达他们的想法而不会受到惩罚，同时也消除了闲聊和偏题的可能性，且不必担心打断别人的"讲话"。

当然，电子会议法也存在以下缺点：① 对于那些善于口头表达，而计算机运用技能却相对较差的专家来说，电子会议会影响他们的决策思维；② 由于这种决策方法是匿名的，因而无法对提出好建议的参与者进行奖励；③ 参与者只通过计算机来进行决策，其沟通程度不如面对面的口头交流所传递的信息丰富。

（二）定量决策方法

定量决策方法是指根据现有数据，运用数学模型进行决策的一种方法，它可以使决策更加精确化和程序化。定量决策方法主要有以下几种。

1．确定型决策方法

确定型决策问题只存在一个确定的结果，决策者可以根据科学的方法作出决策。确定型决策最常用的方法是量本利分析法。

量本利分析法又称盈亏平衡分析法或保本分析法，是指通过考察销售量（或产量）、成本和利润的关系，以及盈亏变化规律来为决策提供依据的方法。盈亏平衡点是量本利分析中的一个重要概念。在该点上，企业生产经营活动正好处于不赢不亏的状态，也就是所得的收入恰好等于所费的成本，这个状态的产量也称作保本产量。

企业的生产经营成本可分为固定成本和变动成本两部分。其中，固定成本是指在一定时间和范围内，当企业销售量（或产量）变化时，其总额保持不变的成本。固定成本通常是由一些不易调整、使用期限较长的生产要素引起的费用，如折旧费、租赁费、利息支出和一般管理费等。变动成本是指随销售量（或产量）的增加而相应增加的费用，如直接人工费、原材料消耗等。根据固定成本、变动成本与销售量的关系，可以得出下列公式：

$$\begin{aligned}利润 &= 总收入 - 总成本 \\ &= 总收入 - 变动成本总额 - 固定成本总额 \\ &= 销售量 \times 单价 - 销售量 \times 单位变动成本 - 固定成本总额\end{aligned}$$

即 $R = S - C$
$\quad\quad = QP - QVC - FC$
$\quad\quad = Q(P - VC) - FC$

式中，R——利润
$\quad\quad S$——总收入
$\quad\quad C$——总成本
$\quad\quad Q$——销售量（或产量）
$\quad\quad P$——销售单价
$\quad\quad VC$——单位变动成本
$\quad\quad FC$——固定成本总额

当企业处于不赢不亏的状态时，利润为零，即 $R=0$。此时，只要取利润值等于零，即可由 $R=Q(P-VC)-FC=0$，推导求得盈亏平衡点的销售量（或产量）Q_0，即

$$Q_0 = \frac{FC}{P - VC}$$

在量本利分析中，变动成本与总收入为销售量（或产量）的函数。当变动成本、总收入与销售量（或产量）为线性关系时，三者之间的关系如图 3-8 所示。

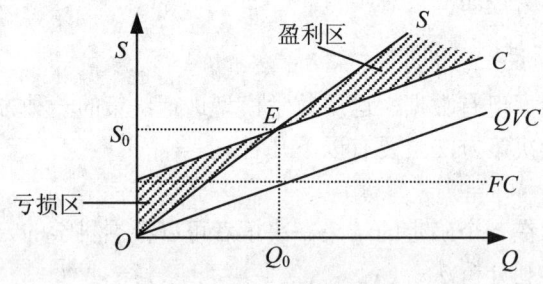

图 3-8　盈亏平衡分析图

由图 3-8 所示可知，销售总收入线 S 与总成本线 C 的交点 E 所对应的销售量 Q_0 就是盈亏平衡点的销售量；S_0 就是盈亏平衡点的销售额。当 $Q<Q_0$ 时，总成本线位于总收入线之上，企业会亏损；当 $Q>Q_0$ 时，总收入线位于总成本线之上，企业会盈利。

【例 3-1】　某企业生产某产品的固定成本为 60 000 元，单位变动成本为每件 1.8 元，产品价格为每件 3 元。如果该企业现阶段拟生产该产品 100 000 件，试问该方案是否可取？

【解】　由题中所给条件可知，$FC=60000$，$VC=1.8$，$P=3$，$Q=100000$

因此，盈亏平衡点的产量 $Q_0 = \dfrac{FC}{P-VC} = \dfrac{60000}{3-1.8} = 50000$（件）

由于该方案的产量 Q（10 万件）大于保本产量 Q_0（5 万件），企业可以盈利，所以该方案可取。

2. 风险型决策方法

风险型决策问题存在两个以上可供选择的方案，每种方案都有可能出现不同的结果，但

每种结果出现的概率是可以估算的。风险型决策的方法有很多,这里我们主要介绍最常用的期望值法和决策树分析法。

(1) 期望值法。期望值法是指根据各方案的期望值大小来选择决策方案,主要用于管理者面临两种以上的备选方案,并且可以估计每一种结果发生的客观概率的情况。期望值的计算公式为:

期望值=∑(方案在相应状态下的预期收益)×(方案 i 状态发生的概率)

【例 3-2】 某厂在下一年拟生产某种产品,需要确定产品批量。根据预测估计,这种产品市场状况的概率是:畅销为 0.3,一般为 0.5,滞销为 0.2。产品生产采取大、中、小 3 种批量的生产方案,有关数据如表 3-1 所示。试问如何决策能使该厂获得最大的经济效益?

表 3-1 数据统计表

概率 方案	不同状态出现的概率		
	畅销(0.3)	一般(0.5)	滞销(0.2)
大批量	40	28	20
中批量	36	36	24
小批量	28	28	28

【解】 选择方案的过程如下:

大批量生产的期望值 = 40 × 0.3 + 28 × 0.5 + 20 × 0.2 = 30
中批量生产的期望值 = 36 × 0.3 + 36 × 0.5 + 24 × 0.2 = 33.6
小批量生产的期望值 = 28 × 0.3 + 28 × 0.5 + 28 × 0.2 = 28

在以上 3 种方案中,期望值最大的是中批量生产,因此,选择中批量生产可以使该厂获得最大的经济效益。

(2) 决策树分析法。决策树分析法是指将构成决策方案的有关要素以树状图形的方式表现出来,并以此分析和选择决策方案的一种系统分析方法。该方法以期望值法为依据,特别适合于分析较为复杂的问题。

决策树由决策节点(用"□"表示)、方案枝、状态节点(用"○"表示)、概率枝和期望值(用"△"表示)等要素构成,如图 3-9 所示。

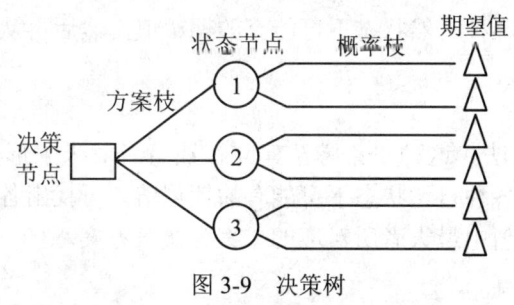

图 3-9 决策树

决策树分析法的步骤如下:
① 绘制决策树,按决策树的构成要素由左向右依次展开。
② 计算每个状态节点的期望值,计算公式为:

状态节点的期望值＝Σ（方案在相应状态下的预期收益）×（方案 i 状态发生的概率）

③ 剪枝决策，即选择期望值最大的方案为最优方案。

【例 3-3】 某工程公司要对下月是否开工做出决策，现已掌握的资料是：如果开工后天气好，可以按期获利 4 万元；如果开工后天气不好，则造成损失 2 万元。如果不开工，不论天气好坏，都要支出 0.2 万元。下个月天气好的概率是 0.4，天气不好的概率是 0.6。试问该工程公司应该如何决策？

【解】 （1）根据已知条件绘制决策树，如图 3-10 所示。

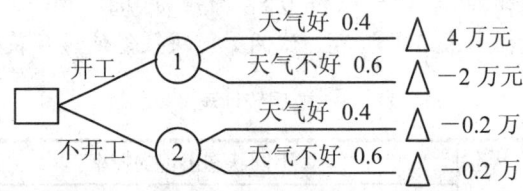

图 3-10 某工程公司决策树

（2）计算两种方案的期望值。

方案 1（开工）的期望值为：

$$4 \times 0.4 + (-2) \times 0.6 = 0.4（万元）$$

方案 2（不开工）的期望值为：

$$(-0.2) \times 0.4 + (-0.2) \times 0.6 = -0.2（万元）$$

（3）剪枝决策。比较两个方案的计算结果，开工方案的期望值大于不开工方案的期望值，因此该工程公司应选择开工。

3．不确定型决策方法

在不确定型决策中，决策者对未来事件虽有一定程度的了解，知道可能发生的各种情况，但又无法确定各种情况可能发生的概率。这种决策主要依靠决策者的经验、智慧和风格，便产生了不同的评选标准，从而形成了多种具体的决策方法。不确定型决策方法有乐观法、悲观法、平均法和后悔值法等。

（1）乐观法

乐观法也称大中取大法。这种决策方法建立在决策者对未来形势估计非常乐观的基础上，先计算出各种方案在各种自然状态下可能有的期望值，然后再从中选择最大的期望值所对应的方案为决策方案。

（2）悲观法

悲观发也称小中取大法。这种决策方法建立在决策者对未来形势估计非常悲观的基础上，先计算出各种方案在各种自然状态下可能有的期望值，再找出各种自然状态下的最小期望值，然后选择最小期望值中最大者所对应的方案为决策方案。

（3）平均法

平均法也称等概率法。这种决策方法是将未来不明的自然状态出现的概率完全等同地加以看待，因此，决策者在选择决策方案时，先假设各种自然状态出现的概率都相同，从而将其转化为风险型决策进行计算。

（4）后悔值法

后悔值法也称大中取小法，决策者先计算出各方案在各种自然状态下的最大期望值与实际方案的期望值之间的差额（即后悔值），然后从各方案的最大后悔值中找出最小值，将其对应的方案作为决策方案。

后悔值法的基本思路如下：① 确定各种可行方案，以及各方案面临的各种自然状态；② 将各种方案在各种自然状态下的期望值列于决策矩阵表中；③ 计算每一种方案在不同自然状态下的后悔值；④ 找出各种方案的最大后悔值；⑤ 选择最大后悔值中的最小者所对应的方案为最优方案。

【例4-4】 某企业计划开发新产品，有3种设计方案可供选择。不同设计方案的制造成本、产品性能等各不相同，因此在不同市场状态下的期望值也不同，如表3-2所示。

表3-2 期望值统计数据表

期望值＼市场状态＼方案	畅销	一般	滞销
方案A	150	100	50
方案B	180	80	25
方案C	250	50	10

试用乐观法、悲观法、平均法和后悔值法选出最优方案。

【解】 （1）乐观法。首先，求出每个方案的最大期望值：

方案A：Max{150，100，50} = 150；

方案B：Max{180，80，25} = 180；

方案C：Max{250，50，10} = 250。

其次，找出3个方案中最大期望值的最大值：

Max{150，180，250} = 250。

因此，C方案是最优方案。

（2）悲观法。首先，求出每个方案的最小期望值：

方案A：Min{150，100，50} = 50；

方案B：Min{180，80，25} = 25；

方案C．Min{250，50，10} = 10。

其次，找出3个方案中最小期望值中的最大值：

Min{50，25，10} = 50。

因此，A方案是最优方案。

（3）平均法。假设3种方案所面临的各种自然状态发生的概率相同，所以

方案A的期望值为：（150 + 100 + 50）÷ 3 = 100；

方案B的期望值为：（180 + 80 + 25）÷ 3 = 95；

方案C的期望值为：（250 + 50 + 10）÷ 3 = 103。

方案C的期望值最大，因此为最优方案。

（4）后悔值法。首先，求出每个方案在不同市场状态下的后悔值，如表3-3所示。

表3-3 后悔值统计表

方案\市场状态 期望值	畅销	一般	滞销
方案A	250－150＝100	100－100＝0	50－50＝0
方案B	250－180＝70	100－80＝20	50－25＝25
方案C	250－250＝0	100－50＝50	50－10＝40

其次，求出每个方案的最大后悔值：

方案A：Max{100，0，0}＝100；

方案B：Max{70，20，25}＝70；

方案C：Max{0，50，40}＝50。

最后，在3个方案的最大后悔值中找出最小值：

Min{100，70，50}＝50

因此，C方案是最优方案。

【课堂互动】

在所有的决策方法中，你认为哪一种方法最有效？为什么？

综合实训　编制企业计划书

【实训目的】

1. 提高学生分析问题和解决问题的能力；
2. 让学生掌握编制企业计划的基本方法。

【实训要求】

1. 以小组为单位，在实际调研的基础上，运用创造性思维，创办一家虚拟企业。
2. 运用"头脑风暴法"讨论虚拟企业的性质、经营范围等，并形成最终方案。
3. 根据最终方案，每个小组编制一份企业计划书，要求计划书结构合理、内容完善。

【实训提示】

一份完整的计划书大致由8个部分、共计11项内容组成，如表3-4所示。

表3-4 计划书的构成

部　　分	内　　容	说　　明
1. 计划导入	（1）封面	计划书的脸面，应美观大方
	（2）前言	表明计划者的动机和态度
	（3）目录	计划书的目录
2. 计划概要	（4）计划概要	概述计划书的整体思路与内容
3. 计划背景	（5）现状分析	明确计划的出发点，说明计划的必要性及其前提
4. 计划意图	（6）目的、目标设定	确定计划的目的、目标，说明计划的意义
5. 计划方针	（7）概念的形成	明确计划的方向、原则，规定计划的内容

续表 3-4

部分	内容	说明
6. 计划构想	（8）确定实施计划的结构	明确计划实施的结构及其组织保证，提高计划的效果
7. 计划设计	（9）具体实施计划	计划的具体内容，将实现目标的方法具体化
	（10）确定实施计划	实施计划所需的时间、费用等；预测计划可能获得的效果
8. 附录	（11）参考资料	附加的与计划相关的资料，增加计划的可信度

【实训考核】

由教师根据表 3-5 所示的考核成绩表对学生作出考核与评价。

表 3-5 考核成绩表

考核内容	考核标准		比重（%）	小计（%）
讨论发言	内容	合理性	10	40
		准确性	10	
	现场表现	语言流利	10	
		表现自如	10	
计划书	内容	条理性	20	60
		完整性	20	
		创新性	20	
合计（%）			100	

案例分析——对艾琳化妆品公司计划的解析

艾琳·格拉斯纳在公司初见成效的时候计划拓展产品线、加强自身实力的做法是可取的，但她在制定计划的过程中还存在一些问题。

在制定重大计划时，首先要确定整个企业的目标，然后确定每个下属工作单位的目标，目标规定的预期结果必须是可以考核的。

格拉斯纳制定的"成为一个主要代理人"的目标是定性化的，要使该目标更加具体、更具考核性，就必须规定具体的时间期限、成果要求等，例如，用具体数字说明在某个时间段内销售额要达到多少、占当地市场的多少份额等。

格拉斯纳在开设新办事处时，巡视 10 座城市，可以看作是一个调查并分析外部市场环境的过程；从中选择 5 座城市作为最佳落脚点，并确定办事处开张的时间，实际是一个确定目标的过程；接下来，协调一系列的事宜就是在确定目标之后所要做的一些事情。在这个过程中，格拉斯纳忽略了一点，就是对没有对目标的可行性进行分析。也正因为如此，销售部经理和生产部经理才觉得格拉斯纳的目标不切实际。

此外，格拉斯纳在对待主要计划与派生计划的关系上也存在一些问题。企业的主要计划要反映实现企业目标的方式，规定出各个主要部门的目标；而主要部门的目标，又要依次控制下属各部门的目标。如果下级部门的主管人员既了解企业的整体目标，又了解本部门的派生目标，他们的注意力就会放到协调部门目标与企业整体目标之上，这样，派生计划的目标才会制定得更合理一些。而在这里，销售部经理和生产部经理都认为格拉斯纳制定的企业目标过高，显然他们事前并不了解企业目标，因此也就无法实现企业目标和部门目标的统一。

项目小结

本项目主要介绍了计划和决策的相关知识，包括计划的基础知识、制定计划的步骤和常用方法，以及决策的基础知识。

1. 计划的基础知识

计划的概念有广义与狭义之分，广义的计划是指管理者制定计划、执行计划和检查计划执行情况的全部过程；狭义的计划是指管理者对未来应采取的行动所做的谋划和安排。

计划的内容通常用5个"W"和1个"H"来表示，即What——做什么、Why——为什么做、When——何时做、Where——何地做、Who——谁去做和How——如何做。

计划具有目的性、先行性、普遍性和效率性。

计划可以按照不同的标准进行分类，例如，按计划的期限分，计划可分为长期计划、中期计划和短期计划。

计划的作用如下：① 计划是管理活动的依据；② 计划是合理配置资源的手段；③ 计划是降低风险、掌握主动的依据；④ 计划是实施控制的依据。

2. 制定计划的步骤

一个完整的计划一般需要7个步骤才能完成，即环境分析、确定目标、拟定可行性计划方案、评估备选方案、选定方案、拟定派生计划和通过编制预算使计划数字化。

企业应从宏观环境、行业环境和企业内部环境3个方面分析其所面临的环境。其中，宏观环境主要包括政治法律环境、经济环境、社会文化环境和技术环境；行业环境中存在着5种基本的竞争力量，即现有竞争者、潜在进入者、替代品、购买者和供应商；企业内部环境包括企业资源条件和企业分析两个方面。

组织确定计划目标时，应遵循明确性原则、可行性原则和可考核性原则。

目标管理是指一个组织的上下级管理人员和组织内的所有成员共同制定目标、实施目标的一种管理方法。其基本程序如下：① 目标管理的开始；② 确定总目标；③ 目标展开；④ 目标实施；⑤ 目标成果评价。

3. 制定计划的方法

常用的编制计划的方法有甘特图法、滚动计划法和网络计划技术等。

甘特图是一种线条图，横轴表示时间，纵轴表示任务，线条表示在整个期间上计划和实际活动的完成情况。

滚动计划法是一种将短期计划、中期计划和长期计划有机地结合起来，根据近期计划的执行情况和环境变化情况，定期修改未来计划并逐期向前推移的方法。

网络计划技术包括各种以网络为基础而制定计划的方法，如关键路径法、计划评审技术、组合网络法等。

4. 决策

决策是指人们为实现一定的目标，在充分掌握信息和对有关情况进行深刻分析的基础上，用科学的方法拟定并评估各种方案，从中选出合理方案的活动过程。

决策可以按照不同的标准进行分类，例如，按决策的重要程度分，决策可分为战略决策、战术决策和业务决策。

决策的程序如下：① 界定决策问题；② 明确决策目标；③ 拟定可行方案；④ 选择决策方案；⑤ 贯彻实施方案；⑥ 反馈及追踪检查。

决策方法通常可以分为定性决策方法和定量决策方法两类。其中，定性决策方法主要有专家会议法、德尔菲法、头脑风暴法和电子会议法等；定量决策方法又可分为确定型决策方法、风险型决策方法和不确定型决策方法。

思考与练习

一、名词解释

  计划   目标管理   滚动计划法   决策   量本利分析法

二、填空题

1. 计划具有目的性、_____、_____和效率性。
2. 按计划的层次分，计划可分为_____、_____和_____。
3. 宏观环境主要包括_____、_____、_____和_____。
4. 网络图主要由_____、_____和_____3个要素构成。
5. 按决策的重复程度分，决策可分为_____和_____。

三、选择题

1. 企业的年度综合经营计划属于（　　）。
   A．综合计划   B．局部计划   C．项目计划   D．作业计划
2. 根据迈克尔·波特的观点，（　　）是5种力量中最主要的竞争力量。
   A．供应商   B．购买者   C．现有竞争者   D．潜在进入者
3. 某企业想用滚动计划法编制2010～2014年的五年计划，则其应该将（　　）年的计划编制得最为详细。
   A．2010   B．2011   C．2013   D．2014
4. 在网络图中，虚工序用（　　）表示。
   A．"→"   B．"⇢"   C．"—"   D．"⋯⋯"
5. 下列有关不确定型决策的说法中，不正确的一项是（　　）。
   A．每种备选方案都有各种自然状态
   B．未来发生哪种自然状态是未知的
   C．决策者可以准确估算各种自然状态出现的概率
   D．完全凭决策者个人的经验、感觉和估计来做出决策

6. 下列选项中，（　　）属于定量决策方法。
   A．专家会议法　　B．德尔菲法　　C．头脑风暴法　　D．决策树分析法
7. 下列有关头脑风暴法的说法中，正确的一项是（　　）。
   A．讨论过程中，任何人都可以对别人的意见提出怀疑和批评
   B．专家发言时可以详细论述其观点的正确性，以说服别人
   C．不允许参与者提前准备发言稿
   D．不鼓励参与者对已经提出的设想进行改进
8. 确定型决策最常用的方法是（　　）。
   A．量本利分析法　B．期望值法　　C．乐观法　　　D．后悔值法
9. 决策树中的状态节点用（　　）表示。
   A．"□"　　　　　B．"○"　　　　C．"△"　　　　D．"▽"
10. 悲观法也称（　　）。
    A．大中取大法　　B．小中取大法　C．大中取小法　D．小中取小法

四、简答题

1. 计划的内容有哪些？
2. 计划的作用有哪些？
3. 简述迈克尔·波特的五力竞争模型。
4. 网络计划技术有哪些优点？
5. 简述决策的程序。

五、计算题

1. 某厂生产某种产品的固定总成本为 200 000 元，单位产品的变动成本为 5 元，产品售价为 25 元。试问该厂盈亏平衡点的产量为多少？

2. 某企业为了扩大某产品的生产，拟建设新厂。据市场预测，产品销路好的概率为 0.7，销路不好的概率为 0.3。有以下 2 种方案可供企业选择。

   方案 1：新建大厂，需投资 300 万元，服务期为 10 年。据初步估计，销路好时，每年可获利 100 万元；销路差时，每年亏损 20 万元。

   方案 2：新建小厂，需投资 140 万元，服务期为 10 年。据估计，销路好时，每年可获利 40 万元；销路差时，每年仍可获利 30 万元。

   问：该企业应该选择哪种方案？

项目四　组　织

【引　子】

组织是管理的重要职能，任何计划都必须依靠一系列的组织活动来贯彻落实。组织工作做得好，可以形成整体力量的汇聚和放大效应，否则，就容易出现"一盘散沙"的局面。只有做好组织工作，才能使决策方案得以顺利实施，保证组织目标的实现。因此，组织工作的重要性在现代企业管理中逐渐显现出来。

【本章内容提要】

◇ 了解组织的概念、特征、分类、作用；
◇ 掌握几种常见的组织结构；
◇ 掌握组织设计的基本程序；
◇ 了解组织文化的概念、结构、内容、功能，掌握建设组织文化的步骤。

案例导入——胡经理的难题

鼎立建筑公司原本是一家小型企业，仅有 10 多名员工，主要承揽一些小型建筑项目和室内装修工程。经过多年的努力经营，该公司目前已经发展成为员工过百的中型建筑公司，有了比较稳定的客户，公司走上了比较稳定的发展道路。虽然如此，公司仍有许多问题让总经理胡昌盛感到头疼。

创业初期，人手较少，胡经理和员工不分彼此，大家也没有分工，一个人顶几个人用。拉项目、与工程队谈判、监督工程进展……谁在谁干，大家不分昼夜，不计较报酬，有什么事情在饭桌上就可以讨论解决。由于胡经理为人随和，十分体贴员工，大家工作热情高涨，公司因此得到快速发展。

然而，随着公司业务的发展，胡经理在管理工作中感觉不如以前得心应手了。首先，让胡经理感到头痛的是那几位与自己一起创业的"元老"自恃劳苦功高，对后来加入公司的员工一律都不看在眼里。这些元老们工作散漫，不听从主管人员的安排。这种散漫的作风很快在公司内部蔓延开来，对新来者产生了不良的示范作用。其次，胡经理感觉到公司内部的沟通不顺畅，大家都不愿意承担责任，一遇到事情就向他汇报，但也仅仅是遇事汇报，很少有解决问题的建议，结果导致许多环节只要胡经理不亲自去推动，似乎就要"停摆"。再次，胡经理还感到，公司内部的质量意识开始淡化，对工程项目的管理大不如从前，客户的抱怨也逐渐增多。

上述问题令胡经理焦急万分，他认识到必须尽快管理整顿。他觉得有许多事情要做，但一时又不知道从何处入手，因为胡经理本人和其他元老们一样，从公司创建以来一直一门心思地埋头苦干，并没有太多的时间琢磨如何让别人更好地去做事。

出于无奈，胡经理请来了管理顾问，并坦诚地向顾问说明了自己遇到的难题。管理顾问在做了多方面的调研之后，将鼎立建筑公司目前出现问题的原因归纳为以下几点：① 公司规模扩大，但管理工作没有及时跟进；② 胡经理需要处理的事务增多，对元老们疏于管理；③ 公司的开销增大，资源利用效率下降。

胡经理对管理顾问的分析表示赞同，并急不可耐地询问解决问题的"药方"。

1. 鼎立建筑公司现在的组织结构是怎样的？
2. 如果你是管理顾问，你会向胡经理提出哪些可行的改进建议？

任务一　了解组织的基础知识

一、组织的概念

在管理学中，组织的概念可以从静态与动态两个方面来理解。从静态方面来看，组织是指组织结构，即反映人、职位、任务，以及它们之间的特定关系的网络。从动态方面来看，组织是指组织工作，即通过组织的建立、运行和变革去配置组织资源，完成组织任务和实现组织目标的过程。

组织工作的最终结果是形成组织结构。一个良好的组织可以有效配置资源，使组织内部人员的能力得到最大的发挥，而组织工作也就是要设计并保持这种角色关系，这也是管理的组织职能。

二、组织的特征

所有的组织都具有目的性、整体性、开放性和人本性这 4 个主要特征。

（一）目的性

任何组织的存在都是有目的的。没有目的，组织就失去了活动的方向，也就没有存在的意义和价值了。组织目的通常被具体化为组织在各个层次的目标，即组织在一定时期内的工作任务。

（二）整体性

任何组织都是一个相对独立存在的社会实体单位。组织内部存在着多个部门，而部门之间以及部门和组织的关系是以组织整体为主进行协调的。因此，良好的组织要求局部服从整体，使整个组织的效果达到最优。

（三）开放性

组织的开放性既是一种维持生存和发展的方式，也是一种存在的基本状态。一方面，组织要为社会提供产品或服务，这种"输出"要获得社会的承认，就必须向社会开放；另一方面，组织要从社会中"输入"人才、资金、物质、技术、信息等资源，更需要向社会开放。

（四）人本性

组织是人造的"社会产物"，是由人构成的集体，没有人的参与，就无法形成组织。组织中人的作用发挥得越好，就越容易实现良性循环；如果人的作用发挥得不好，即使是制度完善、设备精良、环境优美、资金充裕、技术先进的组织，其整体活力也会越来越差。因此，组织的发展必须充分尊重和考虑人的需求，充分挖掘和释放人的创造性潜能。

【课堂互动】
> 剧场里的观众是否构成了组织？剧场里的全体工作人员是否构成了组织？请分别说明理由。

三、组织的分类

按照不同的标准，可以对组织进行不同的分类。

（一）按组织的目标分

按组织的目标分，组织可分为营利组织和非营性组织。

- **营利组织**：是指经工商行政管理机构核准并登记注册的以营利为目的、自主经营、独立核算、自负盈亏的具有独立法人资格的组织，包括工厂、银行、商店等。
- **非营利组织**：是指不是以营利为目的的组织，其目标通常是支持或处理个人关心或者公众关注的议题或事件。非营利组织又可分为群体性组织和公益组织，其中，群体性组织包括工会、妇女组织、行业协会、职业团体等；公益组织包括政府机构、学校、医院、研究所等。

（二）按组织的运行机理分

按组织的运行机理分，组织可分为机械式组织和有机式组织。

- **机械式组织**：又称官僚式组织，是综合使用传统组织原理而产生的一种组织形式，其特点是高度复杂化、正规化和集权化，与传统意义上的金字塔形实体组织具有较大的相似性。
- **有机式组织**：也称适应性组织，是综合运用现代组织原理设计的一种组织形式，具有低复杂化、低正规化和分权化等特点。

（三）按组织有无正式结构分

按组织有无正式结构分，组织可分为正式组织和非正式组织。

- **正式组织**：是指为了有效实现组织目标而规定组织成员之间的职责范围和相互关系的一种结构。正式组织具有以下特点：
  - （1）不是自发形成的，反映一定的管理思想和信仰；
  - （2）有明确的目标，并为组织目标的实现而有效地工作；
  - （3）有明确的效率逻辑标准，组织成员都为提高效率而共同努力；
  - （4）强制性，即用明确的规章制度来约束组织成员的行为。
- **非正式组织**：是指人们在共同的工作或活动中，由于具有共同的社会感情、兴趣爱好或共同利益而自发形成的组织。非正式组织具有以下特点：

（1）自发性，是为了满足成员的各种心理需求而自发形成的；

（2）内聚性，相同的利益导致成员之间的内聚性较强；

（3）不稳定性，环境发生变化时，非正式组织就容易发生变动；

（4）领袖人物具有较大的权威性，在非正式组织中能发挥较大作用。

【课堂互动】

> 有人认为，任何组织不论规模大小，都存在着非正式组织。你认为这种说法正确吗？你所在的班集体里是否也存在着非正式组织？

四、组织的作用

组织职能的发挥是实现管理功能的保证。一般来说，组织具有以下 3 个方面的作用。

（一）系统整合作用

现代化管理涉及经营理念、组织、方法、手段、人员等各个方面，而管理组织现代化是其中最基本的组成部分。现代化的管理方法和手段可以极大地提高劳动效率，但必须借助一定的管理组织来加以实施。同样，如果没有合理的管理组织，就难以建立起良性循环的人才开发体系，不能充分调动员工的积极性、主动性和创造性。

（二）力量汇聚和放大作用

组织可以把分散的个体汇聚成为集体，使员工用"拧成一股绳"的力量去完成任务，用简单的数学公式来表示，就是"1+1=2"。此外，良好的组织还能发挥"相乘"的效果，比力量汇聚作用的"相和"效果更进一步。力量放大作用是在力量汇聚作用的基础上产生的，但不是简单的"1+1=2"，而是"1+1>2"。

（三）个人与组织之间的交换作用

一般情况下，个人往往会要求组织提供的报酬大于其所作出的贡献，而组织则要求个人的贡献大于其为个人所投入的成本花费。这就必须借助组织活动的合成效应，使个人集合成的整体在总体力量上大于所有组织成员的个体力量的简单相加。这样，个人与组织之间的关系就可以建立在一种相辅相成、平等交换的基础之上，形成双方都满意的关系。

【管理故事】

> **摩西携民逃荒**
>
> 《圣经》记载，摩洛哥大旱，居民们为了活命，就跟着一个叫摩西的人去欧洲逃荒。这支队伍一路上"扶老携幼、将男带女、乱乱纷纷、熙熙攘攘"，行进速度非常缓慢。人们大小事情都找摩西解决，搞得摩西狼狈不堪。
>
> 摩西的岳父注意到摩西耗费了这么多的时间去处理琐碎的事情，就给他出了个主意，让他从每10个人中选一个能干的人当"小头儿"，"小头儿"们再选精明的人当"大头儿"，"大头儿"们再选更精明的人当"更大的头儿"，这些"更大的头儿"则由摩西指挥。居民有事，逐级处理或上报；摩西有令，逐级下达和执行。

> 摩西听从了岳父的话。他从居民中挑选了有才能的人,立他们为首领,做千夫长、百夫长、五十夫长、十夫长。这样一来,居民们就形成了有秩序的队伍,行进速度果然加快了很多。
> **管理启示:** 摩西携民逃荒之所以能成功,关键在于有了组织。要想合理地开展组织工作,就必须建立一个合理、高效的组织。

任务二 掌握常见的组织结构

组织结构是指表明组织各构成要素及其相互关系的结构模式,其内容是进行部门和人员的划分,明确各自的职务、职责、职权及其相互关系,本质是确定部门和成员之间的分工与协作关系。在现代社会中,常见的组织结构类型有直线制结构、职能制结构、直线职能制结构、事业部制结构、矩阵制结构和网络制结构等。企业可以根据不同组织结构的特点,有针对性地选择相应的结构作为参考。

一、直线制结构

直线制结构是最简单的组织结构形式。其突出特点是,不设职能机构,组织中的各种职务按照垂直系统直线排列,全部管理职能由各级管理者担负,命令从最高层管理者经过各级管理人员逐步下达到组织末端,各级管理人员执行统一指挥的职能。直线制组织结构如图4-1所示。

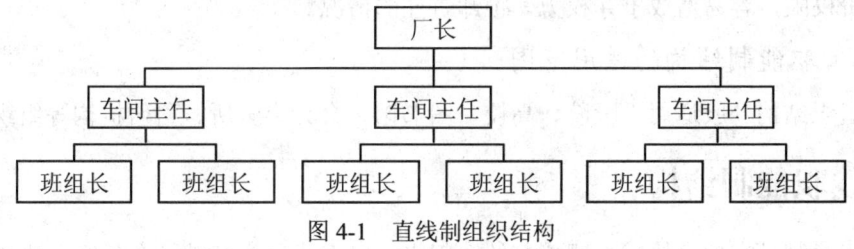

图4-1 直线制组织结构

(一)直线制结构的优缺点

优点:① 指挥链单纯,决策容易操作,命令统一;② 组织成员的责任和权限非常明确,不易出现管理混乱的情况,且个人绩效较易评价;③ 容易维持组织纪律和组织秩序,管理费用低。

缺点:① 每个成员只听从上级指挥,每个部门只关心本部门的工作,从而导致横向协调不够;② 最高决策权完全集中于一人,容易发生失误,下属对领导者的依赖性较大。

(二)直线制结构的适用范围

这种结构适用于一些小型组织,或所处环境简单且易变、突然面临困难的组织,如产品单一、工艺技术简单、业务规模较小的企业,以及军队、特务组织等。

二、职能制结构

职能制结构是指在高层管理者之下按职能来划分部门,各个部门各司其职,在自己的职权范围内向下级下达指令，实行分工协作的一种组织形式。例如，在企业中，把同类业务相对集中，设立研发部门、生产部门、财务部门、销售部门等，由各个部门直接管理下级的相应工作，并向上级主管领导负责。职能制组织结构如图4-2所示。

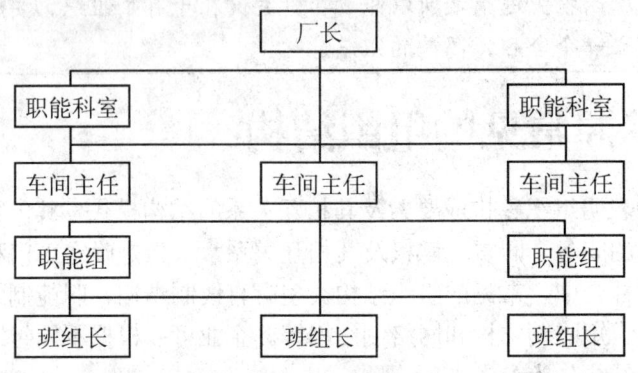

图4-2　职能制组织结构

（一）职能制结构的优缺点

优点：① 每个管理者只负责某一方面的工作，有利于充分发挥专业人才的作用；② 减轻了直线管理者的负担；③ 实行职能分工，使管理者的选用和培养更加容易。

缺点：① 容易形成多头领导，从而造成管理混乱；② 不利于明确划分直线部门与职能部门的职责权限，容易造成争夺权力、推卸责任的情况。

（二）职能制结构的适用范围

这种组织结构一般适用于医院、高校、图书馆、会计事务所、科研机构等组织。

三、直线职能制结构

直线职能制是指把直线制与职能制结合起来，以直线制为基础，在各级行政负责人之下设置相应的职能部门，作为该领导的参谋，实行直线部门统一指挥与职能部门参谋、指导相结合的组织形式。职能部门拟定的计划、方案、指令等均由直线主管批准下达；而职能部门参谋只起业务指导作用，无权直接下达命令，各级行政负责人实行逐级负责。该形式是现实中运用最为广泛的一种组织结构，其结构如图4-3所示。

（一）直线职能制结构的优缺点

优点：① 把直线制与职能制的优点结合起来，既能保持指挥的统一，又能发挥参谋人员的作用；② 分工明确，职责清楚，各部门仅对自己应做的工作负责，效率较高；③ 组织稳定性较高，在外部环境变化不大的情况下，易于发挥组织的集团效率。

缺点：① 部门之间缺乏信息交流，不利于集思广益地作出决策；② 直线部门与职能部门之间的目标不易统一，上层主管的协调工作量大；③ 难以从组织内部培养熟悉全面情况的管理人才；④ 系统刚性大，适应性较差，遇到新情况不易及时作出反应。

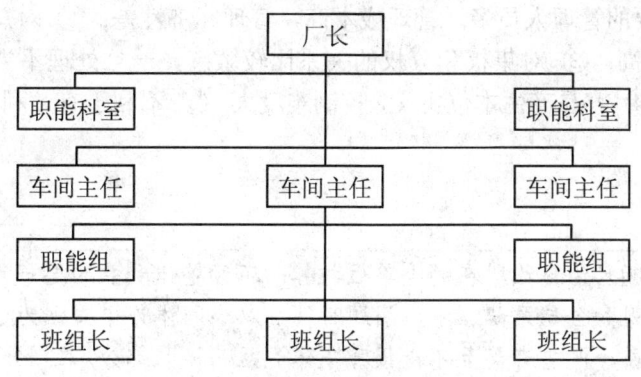

图 4-3 直线职能制组织结构

（二）直线职能制结构的适用范围

这种组织结构主要适用于简单稳定的环境，也适用于用标准化技术进行常规性大批量生产的企业。目前，我国企事业单位采用最多的就是直线职能制结构。

四、事业部制结构

事业部制结构又称"斯隆模型"，是一种分权制的组织形式。它是在公司总部下增设一层独立经营的"事业部"，实行公司统一政策、事业部独立经营的一种形式。事业部不是按职能划分的，而是按企业所经营的事业项目划分的，是一种具有经营自主权的专业化生产经营单位。事业部制组织结构如图 4-4 所示。

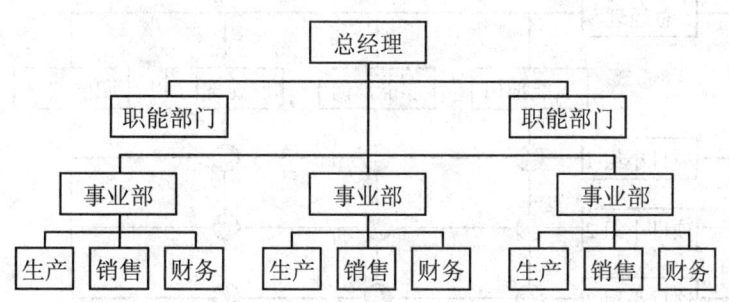

图 4-4 事业部制组织结构

【课堂互动】

事业部制与直线职能制在结构上非常相似，你认为二者的本质区别是什么？

（一）事业部制结构的优缺点

优点：① 使最高管理层摆脱了日常行政事务，成为坚强有力的决策机构；② 有利于发挥事业部的积极性和主动性，更好地适应市场；③ 能够锻炼事业部经理的能力，培养综合性的管理人才；④ 扩大了有效控制的幅度，使上级直接控制下层单位的数目增加；⑤ 可以在各事业部之间展开比较和竞争，有助于克服组织的僵化和官僚化。

缺点：① 需要的管理人员多，管理成本高，管理经济性差；② 对总公司和事业部管理人员的水平要求较高；③ 对集权和分权的关系比较敏感，一旦处理不当，可能削弱整个组织的协调一致性；④ 容易产生本位主义，控制难度大；⑤ 不利于有效利用公司的全部资源。

> 本位主义是指只为自己所在的小单位打算而不顾整体利益的思想作风或行为。本位主义者缺乏大局观和全局意识，考虑问题时往往以小团体为中心，为了维护少数人的利益而忽视整体利益，严重者甚至不惜损害集体利益而换取部分人的私利。

（二）事业部制结构的适用范围

这种组织结构适用于规模较大、产品种类较多、各产品之间工艺差别比较大、技术比较复杂和市场广阔多变的多元化生产的大型组织。

五、矩阵制结构

矩阵制结构是指将按职能划分的部门和按产品、服务或工程项目划分的项目小组结合起来而形成的一种组织结构形式。该组织结构中的人员既同原职能部门保持组织与业务上的联系，又参加项目小组的工作。项目小组主要负责小组成员的技术表现，而职能部门主要负责员工事务的其他方面，如纪律、福利等。项目小组一般为临时性组织，完成任务后就自动解散，其成员回到原部门工作。矩阵制组织结构如图4-5所示。

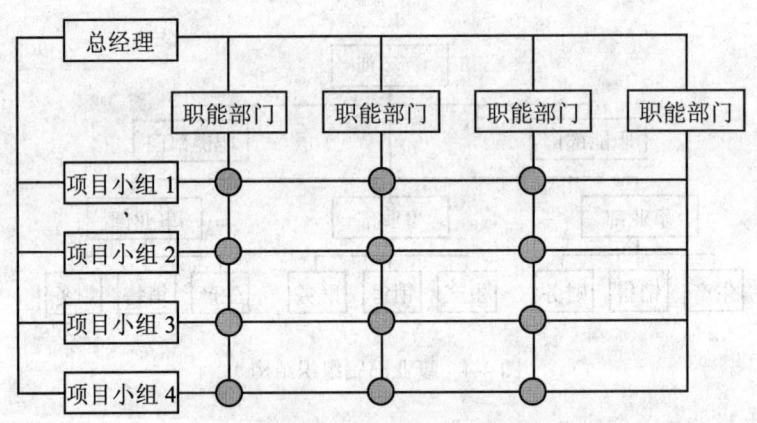

图4-5 矩阵制组织结构

（一）矩阵制结构的优缺点

优点：① 加强了不同部门之间的配合与信息交流，能集中各部门专业人员的智慧，加强组织的协调性和整体性；② 机动灵活，适应性强；③ 可避免各部门的重复劳动，一个人可以同时参加几个项目小组，提高了人员的利用效率；④ 项目小组负责人对项目的最终效益负责，从而增强了整个组织的效益性。

缺点：① 实行双重领导，容易造成管理混乱；② 具有一定的临时性，容易导致人心不稳；③ 难于协调各职能部门的活动，项目小组与职能部门之间易发生矛盾，影响任务的按期完成。

（二）矩阵制结构的适用范围

这种组织结构主要适用于突击性、临时性的工作任务，特别适用于以开发与实验为主的组织，如大型运动会组委会、应用研究单位等。

六、网络制结构

网络制结构是利用现代信息技术建立和发展起来的一种新型组织结构。这种结构一般只有很精干的中心机构，以契约关系的建立和维持为基础，依靠外部机构进行制造、销售和其他的重要业务经营活动。在这种组织结构中，被联结在一起的两个或两个以上单位之间并没有正式的资本所有关系和行政隶属关系，只通过相对松散的契约纽带，通过一种互惠互利、相互信任和支持的机制来进行密切合作。网络制组织结构如图4-6所示。

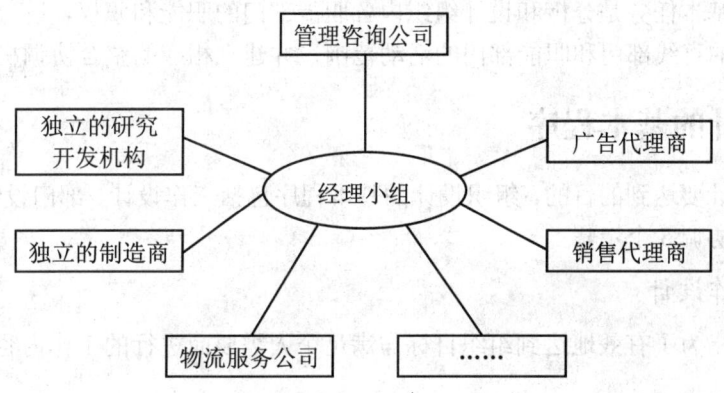

图 4-6 网络制组织结构

由图4-6所示可知，网络制组织结构的核心就是建立一个"关系"网络，与独立的制造商、销售代理商等达成长期协作协议，使他们按照契约要求执行相应的生产经营活动。由于网络制组织的大部分活动都是外包的，因此，公司的管理机构只是一个精干的经理小组，负责监管公司内部的活动，同时协调和控制外部协作机构之间的关系。

（一）网络制结构的优缺点

优点：① 组织具有高度的灵活性，可以快速适应外部环境的变化；② 组织可以把精力放在自己最擅长的核心业务上，从而降低成本，提高效率。

缺点：① 组织内部与外部的沟通对信息技术的依赖性较强；② 管理层对组织的主要职能活动缺乏有效的控制。

（二）网络制结构的适用范围

网络制结构代表了当代组织结构的发展潮流，主要适用于需要相当大的灵活性以对环境变化做出迅速反应的企业。

以上介绍的6种基本的组织结构是对实际存在的组织结构的理论抽象，仅仅是一个基本框架。现实应用中，多数组织并不只是采用一种结构，而是多种类型结构的综合体。随着社会生产力的发展和人们对管理客观规律认识的不断深化，组织结构的类型也将得到进一步的发展和完善。

【课堂互动】

有人认为，有多少个组织，就有多少种组织结构。你认为这种观点正确吗？请说明理由。

任务三　掌握组织设计的基本程序

一、组织设计的概念

组织设计是指对组织开展工作、实现目标所必需的各种资源进行安排，以便在适当的时间、适当的地点把工作所需的各方面力量有效地组合到一起的管理活动过程。

组织设计的基本任务是分析和设计组织内各职能部门的职能和职权，设计清晰的组织结构，确定组织中的直线部门和职能部门的活动范围，并建立相应的整合协调机制。

二、组织设计的基本程序

根据组织设计要达到的目的，组织设计的基本程序包括工作设计、部门设计、层次设计、责权分配和整体协调5个步骤。

（一）工作设计

工作设计是指为了有效地达到组织目标与满足个人需要而进行的工作内容、工作职能和工作关系的设计。

工作设计一般通过编制职务说明书的形式来实现。职务说明书用文字或表格具体说明每个工作职务的工作任务、职责与权限，以及与其他部门、其他职务的关系。其基本内容包括工作描述和任职说明两个部分，其中，工作描述一般用来表达工作内容、任务、职责、环境等；任职说明则用来表达任职者所需的资格要求，如技能、学历、经验、体能等。

随着组织规模的不断扩大，工作专门化成为工作设计的一个主要趋势，这就意味着原来由一个人完成的工作，可能细分为由多个人分工完成。在实践中，组织通常通过定期轮换工作岗位、扩大工作范围、丰富工作内容和增强工作特色等方法，来不断提高工作专门化的程度。

（二）部门设计

部门设计是指根据组织职能相似、活动相似和关系紧密的原则，按各个工作岗位的特征对其进行分类，然后将相应职务的人员聚集在一个部门内，从而构成组织的各个内部机构，以便进行有效管理。部门设计主要是解决组织的横向结构问题，其目的在于确定组织中各项任务的分配与责任的归属，以求分工合理、职责分明，有效地达到组织目标。

项目四 组　织

1. 部门设计的原则

组织在进行部门设计时，必须遵循以下原则：

（1）力求结构精简。组织部门的数量必须力求最少，但这是以有效实现组织目标为前提的。

（2）组织结构应具有弹性。组织中的部门数量应随业务的需要而增减，可设立临时部门或工作组来解决临时出现的问题。

（3）检查部门与业务部门分设。考核、检查业务部门的人员不应隶属于受其检查评价的部门，这样才能真正发挥检查部门的作用。

2. 部门设计的基本方式

部门设计的基本方式有产品部门化、顾客部门化、地理位置部门化、职能部门化、生产过程部门化等。

- **产品部门化**：是指按照产品或服务的要求对企业活动进行分组。其优点如下：① 目标单一，力量集中，可使产品质量和生产效率不断提高；② 分工明确，易于协调和实现机械化；③ 单位独立，管理便利，易于绩效评估。
- **顾客部门化**：是指根据目标顾客的不同利益需求来划分组织的业务活动。这种方式虽然能使产品或服务更切合顾客的实际要求，但同时却降低了技术专业化的优势。
- **地理位置部门化**：是指按照地理位置的分散程度划分组织的业务活动。这种方式可以使相关部门对所负责地区有充分的了解，各项具体业务的开展更切合当地的实际需要，但是容易产生各自为政的弊端。
- **职能部门化**：是指以组织的职能为基础进行部门划分，即把具有相同职能的工作岗位放在同一个部门。该方式的优点在于责权统一，便于专业化，但往往会因责权过分集中而出现决策迟缓和本位主义现象。
- **生产过程部门化**：是指根据生产流程划分组织的业务活动。这种方式所形成的部门专业化程度高，生产效率也高，常用于组织大批产品的加工制造。

（三）层次设计

在工作设计和部门设计的基础上，必须根据组织内外部能够获取的人力资源状况，对各个职务和部门进行综合平衡，同时要根据每项工作的性质和内容，确定管理层次和管理幅度，使组织形成一个严密有序的系统。

1. 管理层次

管理层次也称组织层次，是指组织内部从高一级管理组织到低一级管理组织的各个组织等级。管理层次实际上反映的是组织内部的纵向分工关系，各个层次负担不同的管理职能。管理实践表明，理想的管理层次有3层，即最高管理层、中间管理层和基层管理层。

2. 管理幅度

管理幅度也称管理跨度，是指组织的一名管理者直接管理的下属人员的数量。合理的管理幅度有利于管理的控制和沟通，可以加快上情下达和下情上报的传递速度，便于管理者及时做出决策，也有利于下属贯彻上级的决策意图。

3. 管理层次与管理幅度的关系

（1）管理层次与管理幅度具有数量上的反比关系。在组织规模一定的情况下，扩大管理幅度,就会减少管理层次;反之,缩小管理幅度,就会增加管理层次。

(2)管理幅度决定管理层次,这是由管理幅度的有限性决定的。任何组织中上层领导的知识、经验、时间和精力都是有限的,所一他能够有效管辖的下属人数也必然是有限的。

(3)管理层次对管理幅度有一定的制约作用。与管理幅度相比,管理层次具有较高的稳定性。无论是何种组织,都不应该也不可能频繁地改变管理层次,这就从反方向上要求管理幅度在一定程度上服从于既定的管理层次。

【知识链接】

苛希纳定律

苛希纳定律阐明了这样一种管理现象:在管理中,如果实际管理人员比最佳人数多两倍,工作时间就要多两倍,工作成本就多 4 倍;如果实际管理人员比最佳人数多 3 倍,工作时间就要多 3 倍,工作成本就多 6 倍。

苛希纳定律告诉我们:在管理中,并不是人多就好,有时管理幅度越大,工作效率反而越低。要想铲除"十羊九牧"的现象,就必须精兵简政,寻找最佳的管理幅度,这样才能构建高效精干、成本合理的经营管理团队。

(四)责权分配

责权分配是指通过有效的方式将职责与职权分配到各个层次、各个部门和各个岗位,使整个组织形成一个责任与权力有机统一的整体。

在责权分配方面,最关键的问题是通过规范组织中的授权程序,正确处理集权与分权的关系,既保证部门有充分的权力,又尽可能避免滥用权力或越权行事的现象。

1. 职权与职责

职权是指由组织制度正式确定的,与一定管理职位相联系的决策、指挥、分配资源和进行奖惩的权力。每一个管理职位都具有某种特定的、内在的权力,任职者可以从该职位的等级或头衔中获得这种权力。因此,职权与组织内部的一定职位相关,而与担任者的个人特征无关。

职责是指由组织制度正式确定的,与职权相应的完成工作所承担的责任。组织中任何一个职位都必须责任相连,拥有职权但不承担责任是产生"瞎指挥"的根源。因此,当管理者向下属布置任务,委让一部分职权时,应同时授予相应的执行职责,但应保留最终职责。

2. 授权

授权是指组织的管理者将原来由自己执行的某一部分权力委托给下级代为执行的行为。随着信息时代的到来,组织管理者越来越认识到把权力分散下去的重要性,而授权就是组织管理者对权力进行分配的一种主要方式。

管理者在授权时要充分考虑职位高低、下属素质、组织内外条件等因素的影响,按照责权利一致、级差授权、授权有度、有效控权的原则,合理分配职权。同时,要以适当的方式与手段进行必要的监控,以保证权力的正确运用与组织目标的实现,在工作任务完成后,要对授权效果、工作业绩进行考核和评价。

3. 集权与分权

集权与分权是组织设计中的两种相反方向的权力分配方式。集权是指决策权在组织系统中较高层次的一定程度的集中；反之，分权是指决策权在组织系统中较低管理层次的一定程度的分散。

集权和分权只是一个相对的概念，在现实社会中，不同的组织可能是集权的成分多一点，也可能是分权的成分多一点，绝对的集权和绝对的分权是不存在的。因此，这里所讲的集权与分权仅仅是指在组织权力分配方面的两种倾向。

【管理故事】

子贱放权

孔子的学生子贱奉命担任某地方的官吏。他到任以后，却时常弹琴自娱，不管政事，可是他所管辖的地方却治理得井井有条。这使那位卸任的官吏百思不得其解，因为他每天即使起早摸黑，从早忙到晚，也没有把地方治理好。于是，他便请教子贱："为什么你能治理得这么好？"子贱回答说："你只靠自己的力量行事，所以十分辛苦；而我却是借助别人的力量来完成任务。"

管理启示： 在组织管理方面，管理者要相信"少就是多"的道理，你抓得少些，反而收获得就多了。管理者要管头管脚（指人和资源），但不能从头管到脚，权力不能过分集中，但也不能过分分散。

（五）整体协调

层次设计和责权分配确定了组织内部各个部门之间的从上到下的纵向关系，但组织作为一个整体，要实现其既定目标，必须要求各部门在工作过程中形成共同协作的横向关系，使各部门的工作能够达到整体化与同步化的要求。

组织进行整体协调的主要方式有以下几种：

（1）加强联系与沟通，统一认识，实现思想协调。

（2）以实现组织总目标为出发点，落实各部门的工作目标和计划，使各部门的工作保持协调一致。

（3）建立规章制度，规范工作程序，明确工作责任，严格奖惩措施，从制度上保证部门之间的协调统一。

（4）制定规范的协商机制和必要的协调机构，及时解决部门之间的矛盾和冲突，加强组织协调。

三、组织设计的原则

组织所处的环境、采用的技术、制定的战略、发展的规模不同，所需的部门及其相互关系也不同，但任何组织在进行组织设计时，都必须遵守以下原则。

（一）目标至上原则

组织设计的根本目的就是为了实现企业的战略任务和经营目标，因此，组织机构的全部设计工作必须以此作为出发点和归宿点。

（二）管理幅度适度原则

一般来讲，任何主管人员能够直接有效地指挥和监督的下属数量总是有限的。管理幅度过大,会造成指导监督不力,使组织陷入失控状态;管理幅度过小,又会造成主管人员配备过多,管理效率降低。因此,企业在进行组织设计时,一定要设计合理的管理幅度。

(三)统一指挥原则

统一指挥是指组织中的每个下属应当而且只能向一个上级主管直接汇报工作,以避免多头领导。可以说,组织内部的分工越是细致深入,统一指挥原则对于保证组织目标实现的作用就越重要。政出多门、命令不统一,一方面会使真正想做事的下属产生无所适从的感觉,另一方面也会给一些不想做事的下属利用矛盾来逃避责任的机会。

(四)权责对等原则

在进行组织设计时,既要明确每一部门或职务的职责范围,又要赋予其完成任务所必需的权力,使职权和职责保持一致。只有责任没有职权或权限太小,会使员工的积极性和主动性受到严重束缚;反之,只有职权而无责任,或者责任程度小于职权,则会导致组织中出现权力滥用和无人负责的现象。

(五)集权与分权相结合的原则

集权管理是社会化大生产保持统一性和协调性的内在要求,技术越发展,社会化程度越高,专业分工越细,就越需要统一指挥与管理。但是集权越多,组织内部的弹性就越差,适应性就越弱,因此还必须进行适度分权。总之,组织设计时要分清集权与分权的优缺点,正确处理二者之间的关系。

(六)弹性结构原则

弹性结构是指一个组织的部门结构、人员职责和工作职务都是可以变动的,以适应组织内外部环境的变化。组织本身和组织赖以生存的大环境是在不断变化的,为了适应这些变化,提高组织的竞争能力,一个组织的结构应具有弹性。

任务四 了解组织文化的结构和建设步骤

一、组织文化的概念

组织文化是指组织在长期的实践活动中所形成的并且为组织成员普遍认可和遵循的具有本组织特色的价值观念、团体意识、工作作风、行为规范和思维方式的总和。

组织是按照一定的目的和形式而构建起来的社会集合体,为了满足自身运作的要求,必须要有共同的目标、理想、追求、行为准则,以及与此相适应的机构和制度,否则组织就是一盘散沙。组织文化的任务就是努力创造这些共同的价值观念体系和行为准则。

二、组织文化的结构

从结构上看,组织文化有3个层次,即潜层次、表层和显现层。

（一）潜层次的精神层

潜层次的精神层是组织文化的核心和主体，是组织成员共同而潜在的意识形态，包括管理哲学、敬业精神、人本主义的价值观念、道德观念等。

（二）表层的制度系统

表层的制度系统又称制度层，是指具有组织文化特色的各种规章制度、道德规范和员工行为准则的总称。表层是处于组织文化浅层次与显现层之间的中间层，是由虚体文化（如意识形态等）向实体文化转化的中介。

（三）显现层的组织文化载体

显现层的组织文化载体又称物质层，是指凝聚着组织文化抽象内容的物质体的外在显现，它既包括组织整个物质和精神的活动过程、组织行为、组织产出等外在表现形式，也包括组织的实体性设施，如劳动环境、厂容厂貌等。显现层是组织文化最直观、最易于感知的部分。

三、组织文化的内容

组织文化包含的内容相当广泛，其中以下几项内容最能体现组织文化的根本特征。

（一）组织的价值观

组织的价值观是指组织内部管理层和全体员工对该组织的生产、经营、服务等活动，以及指导这些活动的基本观点和一般看法，它包括组织存在的意义和目的、组织中各项规章制度的必要性与作用、组织中人的行为与组织利益之间的关系等。

（二）组织精神

组织精神是指组织成员经过共同奋斗和长期培养所逐步形成的认识和看待事物的共同心理趋势、价值取向和主导意识。组织精神是现代意识与组织个性相结合的一种群体意识，往往以简洁而富有哲理的语言形式加以概括，通常以厂歌、厂训、厂规、厂徽等形式表现出来，是组织经营宗旨、价值准则、管理信条、发展规划的综合体现，是构成组织文化的基石。

（三）组织伦理

组织伦理是一种微观的道德文化，以道德规范为内容和基础。一方面，组织伦理是一种善恶评价，可通过舆论和教育方式影响员工的心理和意识；另一方面，组织伦理又是一种行为标准，可通过规章、习惯等成文或不成文的形式调解组织及员工行为。

（四）组织素养

组织素养包括组织中各层次员工的基本思想素养、科技和文化教育水平、工作能力、精力和身体状况等。其中，基本思想素养的水平越高，组织中的管理哲学、敬业精神、价值观念、道德修养的基础就越深厚，组织文化的内容也就越充实。

四、组织文化的功能

组织文化不同于一般的社会文化，它在组织管理中发挥着重要功能，主要表现以下几个方面。

（一）导向功能

组织文化对组织成员的价值观与行为取向具有引导作用，通过组织共同价值观向个人价值观的渗透与内化，引导组织成员的行为和活动，使组织目标转化为员工的自觉行动。

（二）发展功能

组织的兴旺发达与组织文化的自我完善密不可分。组织在发展过程中所形成的文化积淀，会随着时间发展而不断更新和优化，组织文化的不断深化和完善，会推动组织本身的持续发展，从而形成一种良性循环。

（三）整合功能

组织文化通过培育组织成员的认同感和归属感，建立起员工与组织之间相互信任和相互依存的关系，使个人的思想、行为与整个组织有机地整合在一起，做出符合组织要求的行为选择，使组织凝聚成一股无形的合力，从而激发组织成员的主动性和创造性，为组织的共同目标而努力。

（四）激励功能

组织文化具有使组织成员从内心产生高昂情绪和发奋进取精神的效应。组织文化强调以人为中心的管理方法，它对人的激励不是一种外在的推动力而是一种内在的引导，它不是被动消极地满足人们对实现自身价值的心理需求，而是通过组织文化的塑造，使每个组织成员从内心深处产生为组织拼搏的献身精神。

（五）约束功能

组织文化对组织成员的思想、心理和行为具有约束和规范的作用。组织文化的约束不是制度式的硬约束，而是一种软约束，这种软约束表现为组织文化氛围、群体行为准则和道德规范。群体意识、社会舆论、共同的习俗和风尚等精神文化内容，造成强大的使个体行为从众化的群体心理压力和动力，使组织成员产生心理共鸣，继而产生行为的自我控制。

（六）辐射功能

组织文化一旦形成较为固定的模式，将不仅在组织内发挥作用，对本组织员工产生影响，而且也会通过各种渠道对社会产生影响。一方面，组织文化的辐射功能有助于树立组织的公众形象；另一方面，组织文化对促进社会文化的发展也有很大影响，组织价值观、组织精神和组织伦理可向社会扩散，并为其他组织所借鉴、学习和采纳。

五、组织文化的建设

组织文化的建设是一个长期的过程，同时也是组织发展过程中的一项艰巨、细致的系统工程。一般来说,组织文化的建设需要经过以下几个步骤。

(一)选择组织价值观

组织价值观是组织文化的核心,选择正确的组织价值观是塑造良好组织文化的首要问题。组织价值观要体现组织的基本宗旨和发展方向,还要符合环境要求和本组织的特点。组织在选择价值观时,要注意发挥员工的创造精神,听取员工的意见,经过自上而下和自下而上的多次反复,筛选出既符合本组织特点又能为组织员工认可和接纳的组织价值观和文化模式。

(二)强化员工的认同感

组织在选择并确立了组织价值观和文化模式后,应通过各种强化方法使这一方案深入人心。其主要方法有以下几种:① 利用一切宣传媒体宣传组织文化的内容和要求,使之广为人知;② 培养和树立典型,为组织成员提供可效仿的具体榜样;③ 加强相关培训教育,使组织成员系统地接受组织的价值观并强化其认同感。

(三)提炼定格

提炼定格就是在精心分析和全面归纳的基础上,把经过科学论证和实践检验的组织价值观、组织精神、组织伦理等条理化、完善化、格式化,再经过必要的理论加工和文字处理,用精练的语言表述出来。

(四)巩固落实

为了成功塑造组织文化,必须对已提炼定格的组织文化加以巩固落实,其主要做法有以下两种:① 建立必要的制度保障,保证组织文化的巩固与落实;② 发挥领导者在建设组织文化过程中的决定性作用,以期对广大员工产生示范效应。

(五)丰富发展

任何一种组织文化都是特定历史的产物,在组织内外条件发生变化时,必须适时地丰富和发展组织文化,通过这个循环往复的过程使组织文化达到更高层次。

案例分析——鼎立建筑公司的改进策略

鼎立建筑公司目前的组织结构属于典型的直线制结构,这种结构比较简单,责权明确,所有的人都明白他们应向谁报告和谁向他报告,因而便于迅速做出决策。然而,鼎立建筑公司的规模逐渐扩大之后,业务工作也越来越复杂,此时,如果所有的管理职能都集中由一个人承担,就会导致管理效率降低的现象。

鼎立建筑公司由一家小企业发展壮大,出现了管理工作乏力、效率降低、总经理忙于应付各种事务而忽视对人员和组织的管理等问题,这些问题是一个企业由小到大发展过程中的常见问题。胡经理可以考虑从以下几个方面采取措施,消除影响企业发展的障碍。

(一)加强公司制度建设,使行政管理工作纳入正轨

制度建设是企业发展的保障。鼎立建筑公司做大做强后,人员迅速增加,原来简单的

直线式组织结构已经不能适应公司的发展现状。要维持高效的行政效率，就必须设立专门的行政管理机构，将行政管理工作纳入正轨，建立公司劳动纪律考勤、人事、办公等各项管理制度，使各项业务流程规范化，在公司内部形成"用制度管人、按规定办事"的良好环境。

（二）强化公司组织建设，做好内部人员的分工

随着企业内外部环境的变化，对组织结构中不适应的地方进行调整和修正，甚至对整个组织进行重新构架，是企业发展壮大过程中不可避免的过程。鼎立建筑公司的发展，使得组织机构的建设成为当务之急，其必须根据管理需要和公司业务发的展情况设置相关部门和岗位，成立行政管理、人事管理、质量管理等管理部门和市场开发、市场营销等业务部门，并根据人员的技能、特长等对人员进行划分和分工，形成人尽其才、各得其所的组织格局。

（三）向各部门适当放权，并强化管理人员的责任和纪律约束

聪明的老板不必事事亲力亲为，适当地放权对企业的长远发展会有好处。公司在对各部门的日常管理中，应坚持权责对等原则，适当放权，对一些公司战略实施中的具体过程或者工程建设中的具体操作细节可以完全由中层管理人员和基层操作人员去决策实施，让员工在工作中产生满足感和成就感，这样可以避免员工一遇到事情就来汇报、汇报时没有解决问题的建议的情况。同时，遵循权责对等原则，既可明确管理人员对工程项目的责任，又可强化对他们的纪律约束，以克服自由散漫的工作作风。

（四）明确奖惩制度，使元老们正确对待过去的功绩与当前工作之间的关系

奖惩机制是企业长期有效发展的动力源泉，往往关系到企业的成败。建立严格的考核制度，公司内部就会形成人人争先、唯恐犯错的氛围，原来那种质量意识淡化的现象就会改观，客户的抱怨也会减少。此时要注意的是，在制度的执行中要一视同仁，对元老和新员工实行统一标准，当然同时要加强和元老们的思想交流，要元老们端正心态，使之正确对待过去的功绩和当前工作之间的关系，利用老员工的威望在企业内带头执行制度，带动全体员工再创辉煌。

综合实训　分析企业的组织结构

【实训目的】
1. 通过对某企业组织结构的了解和分析，培养学生对所学知识的综合应用能力；
2. 培养学生分析组织结构的能力；
3. 使学生掌握组织设计的基本技能。

【实训要求】
1. 将学生分成若干小组，每组4~6人，以小组为单位分别走访不同的企业。
2. 要求学生了解某一企业的组织结构，并画出所访问企业的组织结构图。
3. 每组撰写一份实训报告，并在班级内部进行交流。

【实训考核】
由教师根据表4-1所示的考核成绩表对学生作出考核与评价。

表4-1 考核成绩表

考核内容	考核标准		比重（%）	小计（%）
书面报告	内容	条理性	20	60
		完整性	20	
		创新性	20	
交流发言	内容	合理性	10	40
		准确性	10	
	现场表现	语言流利	10	
		表现自如	10	
合计（%）				100

项目小结

本项目主要介绍了组织职能的相关知识，包括组织的基础知识、常见的组织结构、组织设计的基本程序和组织文化的有关知识等内容。

1. 组织的基础知识

在管理学中，组织的概念可以从静态与动态两个方面来理解。从静态方面来看，组织是指组织结构，即反映人、职位、任务，以及它们之间的特定关系的网络。从动态方面来看，组织是指组织工作，即通过组织的建立、运行和变革去配置组织资源，完成组织任务和实现组织目标的过程。

所有的组织都具有目的性、整体性、开放性和人本性这4个主要特征。

按照不同的标准，可以对组织进行不同的分类。例如，按组织的目标分，组织可分为营利组织和非营利组织。

一般来说，组织具有以下3个方面的作用：① 系统整合作用；② 力量汇聚和放大作用；③ 个人与组织之间的交换作用。

2. 组织结构

在现代社会中，常见的组织结构类型有直线制结构、职能制结构、直线职能制结构、事业部制结构、矩阵制结构和网络制结构等。

直线制结构是最简单的组织结构形式。其突出特点是，不设职能机构，组织中的各种职务按照垂直系统直线排列，全部管理职能由各级管理者担负，命令从最高层管理者经过各级管理人员逐步下达到组织末端，各级管理人员执行统一指挥的职能。

职能制结构是指在高层管理者之下按职能来划分部门，各个部门各司其职，在自己的职权范围内向下级下达指令，实行分工协作的一种组织形式。

直线职能制是指把直线制与职能制结合起来，以直线制为基础，在各级行政负责人之下设置相应的职能部门，作为该领导的参谋，实行直线部门统一指挥与职能部门参谋、指导相结合的组织形式。

事业部制结构是在公司总部下增设一层独立经营的"事业部"，实行公司统一政策、事业部独立经营的一种形式。

矩阵制结构是指将按职能划分的部门和按产品、服务或工程项目划分的项目小组结合起来而形成的一种组织结构形式。

网络制结构一般只有很精干的中心机构，以契约关系的建立和维持为基础，依靠外部机构进行制造、销售和其他的重要业务经营活动。

3. 组织设计

组织设计是指对组织开展工作、实现目标所必需的各种资源进行安排，以便在适当的时间、适当的地点把工作所需的各方面力量有效地组合到一起的管理活动过程。

根据组织设计要达到的目的，组织设计的基本程序包括工作设计、部门设计、层次设计、责权分配和整体协调5个步骤。

任何组织在进行组织设计时，都必须遵守以下原则：① 目标至上原则；② 管理幅度适度原则；③ 统一指挥原则；④ 权责对等原则；⑤ 集权与分权相结合的原则；⑥ 弹性结构原则。

4. 组织文化

组织文化是指组织在长期的实践活动中所形成的并且为组织成员普遍认可和遵循的具有本组织特色的价值观念、团体意识、工作作风、行为规范和思维方式的总和。

从结构上看，组织文化有3个层次，即潜层次、表层和显现层。

组织文化的内容主要包括组织的价值观、组织精神、组织伦理、组织素养等。

组织文化的功能主要表现以下几个方面：① 导向功能；② 发展功能；③ 整合功能；④ 激励功能；⑤ 约束功能；⑥ 辐射功能。

一般来说，组织文化的建设需要经过以下几个步骤：① 选择组织价值观；② 强化员工的认同感；③ 提炼定格；④ 巩固落实；⑤ 丰富发展。

思考与练习

一、名词解释

组织　　组织设计　　管理层次　　组织文化

二、填空题

1. 所有的组织都具有_____、_____、_____和_____这4个主要特征。

2. 按组织的运行机理分，组织可分为_____和_____。

3. 组织设计的基本程序包括_____、_____、_____、_____和_____5个步骤。

4. 从结构上看，组织文化有3个层次，即_____、_____和_____。

三、选择题

1. 下列选项中，（　　）不属于正式组织的特点。
   A. 是为了满足成员的各种心理需求而自发形成的

B. 有明确的目标，并为组织目标的实现而有效地工作

C. 有明确的效率逻辑标准

D. 用明确的规章制度来约束组织成员的行为

2. 下列有关直线制组织结构的说法中，不正确的一项是（　　）。

　　A. 指挥链单纯，命令统一

　　B. 组织成员的责任和权限非常明确

　　C. 容易形成多头领导，从而造成管理混乱

　　D. 容易维持组织纪律和组织秩序

3. （　　）又称"斯隆模型"。

　　A. 直线职能制结构　　　　　　B. 事业部制结构

　　C. 矩阵制结构　　　　　　　　D. 网络制结构

4. （　　）是指将职能部门和项目小组结合起来而形成的一种组织结构形式。

　　A. 直线职能制结构　　　　　　B. 事业部制结构

　　C. 矩阵制结构　　　　　　　　D. 网络制结构

5. 集权程度最高的组织结构是（　　）。

　　A. 直线职能制结构　　　　　　B. 职能制制结构

　　C. 矩阵制结构　　　　　　　　D. 直线制结构

6. 下列有关管理层次与管理幅度的说法中，正确的一项是（　　）。

　　A. 管理层次与管理幅度具有数量上的正比关系

　　B. 管理幅度决定管理层次

　　C. 与管理层次相比，管理幅度具有较高的稳定性

　　D. 任何组织都可以频繁地改变管理层次

7. 在组织文化的3个层次中，（　　）是最直观、最易于感知的部分。

　　A. 潜层次　　　B. 表层　　　C. 核心层　　　D. 显现层

四、简答题

1. 组织的作用有哪些？
2. 简述直线职能制结构的结构形式及其优缺点。
3. 组织设计应遵循哪些原则？
4. 简述组织文化的建设步骤。

项目五　领　导

【引　子】

　　领导是管理活动的重要方面，领导者主要通过他与被领导者的双向互动过程，促使组织成员更有效地实现组织目标。然而，尽管管理者在组织中拥有指挥下级行动的特权，但下级并不会自动地服从命令。因此，如何有效地进行领导是现代管理者必须掌握的一项基本技能。

【本章内容提要】

◇　了解领导的概念、作用，以及领导权力的分类；
◇　掌握有关的领导理论，并能将其运用到实际管理实践中；
◇　了解领导艺术的概念、特点和内容。

案例导入——哪种领导方式最有效

　　ABC 公司是一家中等规模的汽车配件生产企业。最近，该公司的总经理对 3 个重要部门的经理进行了一次有关领导方式的调查。

　　1. 安西尔

　　安西尔是生产部经理，他对本部门的产出感到非常自豪。他总是强调控制生产过程和生产量的必要性，叮嘱下属人员必须很好地理解生产指令，以得到迅速、完整、准确的反馈。安西尔遇到小问题时，会放手交给下级去处理；当问题很严重时，他则委派几个有能力的下属人员去解决问题。通常情况下，他会严格规定下属人员的工作方针、需要完成的工作及完成期限。安西尔认为只有这样才能带来更好的合作，避免重复工作。

　　安西尔认为，对一个经理来说，对下属人员采取敬而远之的态度是最好的行为方式，所谓的"亲密无间"只会使纪律松懈。他不主张公开谴责或表扬某个员工，相信他的每一个下属都有自知之明。

　　安西尔说，管理中的最大问题是下级不愿意接受责任。他讲道，他的下属人员可以有机会做许多事情，但他们并不会很努力地去做。

　　2. 鲍勃

　　鲍勃认为每个员工都有人权，他偏重于管理者有义务和责任去满足员工需要的学说，他说，他经常为他的员工做一些小事，例如给员工两张下月在伽里略城举行的艺术展览的入场券。他认为，每张门票才 15 美元，但对员工和他的妻子来说却远远超过 15 美元。这种方式也是对员工过去几个月工作的肯定。

　　鲍勃说，他每天都要去工厂一趟，与至少 25% 的员工交谈。鲍勃不愿意为难别人，他认为安西尔的领导方式过于死板，安西尔的员工也许并不那么满意，但除了忍耐别无他法。鲍勃的想法是以一个友好、粗线条的管理方式对待员工，他承认，尽管他所领导的部门在工作效率上不如其他部门，但他相信他的下属有高度的忠诚度与士气，并坚信他们会因他的开明领导而努力工作。

3. 查理

查理认为，纪律就是使每个员工不停地工作，以预测各种问题的发生。他认为一个好的管理者没有时间像鲍勃那样握紧每一个员工的手，告诉他们正在从事一项伟大的工作。他相信，如果一个经理声称为了决定将来的提薪与升职而对员工的工作进行考核，那么，员工则会更多地考虑他们自己，由此会产生很多问题。

他主张，一旦给员工分配了工作，就让他们以自己的方式去做，取消工作检查。他相信大多数员工都知道自己把工作做得怎么样。

1. 这3个部门经理分别采取了何种领导方式？这些领导方式各将产生什么结果？
2. 是否每一种领导方式在特定的环境下都有效？为什么？

任务一　了解领导的基础知识

一、领导的概念

领导是指领导者依靠其影响力，指挥、带领、引导和鼓励被领导者或追随者，实现组织目标的活动和艺术。

由上述领导的概念可以看出，其基本含义包括以下几个方面：

（1）领导是一种活动，是带领、引导和鼓舞组织成员完成工作、实现目标的过程。

（2）领导实质上是一种对他人的影响力。领导者能够影响被领导者，使其表现出某种符合组织期望的行为。

（3）领导的目的是实现组织目标。领导者必须通过某种方式使被领导者为实现组织的目标而努力。

【知识链接】

领导与管理的区别与联系

领导与管理是人们通常容易混淆的概念。事实上，二者既相互联系，又相互区别。

从共性上看，二者都是在组织内部通过影响他人的活动，来实现组织目标的过程；二者的基本权力都是来自于组织的岗位设置。

领导与管理的区别主要表现在以下两个方面：

（1）领导是管理的一个方面，属于管理活动的范畴。

（2）二者的着重点有所不同。领导活动是与人的因素密切关联的，侧重于对人的指挥和激励，更强调领导者的影响力、艺术性和非程序化管理；而管理活动更强调管理者的职责以及管理工作的科学性和规范性。

二、领导的作用

领导职能对组织的作用主要表现在以下 4 个方面。

（一）指挥作用

在组织的集体活动中，领导者可以通过引导、指挥、指导或先导活动，帮助组织成员最大限度地实现组织目标。在此过程中，领导者不是站在组织成员的后面去推动、督促，而是作为带头人来引导他们前进，鼓舞他们去奋力实现组织目标。领导者只有站在群众的前面，用自己的行为带领人们为实现组织目标而努力，才能真正起到指挥引导的作用。

（二）激励作用

组织是由具有不同需求、欲望、个性、情趣和态度的个人所组成的，因而组织成员的个人目标与组织目标不可能完全一致。领导的任务就是把组织目标和个人目标结合起来，引导组织成员满腔热情、全力以赴地为实现组织目标作出贡献。因此，领导的作用在很大程度上表现为调动组织中每个成员的积极性，使其以高昂的士气自觉地为实现组织目标而努力。

【管理故事】

> **士为赞赏者死**
>
> 韩国某大型公司的一个清洁工人，本来是一个最被人忽视、看不起的角色，但就是这样一个人，却在一天晚上公司保险箱被窃时，与小偷进行了殊死搏斗。
>
> 事后，有人问他为什么如此英勇时，他的回答出人意料：当公司的总经理从他身边走过时，总会不时地赞美他"你扫得真干净"。
>
> **管理启示：** 精神激励的作用是无穷的，领导者要重视员工有被赏识的需求。

（三）协调作用

在组织实现其既定目标的过程中，人与人之间、部门与部门之间发生各种矛盾、冲突及在行动上出现偏离目标的情况是不可避免的。领导者的重要任务就是协调各方面的关系和活动，保证各个方面都朝着既定的目标前进。

（四）沟通作用

领导者是组织的各级首脑和联络者，在信息传递方面发挥着重要作用，是信息的传递者、监听者、发言人和谈判者，在管理的各个层次中起到上情下达的作用，以保证管理活动的顺利进行。在领导过程中，领导者的具体沟通形式包括信息的传输、交换与反馈，人际交往，关系融通和感情交流等。

三、领导的权力

领导权力是指领导者有目的地影响下属心理与行为的能力。领导者的权力主要来自于职位权力和个人权力两个方面。

（一）职位权力

职位权力即职权，也称正式权力，这种权力是根据领导者在组织中所处的位置，由上级和组织赋予的。职位权力主要包括法定权、奖赏权和强制权。

1. 法定权

法定权是指组织内部各管理职位所固有的法定、正式的权力。法定权通常由组织按照一定的程序和形式赋予领导者，其作用基础是职权的权威性。但法定权不一定必须由领导者本人实施，领导者通过制定有关政策和规章制度也可达到行使法定权的目的。

2. 奖赏权

奖赏权是指对做出贡献的成员进行物质和非物质性的奖赏的权力。奖赏权来自于下级追求满足的欲望，建立在利益性遵从的基础上。当下属认识到服从领导的意愿能得到更多的物质或非物质利益的满足时，就会自觉受其领导，领导者也因此享有相应的权力。

3. 强制权

强制权是指领导者具有某种优势地位，使其可以向他人施加种种惩罚性措施，使对方被迫按其意志行事的权力。强制权实质上是一种惩罚性权力，建立在下属惧怕惩罚的基础上。在组织环境中，当下属人员意识到违背上级的意愿会导致某种惩罚（如降薪、扣发奖金、降职、解雇等）时，就会被动地遵从其领导。

【管理故事】

> **只有一块黄油**
>
> 布莱德利议员进入参议院的时候，他头上有两个光环——不但是普林斯顿最优秀的学生，还曾经是美国职业篮球联赛的著名球星。有一次，他应邀去一个大型宴会发表演讲。这位自信的议员坐在贵宾席上，等着发表演讲。这时候一个侍者走过来，将一块黄油放在他的盘子里。布莱德利立刻拦住了他："打扰一下，能给我两块吗？"
>
> "对不起"，侍者回答道，"一个人只有一块黄油。"
>
> "我想，你一定不知道我是谁吧？"布莱德利高傲地说道，"我是罗氏奖学金获得者、职业篮球联赛球员、世界冠军、美国议员比尔·布莱德利。"
>
> 听了这句话，侍者回答道："那么，也许您也不知道我是谁吧？"
>
> "这个啊，说实话，我还真不知道。"布莱德利回答道，"您是谁呢？"
>
> "我啊"，侍者不紧不慢地说，"我就是主管分黄油的人。"
>
> **管理启示：** 俗话说："县官不如现管。"侍者虽不如布莱德利的权力大，却能够在分黄油时拥有决定权，该故事幽默地道出了占据职位的法定权的重要性。

（二）个人权力

个人权力也称非正式权力，这种权力不是由领导者在组织中的位置赋予的，而是由于其自身的某些特殊条件所带来的。个人权力主要包括专家权和感召权。

1. 专家权

专家权也称专长权，是指领导者因具有某种特殊技能或专业知识而产生的权力。专家权来自于下级对上级的敬佩和理性崇拜，具有该权力的领导者学识渊博，精通本行业务，或具有某一领域的高级专门知识与技能。领导者拥有的专家权越多，越容易获得下属的尊敬和主动服从。

2. 感召权

感召权也称模范权，是指因领导者的特殊品格、个性或个人魅力而形成的权力。一个拥有独特的个人品质、超凡魅力和优秀思想品德的领导者，会使下属认同他、敬仰他、崇拜他，以至于想要模仿他的行为和态度，这样，他对下属就有了感召权。

【课堂互动】
请举例说明职位权力和个人权力哪个更为重要，并说明理由。

任务二　掌握领导的理论

一、领导特质理论

领导特质理论形成于 20 世纪初到 20 世纪 40 年代，重点研究领导者的性格、品质等方面的特征，作为描述和预测其领导成效的标准。该理论认为，一个领导者只要具备了某些优秀的个人特征或素质，就能有效地发挥其领导作用。根据各方观点的不同，该理论可分为传统领导特质理论和现代领导特质理论。

（一）传统领导特质理论

传统领导特质理论认为，领导者的品质是与生俱来的。美国心理学家吉伯认为，天才的领导者应该具备以下 7 个条件：① 善言辞；② 外表英俊潇洒；③ 智力过人；④ 具有自信心；⑤ 心理健康；⑥ 有支配他人的倾向；⑦ 外向而敏感。

而美国心理学家斯托格迪尔则认为，领导者的先天特质是：有良心、可靠、勇敢、责任感强、有胆略、力求革新进步、直率、自律、有理想、有良好的人际关系、风度优雅、身体健壮、智力过人、有组织能力、有判断力。

（二）现代领导特质理论

现代领导特质理论认为，领导者的品质是在实践中形成的，可以培养与锻炼。

美国企业界普遍认为，一个合格的领导者一般具有以下 10 种品质：

（1）合作精神。能赢得人们的信任，愿意与他人一起工作，对人不是压制，而是说服或以情动人。

（2）决策才能。决策时能依据客观事实，而不是凭借主观想象，并能高瞻远瞩。

（3）组织能力。能发挥下属及广大员工的才能，善于组织人力、物力和财力。

（4）精于授权。能大权独揽，小权分散，抓住大事，把小事授权给下属。

（5）善于应变。能随机应变，不抱残守缺或墨守成规。

（6）勇于负责。对上级和下级、产品和用户及整个社会都怀有高度的责任心。

（7）敢于求新。对新事物、新环境、新观念有敏锐的洞察力。

（8）敢担风险。敢于承担企业亏损和不景气所带来的风险，对开拓新局面充满信心。

（9）尊重他人。重视并采纳他人的合理意见，不武断妄行。

（10）品德超人。个人品德高尚，为社会人士和企业员工所敬佩。

日本企业要求领导者应当具备以下 10 项品德和 10 项能力。

10 项品德为：使命感、信赖感、积极性、诚实、合作精神、进取心、忍耐、公平、热情、勇气。

10 项能力为：思维决策能力、规划能力、判断能力、创造能力、洞察能力、劝说能力、对人的理解能力、解决问题的能力、培养下级的能力、调动积极性的能力。

需要注意的是，领导特质理论的研究虽然为组织提供了一些选拔领导者的依据，但同时又难以充分说明领导的有效性问题。因此，组织在应用领导特质理论之前要对该理论有正确的认识，不能绝对化。

二、领导行为理论

20 世纪 40 年代到 60 年代，随着行为科学的兴起，领导行为理论逐渐形成。该理论认为，领导者的领导才能和领导艺术都是以领导方式为基础的，领导者个人的特性难以说明与领导有效性之间的联系，因此，在研究领导艺术时，应从研究领导者的内在特征转移到外在行为上，即对领导者的各种领导行为进行研究，以寻找最为有效的领导行为和领导方式。其中，具有代表性的理论主要有领导方式理论、领导行为四分图理论和管理方格理论。

（一）领导方式理论

领导方式是领导者在实施其职能的过程中所表现出来的特点和倾向。20 世纪 30 年代，美国心理学家和行为学家库尔特·勒温、诺那德·利比特、诺尔弗·怀特等共同研究，确定出以下 3 种极端的领导方式。

1．专制型领导方式

这是一种由管理者个人决定一切，靠命令组织实施，并对员工实行严格监督控制的领导行为方式。这种领导方式是一种"管、卡、压"式的简单领导方式，领导者独断专行，依靠强权迫使下属被动地执行，下属没有选择和发挥的自由。这种领导的权力完全来自于职位，没有权威可言。

2．民主型领导方式

这种方式的领导者讲求民主，在决策前与下属员工民主协商，并广泛采纳各方面的意见，在布置任务时以协商的态度面对下属，在执行时给下属以充分的自由发挥空间。这种方式的优点是能够最大限度地调动下属的积极性和主动性，使上下级关系融洽，增强广大员工的凝聚力。这种领导的权力来自于领导者个人的人格魅力和权威，是一种最佳的领导方式。

3．放任型领导方式

这种领导方式是领导者把一切权力下放给下属，对决策和实施放任不管，从决策到执行都由下属自行决定，对下属既没有指导，也没有约束。这种方式的领导者只是个摆设，既没有权威也没有责任心，或是能力不强，或是不愿意当领导，实际生活中很少有典型的放任型领导。

勒温指出，在实际工作中，很少有领导完全表现出某一种风格，大多数领导者的领导方式往往介于这 3 种类型之间。

【课堂互动】

从历史人物中选取有代表性的领导者,判断其主要采取何种领导方式。

(二)领导行为四分图理论

20 世纪 40 年代末期,俄亥俄州立大学的研究人员弗莱希曼及其同事对领导者行为进行了全面的研究,提出领导行为方式的"定规维度"和"关怀维度"。其中,定规维度表示为了达到组织目标,领导者界定和构造自己与下属角色的倾向程度;关怀维度表示领导者信任和尊重下属的看法与情感的程度。

该理论认为,根据这两个维度,领导方式可以分成 4 个基本类型,即高关怀—高定规、高关怀—低定规、低关怀—高定规和低关怀—低定规,如图 5-1 所示。

大量研究发现,在两个维度方面皆高的领导者(高—高型领导者),常常比其他 3 种类型的领导者更能使下属达到高绩效和高满意度。

一般来说,中国企业的领导者多采取高关怀—低定规的领导方式;而西方国家的领导者多采取高关怀—高定规的领导方式。

(三)管理方格理论

管理方格理论是美国管理学家罗伯特·布莱克和简·穆顿于 1964 年提出来的,他们认为领导主要通过处理人与工作的关系来体现。管理方格理论通过"99 方格图"来描述领导风格,如图 5-2 所示。其中,纵坐标表示领导者对人的关心程度,横坐标表示领导者对工作的关心程度;纵、横两个方向又分为 9 格,表示不同的关心程度;纵、横 9 格交叉构成 81 个方格。

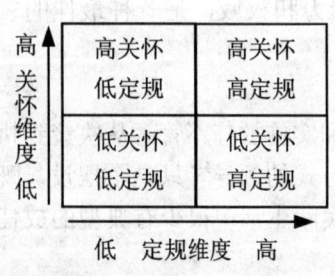

图 5-1 领导行为四分图

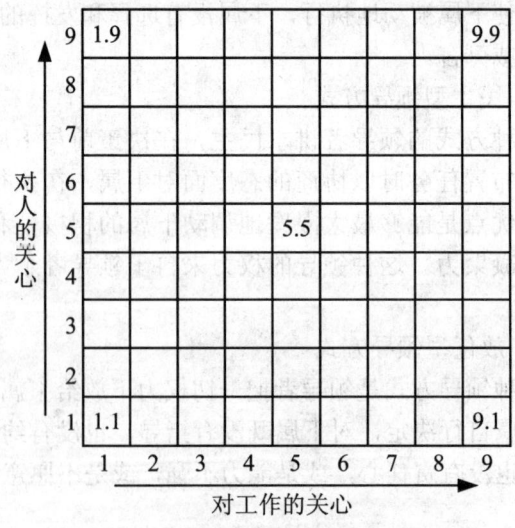

图 5-2 管理方格图

由图 5-2 所示可知,管理方格中有 5 种典型的领导方式,现简要分析如下:

(1) 贫乏型 (1.1)。领导者对人与工作皆不关心，放任自流，既对完成工作不利，又不能处理好与下属的关系。

(2) 专制型 (9.1)。领导者只注重工作效率，不关心下属的个人因素，不利于调动下属的积极性，进而影响工作效率。

(3) 俱乐部型 (1.9)。领导只关心下属，而不关心工作本身，尽管营造出宽松的工作环境及和谐的人际关系，但很少协调下属为完成工作而努力。

(4) 团队型 (9.9)。领导者高度关心工作，同时也高度关心人。领导者通过调动每个员工的工作积极性，团结他们自觉自愿地为实现组织目标而团结协作，在完成工作任务的同时也实现其价值。

(5) 中间型 (5.5)。领导者对工作和人都是一般程度的关心，在完成工作任务和维持一定的团队士气中寻求平衡。

在上述几种典型的领导方式中，领导者可根据以下方法选择合适的领导方式：在不低于 5.5 型的水平上，根据生产任务与环境等情况，在一定时期内，在关心工作与关心人之间做出适当的倾斜，实行一种动态的平衡，并努力向 9.9 型靠拢。

【课堂互动】

请运用管理方格理论尽可能客观地分析、评价你本人的领导方式。标出该领导方式在管理方格图中的位置，并加以说明。

三、领导权变理论

到 20 世纪 60 年代，不少学者认为，要找到一个适合于所有组织、所有性质的工作的固定的领导行为方式是不现实的，因为领导的有效性是由领导者、被领导者及其环境因素等共同决定的，要根据具体情况来确定领导方式，这种观点被称为领导权变理论。其中，著名的领导权变理论有领导行为连续统一体理论、菲德勒模型、领导生命周期理论和途径—目标理论等。

（一）领导行为连续统一体理论

1958 年，美国管理学家罗伯特·坦南鲍姆和沃伦·施密特在《哈弗商业评论》杂志上发表了《怎样选择一种领导模式》一文，提出了领导行为连续统一体理论。该理论把专制的领导行为和民主的领导行为描述为一个连续统一体中的两个极端点，而在这两个极端点之间，领导行为又存在着不同的专制与民主水平，这样，领导者行使权力的范围与下级自由活动的范围之间形成了一方得益、另一方受损的复杂关系。图 5-3 所示的模型中列举了 7 种具有代表性的领导方式，从左至右呈现的是领导者行使越来越少的职权，而下属人员得到越来越多的自主权。

坦南鲍姆认为，对上述 7 种领导方式，不能说哪一种总是正确的，哪一种总是错误的。领导者究竟应当采取哪种领导方式，不能一概而论，而应当根据具体的环境采取灵活的态度，适当地选择某种水平的专制与民主统一形式来实施领导行为，以提高领导活动的有效性。

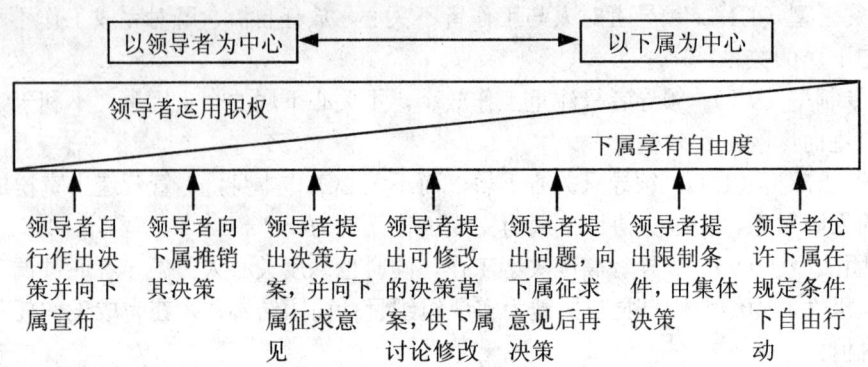

图 5-3　领导行为连续统一体模型

（二）菲德勒模型

菲德勒模型是由美国管理学家菲德勒于 1967 年提出来的。菲德勒认为，有效的群体绩效取决于领导者风格和情境因素的合理匹配。因此，菲得勒模型将领导者风格与情境分类联系在一起，并将领导效果作为二者的函数进行预测。

1．确定领导者风格

菲德勒认为，影响领导成功的关键因素之一是领导者的基本领导风格。为此，他设计了最难共事者（LPC）问卷来测定领导者的领导风格，通过问卷询问领导者对最不愿与自己合作的同事的评价。如果领导者对这种同事的评价大多用敌意的词语，则该领导者趋向于任务导向型的领导方式（低 LPC）；如果评价大多用善意的词语，则该领导者趋向于关系导向型的领导方式（高 LPC）。

2．确定情境

在 LPC 问卷的基础上，菲德勒列出 3 个评价领导有效性的情境因素，即职位权力、任务结构和上下级关系。

（1）职位权力。职位权力反映了领导者所处的职位所具有的权威和权力的大小，包括领导者的法定权、奖赏权、强制权等的大小。领导者的职位权力越大，群体成员遵从其指导的程度越高，领导环境也就越好；反之，则越差。

（2）任务结构。任务结构是指任务的明确程度和被领导者对这些任务的负责程度。这些任务越明确，而且被领导者的责任心越强，则领导环境越好；反之，则越差。

（3）上下级关系。上下级关系是指下级乐于追随上级的程度。下级对上级越尊重，并且乐于追随，则上下级关系越好，领导环境也就越好；反之，则越差。

3．领导者与情境的匹配

菲德勒指出，当个体的 LPC 分数与 3 种情境因素的评估分数相匹配时，会达到最佳的领导效果。为此，菲德勒将 3 种情境因素组合成 8 种不同的环境条件，并根据关于领导情境的 8 种分类和关于领导方式类型的两种分类（高 LPC 值领导方式和低 LPC 值领导方式），对 1200 个工作群体进行了抽样调查，最后得出以下结论：任务取向的领导者在非常有利的情境和非常不利的情境下工作得更好。也就是说，在对领导者最有利和最不利的情况下（如 1、2、3、8），采用低 LPC 值领导方式，即任务导向型的领导方式比较有效；在对领导者中等有力的情况下（如 4、5、6、7），采用高 LPC 值领导方式，即关系导向型的领导方式比较有效，如图 5-4 所示。

上下级关系	好				差			
任务结构	明确		不明确		明确		不明确	
职位权力	强	弱	强	弱	强	弱	强	弱
情境类型	1	2	3	4	5	6	7	8
情境特征	有利				中间状态			不利
有效的领导方式	任务型				关系型			任务型

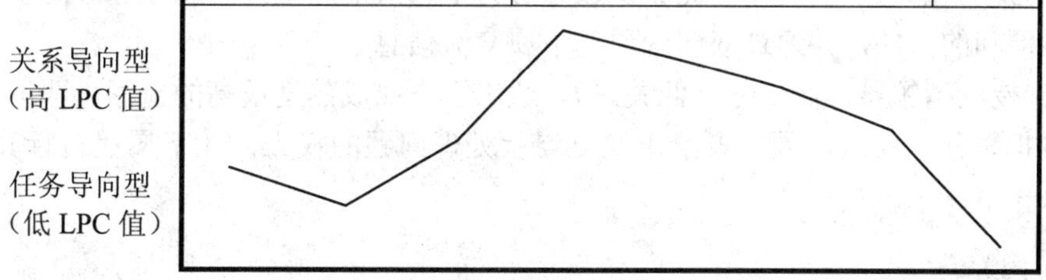

图 5-4 菲德勒模型

（三）领导生命周期理论

领导生命周期理论是由美国管理学家保罗·赫塞和肯尼斯·布兰查德提出来的。该理论指出，有效的领导行为应该把任务行为、关系行为和被领导者的成熟度结合起来考虑。所谓成熟度，是指个体对自己的直接行为负责任的能力和意愿，它包括工作成熟度和心理成熟度。其中，工作成熟度是指下属完成任务时具有的相关技能和技术知识水平；心理成熟度是指下属的自信心和自尊心。

任务行为、关系行为与成熟度之间是一种曲线关系。随着下属由不成熟走向成熟，领导者要不断改变自己的领导风格，领导生命也随之呈现出周期性的变化，如图 5-5 所示。

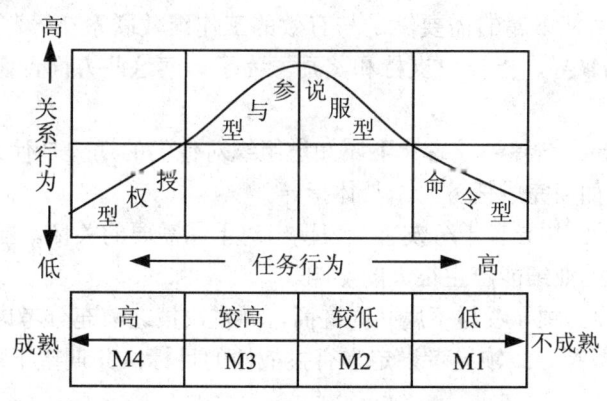

图 5-5 领导生命周期理论

图 5-5 中横坐标的上半部分表示以关心工作为主的任务行为，下半部分表示被领导者的成熟度（从 M1 到 M4 表示下属由不成熟到成熟）；纵坐标表示以关心人为主的关系行为。将

任务行为和关系行为这两个维度细化,可以组合成以下4种具体的领导方式。

（1）命令型领导（高任务—低关系）。适用于下属成熟度很低的情形,即下属既无能力也不愿意承担责任。此时,领导者以单向沟通的方式,明确地给下属规定工作任务和工作规程。

（2）说服型领导（高任务—高关系）。适用于下属成熟度中等偏低（较低）的情形,即下属愿意承担责任但缺乏应有的能力。此时,大多数工作仍是由领导者决定的,下属的工作仍需要领导者给予指导、鼓励和支持。

（3）参与型领导（低任务—高关系）。适用于下属成熟度中等偏高（较高）的情形,即下属有能力但不愿意承担责任。此时,领导者与下属共同制定决策,领导者的主要角色是为下属提供便利的条件,并通过双向沟通与下属交流信息。

（4）授权型领导（低任务—低关系）。适用于下属成熟度很高的情形,即下属有能力而且愿意承担责任。此时,领导者给下属以自行处理问题的权力,让下属"自行其是",自己只起监督作用。

> 下属的成熟度是相对的。成熟与不成熟,就一件工作而言,因人而异;就一个人而言,因工作而异。领导者应根据下属的成熟度选择适当的领导方式,又应积极创造条件,使下属在尽可能短的时间内获得较高的成熟度。

（四）途径—目标理论

途径—目标理论是由多伦多大学组织行为学教授罗伯特·豪斯提出来的。该理论的核心在于,领导者的工作是帮助下属达到他们的目标,并提供必要的指导和支持,以确保他们各自的目标与群体或组织的总体目标一致。

根据途径—目标理论,领导者的行为被下属所接受的程度,取决于下属是将这种行为视为获得当前满足的源泉,还是作为未来满足的手段。领导者行为的激励作用主要表现在以下两个方面:① 它使下属的需要满足与有效的工作绩效联系在一起;② 它提供了有效的工作绩效所必需的辅导、指导、支持和奖励。为了考察这些方面,豪斯确定了以下4种领导行为:

（1）指导型领导。这种领导者让下属知道组织对他们的期望是什么,以及他们完成工作的时间安排,并对如何完成任务给予具体指导。

（2）支持型领导。领导者十分友善,表现出对下属需要的关怀。当下属受挫或不满时,这类领导行为对下属的业绩能产生很大的影响。

（3）参与型领导。领导者与下属共同磋商,并在决策之前充分考虑他们的建议。

（4）成就取向型领导。领导者设定富有挑战性的目标,并期望下属发挥出自己的最佳水平。

在现实中究竟采用哪种领导方式,还要根据环境与下属的权变因素、领导活动结果等因素,以权变观念选择恰当的领导方式,如图5-6所示。

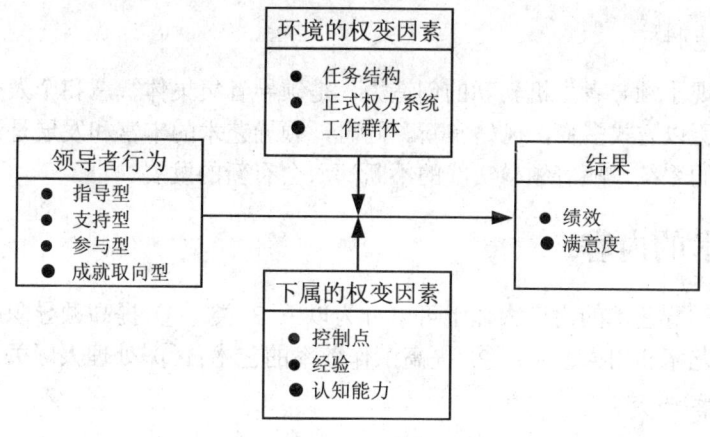

图 5-6 途径—目标理论

任务三　了解领导的艺术

一、领导艺术的概念

领导艺术是指领导者在其知识、经验、才能和气质等因素的基础上形成的，巧妙地运用各种领导条件、领导原则和领导方法的基本技能。

领导艺术是领导者的一种特殊技能，这种技能表现为创造性地灵活运用自己已经掌握的科学知识和领导方法，是领导者的智慧、学识、胆略、经验、作风、品格、方法、能力等的综合体现。

二、领导艺术的特点

一般认为，领导艺术具有以下特点。

（一）经验性

领导艺术来源于领导者丰富的阅历、广博的知识和通过成败得失总结出来的经验与教训。它不是按照逻辑顺序和逻辑规则从理性的东西中推化而来的，而是由经验提炼而成的；它不是感性认识或理性认识的简单累加，而是出自直觉思维，是过去经验的不断升华。

（二）随机性

领导艺术没有固定、统一的模式，它是领导者系统思考和处理随机事件的一种应变能力。它不遵循规范化的程序，也不信守呆板僵化的教条，而是因人而异，因地制宜，因材施教，因势利导，随机应变地通过直觉判断来认识问题、分析问题、处理问题。

（三）多样性

领导艺术是一种生动活泼、丰富多彩的处事协调技能。不同的领导者在处理同一件事务时，往往有着迥然不同的技巧；即使同一个领导者在不同时刻、不同地点处理类似问题时，也会有截然相反的解决办法。

（四）创造性

领导艺术体现了领导者生机勃勃的创造力，是领导者集集体智慧和个人智慧与才华于一体的集中体现，所以方式多变，风格常新。同时，领导艺术的丰富和发展是没有止境的，它是一个高度开放的系统，随着领导实践的不断深入会有新的发展。

三、领导艺术的内容

具体而言，领导艺术的内容大体上可以分为以下 3 类：① 提高领导职能的艺术，包括决策艺术、授权艺术和用人艺术；② 提高工作效率的艺术；③ 处理人际关系的艺术。

（一）决策艺术

在非程序化的决策过程中，领导者的主观决策技能起着重要的作用。具体来说，领导者在决策时要注意以下几点：

（1）决策必需从周围的形势出发，认真、全面地研究和分析客观形势的综合态势，弄清构成形势的各种基本要素，以及各要素之间的相互关系。

（2）决策要注意时机。时机不成熟，则不能断；时机成熟，则要当机立断。

（3）决断时要注意抓住最紧要的事情。要明了并且抓住大事，不要在小事上花费过多的精力。

（4）决策时不要被感情所左右。

【管理故事】

> #### 林肯的"独断"
>
> 林肯任美国总统后不久，有一次将 6 个幕僚召集在一起开会。会上，林肯提出了一个重要法案，而幕僚们的看法并不统一，于是 7 个人便热烈地争论起来。林肯在仔细听取其他 6 个人的意见后，仍感到自己是正确的。在最后决策的时候，6 个幕僚一致反对林肯的意见，但林肯仍固执己见，他说："虽然只有我一个人赞成，但我仍要宣布，这项法案通过了。"
>
> 表面上看，林肯这种忽视多数人意见的做法似乎过于独断专行。其实，林肯已经仔细地了解了其他 6 个人的看法并经过深思熟虑，最终认定自己的方案最为合理。而其他 6 个人持反对意见，只是一种条件反射，有的人甚至是人云亦云。既然如此，自然因该力排众议，坚持己见。
>
> **管理启示：** 在管理实践中经常会遇到这种情况，新的意见和想法一经提出必定会有反对者。此时，领导者不要害怕孤立，只要真理在握，就应该坚决地贯彻下去。

（二）授权艺术

领导者如果能合理授权，不仅可以使自己摆脱日常事务的缠绕，而且能够使被授权人得到一种信任感和满意感，从而充分调动下级人员的积极性、主动性和创造性。具体来讲，领导者在授权时可以从以下几个方面进行：

（1）要根据实现组织目标的整体要求及各个部门、各个员工职能的任务，科学合理地分配权力，使各个层次都拥有完成任务或目标所必需的权力。

（2）上级不要越级指挥，不要干预下级职权范围内的工作，不能运用最终控制权来剥夺下级的职权。

（3）通过科学、明确的制度规范体系来保证权力的配置。

（4）建立明确的权责制度，将权限明晰化，使其真正落到实处。

【课堂互动】

> 授权就是放权吗？请说明理由。

（三）用人艺术

领导者在用人时要遵循的基本原则是：合理选择，知人善任；扬长避短，宽容待人；合理使用，积极培养；用人要正，激励人才。用人艺术具体表现在以下几个方面：

（1）能依靠和运用平凡人的聪明才智作出不平凡的业绩，促使组织目标得以实现。

（2）使每个员工的长处与集体和别人的长处相得益彰；使每个人的短处与集体和别人的长处集合起来而不至于有损于组织。

（3）在充分了解和发挥员工长处的基础上，把工作的需要和个人的能力、兴趣和爱好等很好地结合起来，使每个员工在各自的工作岗位上兢兢业业，积极进取。

（4）在组织中创造一种气氛，凡能作出显著成绩的人，都会受到应有的尊重和提拔。

【管理故事】

刘邦的用人艺术

公元前202年，垓下一战，刘邦灭掉项羽登上了皇帝的宝座。在庆功会上，刘邦问群臣自己成功的原因。群臣把功劳都归于刘邦一人，并极尽赞美之词。刘邦说："你们讲的都不对，我之所以能成功，是因为我会用人。运筹帷幄，决胜千里，我不如张良；囤积粮草，安抚百姓，我不如萧何；两军对垒，百战百胜，我不如韩信。他们都是人间的豪杰，而我能够重用他们，这就是我成功的原因。项羽虽有一个范增，还怀疑不能重用，这就是项羽失败的原因。"

管理启示： 用人之长，人事相宜。巧匠无弃木，圣人无弃才。为官择人者治，为人设官者乱，在用人问题上切忌因人设事。

（四）提高工作效率的艺术

工作效率是评定工作能力的重要指标。领导者要想提高工作效率，可以从以下几个方面进行：

（1）领导必须干领导的事。牢记领导者的职责，干自己应该做的事，不能事无巨细，事必躬亲。要带领群众前进，而不是代替群众前进。

（2）任何工作都要回答"3个能不能"，即能不能取消、能不能合并、能不能采用更为简单的方法和途径。

（3）要不断地总结经验教训。凡是之前出现过的错误，都不要再犯，这样，工作效率就会大幅度提高。

（4）提高会议效率。

（5）善于运筹时间。领导者能否合理地利用时间，对整个组织的成败关系重大。

(6) 精兵简政。要从经济的角度去考虑领导的效率，用最少的投入来换取最大的收益。

（五）处理人际关系的艺术

一个高效的领导者还必须具有良好的人际沟通能力，能够处理好与各级的人际关系，并能处理好各种人际纠纷。

（1）要善于处理各级关系。对待下级，要知人善任，关心、爱护下级，做好上下沟通；对待同级，要积极配合而不越位专权、明辨是非而不斤斤计较、见贤思齐而不嫉贤妒能、相互沟通而不怨恨猜疑、支持帮助而不揽功推过；对待上级，要找准自己的位置，出力而不"越位"，善于领会上级的意图并为其分忧，学会适应上级的特点与习惯来开展工作，在上级面前规矩而不拘束，运用等距外交，避免亲疏不一等。

（2）在人际沟通方面，要态度和蔼、平等待人、尊重他人、积极倾听、抑制情绪、把握主动、创造互信环境。

（3）在处理人际纠纷方面，要严己宽人、审时度势、分寸得当、讲究策略、把握主动。

【管理故事】

老禅师的育人技巧

相传古代有位老禅师，一日晚在禅院里散步，看见院墙边有一张椅子，他立即明白有人违反寺规翻墙出去了。老禅师也不声张，静静地走到墙边，移开椅子就地蹲下。

不到半个时辰，老禅师果真听到墙外一阵响动。少顷，一位小和尚翻墙而入，黑暗中踩着老禅师的背脊跳进了院子。当他双脚着地时，才发觉刚才自己踏上的不是椅子，而是自己的师傅。小和尚顿时惊慌失措，张口结舌，只得站在原地，等待师傅的责备和处罚。

出乎小和尚意料的是，师傅并没有厉声责备他，只是以很平静的语调说："深夜天凉，快去多穿一件衣服"。

管理启示：无声的温暖关爱，胜于严厉的惩罚。很多企业对职工管理严格，但带来的往往是人性的压抑，这时候就需要领导者创造理解、温暖、关心的文化环境，构建和谐的人际关系，激励员工的工作热情。

案例分析——3种风格迥异的领导方式

很显然，ABC公司的3个部门经理分别采取了不同的领导方式，这些领导方式各有其特点，适用于不同的环境条件。

安西尔采取的是专制型领导方式。这种领导方式高度关心工作的过程和结果，并用密切监督和施加压力的办法来获得良好的绩效。此类领导者也被称为"独裁式"的领导，他们几乎制定所有的决策，单独决定下属的工作内容、资源的分配与组合情况，并要求下属不折不扣地服从；平时他们与下属接触不多，因此很难对下属作出正确的评价，如有奖惩，也往往是对人不对事。在专制型的领导方式下，组织的产量虽然不低，但员工的满意度较低，离职率和缺勤率都较高。

鲍勃采取的是民主型领导方式。这种领导方式比较民主化，领导者关心员工的需求和职业生涯发展情况。此类领导者将下属视为与自己平等的人，给予他们足够的尊重。在民主型领导者管理的团队中，主要政策由组织成员集体讨论、共同决定，领导者采取鼓励与协助的态度，并要求下属人员积极参与决策；在确定完成任务的计划、方法、技术和途径上，组织成员也有相当的选择机会。在民主型的领导方式下，员工的满意度较高，能够以较高的热情工作，因此能为企业带来更多的价值。

查理采取的是放任型领导方式。此类领导者喜欢松散的管理方式，他们几乎把所有的决策权都完全下放，并鼓励下属独立行事。他们只为组织成员提供决策和完成任务所必需的信息、资料、资源和条件，并充当组织与外部环境的联系人，而尽量不参与，也不主动干涉下属的决策和工作过程，任务的完成几乎全部依赖团队成员的自主工作。这种领导方式对专业人员可以收到不错的效果，但却容易使员工产生偷懒心理，长期如此，组织也会失去对员工的控制。

总体来说，上述每一种领导方式在特定的环境下都适用。

如果企业处于创业阶段，则需要采用专制型领导方式。这种方式的领导者有很强的冒险精神和创新精神，能够创新性地提出新产品或服务的构想，创新性地向顾客宣传新产品的价值，维持消费者的需求势头。他们还能够充分利用其人格魅力，发动一部分人（如代理商、经销商、加盟商等）把产品卖给另一部分人（消费者）。总之，他们能够不断创新，使紧随其后的竞争对手无所适从。

如果企业处于高速成长阶段，则需要采用民主型领导方式。这种方式的领导者作风稳健，对企业的发展方向有清醒的认识。他们能够发动集体智慧，提高产品质量。民主型领导者很看重利润，因此倾向于建立一整套制度，以评估和监控企业总的成本状况，并采取措施降低企业的生产成本。此外，这类领导者还能够准确判断企业靠什么以及如何才能赢利，并不断采取措施满足用户的期望，特别是用户在产品质量和可靠性上的要求。

如果企业是一个技术导向型企业，或者处于崩溃边缘的企业，则可以考虑采用放任型领导方式。在技术导向型的企业中，领导者过多的干预只会阻碍下属的创造性思维，使结果适得其反；而如果企业处于崩溃的边缘，也只能采取无为而治的手段。但实际上，这种领导方式还是比较少见的。

综合实训　校园模拟指挥

【实训目的】
1. 培养学生的现场指挥能力；
2. 培养学生的应变能力；

【实训情境】
凌晨1点多钟，男生宿舍3楼卫生间的水管突然爆裂。此时，楼门和校门已经关闭，学生们都沉睡在梦中，只有邻近几个宿舍的学生惊醒。水不断地从卫生间顺着走廊涌出，情况非常紧急。

【实训要求】
1. 将学生分组，每组6～8人，每组选取一名学生作为该组的领导者。
2. 根据上述实训情境，分组讨论应急方案，然后各小组分别进行现场表演。

【实训考核】

每小组进行现场表演时,其他小组给予评价打分。最后,由教师根据表 5-1 所示的考核成绩表对学生作出考核与评价。

表 5-1 考核成绩表

考核内容	考核标准		比重(%)	小计(%)
讨论发言	内容	条理性	10	40
		完整性	10	
		创新性	20	
现场表演	动作	动作到位	10	60
		表现自如	10	
		表情丰富	20	
	语言	语言流利	20	
合计(%)				100

项目小结

本项目主要介绍了领导职能的相关知识,包括领导的基础知识、领导的有关理论,以及各种领导艺术。

1. 领导的基础知识

领导是指领导者依靠其影响力,指挥、带领、引导和鼓励被领导者或追随者,实现组织目标的活动和艺术。

领导职能对组织的作用主要表现在以下 4 个方面:① 指挥作用;② 激励作用;③ 协调作用;④ 沟通作用。

领导者的权力主要来自于职位权力和个人权力两个方面。其中,职位权力主要包括法定权、奖赏权和强制权;个人权力主要包括专家权和感召权。

2. 领导的理论

领导特质理论认为,一个领导者只要具备了某些优秀的个人特征或素质,就能有效地发挥其领导作用。根据各方观点的不同,该理论可分为传统领导特质理论和现代领导特质理论。

具有代表性的领导行为理论主要有领导方式理论、领导行为四分图理论和管理方格理论。其中,领导方式理论确定出 3 种极端的领导方式,即专制型领导方式、民主型领导方式和放任型领导方式;领导行为四分图理论认为,根据定规维度和关怀维度,领导者可以分成 4 个基本类型,即高关怀—高定规、高关怀—低定规、低关怀—高定规和低关怀—低定规;管理方格中有 5 种典型的领导方式,即贫乏型(1.1)、专制型(9.1)、俱乐部型(1.9)、团队型(9.9)和中间型(5.5)。

著名的领导权变理论有领导行为连续统一体理论、菲德勒模型、领导生命周期理论和途径—目标理论等。其中,领导行为连续统一体理论列举了 7 种具有代表性的领导方式;菲德勒模型将确定领导者风格与情境分类联系在一起,并将领导效果作为二者的函数进行预测;

领导行为周期理论指出，有效的领导行为应该把任务行为、关系行为和被领导者的成熟度结合起来考虑；途径—目标理论的核心在于，领导者的工作是帮助下属达到他们的目标，并提供必要的指导和支持，以确保他们各自的目标与群体或组织的总体目标一致。

3. 领导艺术

领导艺术是指领导者在其知识、经验、才能和气质等因素的基础上形成的，巧妙地运用各种领导条件、领导原则和领导方法的基本技能。

一般认为，领导艺术具有以下特点：① 经验性；② 随机性；③ 多样性；④ 创造性。

领导艺术的内容大体上可以分为以下 3 类：① 把其视为职能的艺术，包括决策艺术、授权艺术和用人艺术；② 把其视为提高工作有效性的艺术；③ 处理好各种关系的艺术。

思考与练习

一、名词解释

领导　　领导权力　　领导艺术

二、填空题

1．领导者的权力主要来自于_____和_____两个方面。

2．个人权力主要包括_____和_____。

3．领导行为四分图理论确定了4种不同的领导方式，即_____、_____、_____和_____。

4．菲德勒模型列出了3个评价领导有效性的情境因素，即_____、_____和_____。

5．途径—目标理论确定了4种领导行为，即_____、_____、_____和_____。

6．一般认为，领导艺术具有4个特点，即_____、_____、_____和_____。

三、选择题

1．(　　) 通常由组织按照一定的程序和形式赋予领导者。

　　A．法定权　　　B．奖赏权　　　C．强制权　　　D．感召权

2．某单位领导的决策能力强，而且坚持 X 理论，他极有可能采取 (　　) 领导方式。

　　A．民主型　　　B．专制型　　　C．放任型　　　D．魅力型

3．根据领导行为四分图理论，采用 (　　) 领导方式的领导者更能使下属达到高绩效和高满意度。

　　A．低关怀—低定规　　　　　　B．低关怀—高定规

　　C．高关怀—低定规　　　　　　D．高关怀—高定规

4．管理方格中的9.9格对应的是 (　　) 领导方式。

　　A．贫乏型　　　B．俱乐部型　　　C．团队型　　　D．中间型

5．下列理论中，(　　) 属于领导权变理论。

　　A．领导行为连续统一体理论　　　B．管理方格理论

　　C．领导特质理论　　　　　　　　D．领导方式理论

6. 根据菲德勒模型，下列（　　）情况属于较好的领导环境。
   A. 职位权力弱，任务结构简单，上下级关系好
   B. 职位权力强，任务结构复杂，上下级关系差
   C. 职位权力强，任务结构简单，上下级关系好
   D. 职位权力弱，任务结构复杂，上下级关系差
7. 某下属的成熟度为 M2，表示该下属（　　）。
   A. 既无能力也不愿意承担责任
   B. 愿意承担责任但缺乏应有的能力
   C. 有能力但不愿意承担责任
   D. 有能力而且愿意承担责任
8. 领导者在对待同级时，（　　）是不正确的。
   A. 积极配合　　B. 明辨是非　　C. 相互沟通　　D. 揽功推过

四、简答题

1. 领导的作用有哪些？
2. 简述领导方式理论的主要观点。
3. 简述领导生命周期理论的主要观点。
4. 领导者应如何提高工作效率？

项目六 控 制

【引 子】

　　企业在开展生产经营活动的过程中，由于受外部环境和内部条件变化的影响，时常会发生执行结果与与其目标不完全一致的情况。而且，由于组织成员的认识能力和工作能力的差异，也容易造成对计划要求理解和执行的差异。因此，管理者必须对计划执行过程进行控制，以确保组织的各项工作能够顺利进行。

【本章内容提要】

- 了解控制的概念、结构、分类、基本原则和作用；
- 掌握控制的过程，熟悉各个环节的主要工作；
- 掌握控制的方法，理解各种方法的内涵。

案例导入——格雷格厂长的目标与控制

　　格雷格担任这家工厂的厂长已经1年多了，他刚看了工厂有关今年实现目标情况的统计资料。厂里各方面工作的进展都出乎他的意料，他为此而气得说不出一句话来。

　　1年前，格雷格任厂长后的第一件事就是亲自制定工厂的一系列计划。具体来说，他要解决工厂的浪费问题、职工超时工作的问题和废料运输费用过高的问题。他规定：在1年内要把购买材料的费用降低10%~15%；把用于支付工人超时工作的费用从原来的11万美元减少到6万美元；把废料运输费用降低3%。他把这些具体目标告诉了下属有关方面的负责人。

　　然而，他刚看过的年终统计资料却大出他的意料：原材料的浪费率竟然占总额的16%，比去年更为严重；职工超时费用也只降到9万美元，远没达到原定的目标；运输费用根本没有降低。

　　他把这些情况告诉负责生产的副厂长，并严肃批评了这位副厂长。而副厂长则争辩说："我曾对工人强调过要注意减少浪费的问题，我原以为工人会按照我的要求去做的。"人事部门的负责人也附和着说："我已经为削减超时费用作了最大的努力，只对那些必须支付的款项才支付。"而分管运输方面的负责人则说："我对未能把运输费用减下来并不感到意外，我已经想尽了一切办法。我预测，明年的运输费用可能还要上升3%~4%。"

　　在分别与有关方面的负责人交谈之后，格雷格又把他们召集起来布置新的任务，他说："生产部门一定要把原材料的费用降低10%；人事部门一定要把职工超时费用降到7万元；即使运输费用要提高，也决不能超过今年的标准。这就是我们明年的目标。我到明年再看你们的结果！"

1. 为什么格雷格厂长制定的目标无法顺利实现?
2. 格雷格厂长应当如何进行控制管理工作?

任务一　了解控制的基础知识

一、控制的概念

控制是指按照计划标准来衡量所取得的成果并纠正所发生的偏差,以确保计划目标实现的活动或过程。因此,控制是为了实现企业的计划目标而对其生产经营活动进行纠偏矫正的行为。

上述控制的定义中包括了两方面的含义:一是要按照既定的计划标准来衡量和纠正计划执行中的偏差;二是要在必要时要修改计划标准,使计划更符合实际情况。

【知识链接】

> **控制与其他管理职能的关系**
>
> 控制是管理的一项重要职能,它与计划、组织和领导相辅相成,共同构成管理的 4 个主要环节。
>
> 1. 控制与计划的关系
>
> 计划和控制是一个问题的两个方面。计划是基础,是用来评定行动及其效果是否符合需要的标准;控制既是一个管理过程的终结,又是一个新的管理过程的开始,它使计划的执行结果与预定的计划目标相符合,并为计划提供信息。
>
> 2. 控制与组织的关系
>
> 组织职能为控制职能的发挥提供了人员配备和组织机构,而且组织结构的确定实际上也规定了组织中信息联系的渠道,为组织的控制提供了信息基础。
>
> 3. 控制与领导的关系
>
> 领导职能的发挥影响着组织控制系统的建立和控制工作的质量,反过来,控制职能的发挥又有利于改进领导者的领导工作,提高领导者的工作效率。

二、控制的结构

控制过程主要由控制主体、控制对象与控制中介 3 个基本要素构成。

(一)控制主体

控制主体主要反映"谁来监督控制过程"的问题,一般是指管理者。但是,在一定程度上,全体员工也是控制的主体,其原因表现在以下 3 个方面:① 组织中的员工处在工作第一线,最容易掌握实际情况及其与计划的偏差;② 决策目标应该反映员工的利益和愿望;③ 现代管理所倡导的自我控制也体现了每位员工都是一定程度与范围内的控制主体。

项目六 控 制

（二）控制对象

控制对象主要反映"控制什么、监督谁"的问题。控制对象包括决策的实施过程和决策及方案本身，其中，前者是指各层次执行者的活动和结果，是一个自上而下的前馈控制过程；后者是指各层次的计划和标准，是一个自下而上的反馈控制过程。

> 对于组织运行过程的控制，主要是监督与纠偏；而对于决策计划本身的控制，主要是反馈和修正。

（三）控制中介

控制中介是控制主体和控制对象之间产生相互作用，从而使控制得以实现的手段与方法。不同的管理系统和不同的控制类型可以采用不同的手段和方法，但最基本的中介和手段是管理信息系统。

三、控制的分类

（一）按控制点的位置分

按控制点的位置分，控制可分为前馈控制、现场控制和反馈控制。

> **前馈控制**：也称事前控制，是一种防患于未然的控制，即在工作开始前就对工作中可能产生的偏差进行预测和估计，并采取防范措施，将可能的偏差消除于产生之前。这种控制需要及时和准确的信息并进行仔细和反复预测，把预测结果和预期目标相比较，并促进计划的修订。

> **现场控制**：也称事中控制，是指在计划执行过程中的控制。现场控制主要有监督和指导两项职能。监督是按照预定的标准检查正在进行的工作，以保证目标的实现；指导是管理者针对工作中出现的问题，根据自己的经验引导下属改进工作。

> **反馈控制**：也称事后控制，是一种在工作结束或行为发生之后进行的控制。这种控制主要把注意力集中于工作或行为的结果上，通过对已形成的结果进行测量、比较和分析，发现偏差情况，依次采取措施，以对今后的活动进行纠正。

【管理故事】

扁鹊的医术

魏文王问名医扁鹊："你们家兄弟三人都精于医术，到底哪一位最好呢？"

扁鹊答："长兄最好，中兄次之，我最差。"

文王再问："那为什么你最出名呢？"

扁鹊答："长兄治病，是治病于病情发作之前，由于一般人不知道他事先能铲除病因，所以他的名气无法传出去；中兄治病，是治病于病情初起之时，一般人以为他只能治轻微的小病，所以他的名气只及本乡里；而我是治病于病情严重之时，一般人都看到我在经脉上进行针灸放血、在皮肤上敷药等，所以以为我的医术高明，名气因此响遍全国。"

> **管理启示：** 事后控制不如事中控制，事中控制不如事前控制。把问题解决在萌芽状态，是最优的控制策略。

（二）按控制活动的来源分

按控制活动的来源分，控制可分为正式组织控制、群体控制和自我控制。

- **正式组织控制：** 是指根据管理人员设计和建立起来的一些规定来进行控制。例如，组织可以通过规划来指导组织成员的活动、通过预算来控制消费、通过审计来检查各部门或各成员是否按照规定进行活动等。
- **群体控制：** 是指基于非正式组织之间的群体成员的价值观念和行为准则所进行的控制。群体控制可能有助于达成组织目标，也可能给组织带来危害，因此要对其加以正确引导。
- **自我控制：** 是指个人有意识地按照某一行为规范进行活动。自我控制要求上级给下级以充分的信任和授权，还要将个人活动与报酬、升职与奖励等联系起来。

（三）按控制的手段分

按控制的手段分，控制可分为直接控制和间接控制。

- **直接控制：** 是指主要通过行政命令的手段对控制对象进行控制。实现直接控制的关键是对控制主体进行精心选择和有针对性的培养。
- **间接控制：** 是指不对运行过程直接干预，而是通过间接的手段来引导和影响运行过程，从而达到控制目的的一种控制形式。

四、控制的基本原则

组织在控制过程中，必须遵循以下基本原则。

（一）重点原则

控制的过程可以说是发现和纠正偏差的过程。在控制过程中，不仅要注意偏差，而且要注意出现偏差的具体事项。事实证明，要想完全控制工作或活动的全过程几乎是不可能的，因此应抓住活动过程中的关键和重点进行局部和重点控制，这就是所谓的重点原则。

（二）及时性原则

控制主体要想迅速发现偏差并及时采取措施纠正偏差，就必须做好以下工作：① 要及时准确地收集所需的信息，避免时过境迁，使控制失去应有的效果；② 要顾及可能发生的变化，使采取的措施与已变化了的情况相适应，即纠偏措施的安排应有一定的预见性。

（三）灵活性原则

企业在生产经营过程中可能遇到某些突发的无法抗拒的变化（如环境突变、计划疏忽、计划失败等），使企业计划与现实条件严重背离。因此，组织要制定多种应付变化的方案和留有一定的后备力量，并采用多种灵活的控制方式和方法来达到控制的目的。

（四）经济性原则

控制是一项需要投入大量的人力、物力和财力等资源的活动，因此组织在进行控制时也必须坚持经济性原则。一是要正确而精心地选择控制点，实行有选择的控制；二是要提高控制效率，改进控制方法和手段，以最少的资源投入取得理想的控制效果。

（五）可操作性原则

控制的最后落实是纠偏措施的实际贯彻，并发挥出应有的效果。因此，控制过程中的纠偏措施必须具有可操作性，即这些措施必须是可以投入实际运作的，而且是在经济上合理的，在技术上可行的。

【课堂互动】

> 你认为有效的控制还应遵循哪些原则？请说明理由。

五、控制的作用

控制的作用主要体现在以下几个方面。

（一）控制是保证组织目标和计划顺利实现的重要手段

组织的目标和计划是对组织未来一定时期内的努力方向和行动步骤的描述，而现代组织面临的环境大都复杂多变。组织通过控制职能可以及时了解环境变化的程度和原因，从而对原定目标和计划进行有效的调整和修正，使目标和计划适应变化了的环境。

（二）控制是协调组织内部关系，保证工作顺利进行的重要工具

随着组织规模的日益扩大，组织活动日益复杂，每一个组织要实现自身目标，都要从事一系列艰巨、复杂的工作。组织灵活应用控制职能，可以使各部门的活动紧密围绕组织目标，保证每一项具体活动的顺利进行。

（三）控制是组织发现错误并纠正错误的有效工具

任何组织在其发展过程中，都不可避免地会犯一些错误。通过控制，管理者可以及时发现失误；通过对产生偏差的原因进行分析，可以使管理者明确问题之所在，从而采取措施纠正偏差。因此，控制是改进工作、推动工作不断前进的有效工具。

【管理故事】

好马与骑师

一个骑师对他的马进行了彻底的训练。骑师说的话，马儿句句明白，他可以随心所欲地使唤它。

"给这样的马加上缰绳是多余的。"有一天骑马出去时，骑师把缰绳解掉了。

马儿开始跑得还不算太快，但当它知道什么约束也没有时，就越发大胆了。它的眼睛里冒着火，脑袋里充着血，再也不听主人的叱责，飞驰过辽阔的原野。

不幸的骑师想把缰绳重新套上马头，但已经无法办到。完全无拘无束的马儿一路狂奔，竟把骑师摔下马来。它疯狂地往前冲，不辨方向，一股劲儿冲下深谷，摔了个粉身碎骨。

"我可怜的好马呀，"骑师悲痛地大叫道，"是我一手造就了你的灾难，如果我不冒冒失失地解掉缰绳，你也就决不会落得这样凄惨的下场。"

> **管理启示**：千万别放松有效控制这条缰绳。对一个企业而言，一点约束没有，仅靠信任是管理不好企业的。一个成功的企业，必须有一套完善的管理制度来约束全体员工的行为。

任务二　掌握控制的过程

控制是根据计划的要求，设立衡量绩效的标准，然后把实际工作结果与预定标准相比较，以确定组织活动中出现的偏差及其严重程度，在此基础上，有针对性地采取必要的纠正措施，以确保组织资源的有效利用和组织目标的顺利实现。具体说来，组织在实施控制职能时要经历以下几个步骤。

一、确定控制标准

标准是组织检查和衡量工作及其结果（包括阶段结果与最终结果）的规范。只有制定明确、科学的控制标准，控制过程才有正确的依据。

（一）控制标准的种类

管理控制中所用的标准主要有以下 5 种：

（1）时间标准。主要是反映工作时间进度的各种标准，如完工日期、时间定额等。

（2）成本标准。主要是反映各种工作与活动所支出的费用的标准，如产品成本、质量成本等。

（3）质量标准。主要是规定工作的范围、水平及质量要求等。

（4）数量标准。主要是从定量的方面规定工作和活动所应达到的水平和完成的时间等。

（5）无形标准。主要是为难以量化的工作所制定的标准，如员工的行为准则、组织的思想政治工作等。

【管理案例】

> **麦当劳的量化标准**
>
> 麦当劳奉行"质量优良、服务周到、清洁卫生、价格合理"的宗旨。为确保其经营宗旨得到贯彻，麦当劳制定了以下可度量的工作标准：① 95%以上的顾客进店3分钟内，服务员必须迎上前去接待顾客；② 事先准备好的汉堡包必须在 5 分钟内热好并提供给顾客；③ 服务员必须在顾客离开后5分钟内把餐桌打扫干净。

（二）控制标准的要求

组织在制定控制标准时，必须使标准达到以下要求：

（1）目标性。标准要紧密围绕着决策目标制定，不能背离组织目标。

（2）科学性。标准既要符合实际又要超越现状，高低适中。

（3）稳定性。标准要具有相对的稳定性，对于已不适用的标准，需要在适当的时机予以调整。

（4）普遍适用性。标准要以多数人的平均水平为基础。

（5）公平性。要求在标准面前人人平等，奖罚分明。

（6）准确性。标准的表述要科学准确，不能产生歧义。

【管理故事】

小和尚撞钟

有一个小和尚担任撞钟一职，半年下来，觉得无聊之极，认为生活就是"做一天和尚撞一天钟"而已。有一天，主持宣布调他到后院劈柴挑水，原因是他不能胜任撞钟一职。小和尚很不服气地说："我撞的钟难道不准时、不响亮吗？"老主持耐心地告诉他："你撞的钟虽然很准时、很响亮，但钟声空泛、疲软，没有感召力。钟声是要唤醒沉迷的众生，因此，撞出的钟声不仅要洪亮，而且要圆润、浑厚、深沉、悠远。"

管理启示： 小和尚撞的钟不符合要求，主要是由于主持没有提前告知其工作标准造成的。如果小和尚进入寺院的当天就明白撞钟的标准，他也就不会被调离。这则故事深刻说明了制定控制标准的重要性。

（三）制定控制标准的方法

控制的对象不同，建立标准的方法也不一样。一般来说，企业可以使用的建立标准的方法有以下3种。

1. 利用统计的方法制定标准

这种方法主要是以分析反映组织在各个历史时期状况的数据为基础来为未来活动建立标准。利用此种方法建立控制标准具有简单易行的好处，但是，据此制定的工作标准可能低于同行业的卓越水平，甚至低于平均水平。为了克服这种局限性，组织在根据历史性统计数据制定控制标准时，应该充分考虑行业的平均水平，并研究竞争对手的经验，使标准更具客观性。

2. 根据评估建立标准

这种方法主要是依据管理人员的经验、判断和评估来建立标准，特别适用于那些缺乏统计资料的工作。利用这种方法来建立控制标准时，要注意利用各方面管理人员的知识和经验，综合多人的意见，确定出一个相对合理的标准。

3. 制定工程标准

严格地说，工程标准也是一种用统计方法制定的控制标准，不过它不是对历史性统计资料的分析，而是通过对工作情况进行客观的定量分析得到的。例如，机器的产出标准、工人操作标准、劳动时间定额等都是通过这种方法制定的。

【管理案例】

通用集团的控制标准

美国通用电气公司在分析影响和反映企业绩效的众多因素的基础上，选择了对企业经营成败起决定作用的8个方面，并为它们建立了相应的控制标准。这8个方面分别为：获利能力、市场地位、生产率、产品领导地位、人员发展、员工态度、公共责任、短期目标与长期目标的平衡。

二、衡量工作成效

衡量工作成效就是根据控制标准衡量和检查工作情况，并对计划执行的现状和阶段性成果进行如实反映和客观评价。从本质上说，衡量工作成效实际上就是信息的收集、处理与传递过程。

（一）衡量工作成效的方法

衡量工作成效的方法主要有以下几种。

1. 亲自观察

亲自观察是指由控制主体亲临工作现场，通过观察及与工作人员的现场交谈来了解工作进展及其存在的问题。高层管理者在采用这种方法时，要注意采用低调的观察方式，尽量不要干预下属的工作。此外，管理者还要注意工作方法和控制艺术，不要夹带个人情感，以免员工产生抵触情绪。

2. 调查研究

调查研究是控制主体为了系统地了解某个方面的执行情况，专门组织一定的人力、物力而进行的活动。一般来说，调查研究之前都要根据控制目的事先设计调查提纲或调查表。

【知识链接】

调差研究的 3 种类型

根据调查的范围，调查研究可分为全面普查、抽样调查和典型调查 3 种类型。

全面普查是一种全面性的市场调查，要求对调查对象的全体进行详细的、普遍的调查。

抽样调查是指从全部调查研究对象中抽选一部分单位进行调查，并据此对全部调查研究对象作出估计和推断的一种调查方法。

典型调查是指根据调查目的和要求，在对调查对象进行初步分析的基础上，有意识地选取少数具有代表性的典型单位进行深入细致的调查研究，借以认识同类事物的发展变化规律及本质的一种非全面调查。

3. 统计报表

即对原始信息进行加工整理，形成统计报表，逐级上报。这种方法节省时间，效率较高，但资料的真实性、全面性对所获信息的影响很大。

4. 听取汇报

听取下级汇报也是管理者掌握信息的常用方法。汇报包括口头汇报和书面汇报两种，其中，口头汇报可以通过会议形式集体进行，也可以通过电话或面对面的交谈个别听取。这种方法比较快捷，便于上下级的相互交流，反馈性较好，但所获信息的真实性还需进一步考证。

（二）衡量工作成效的要求

组织在衡量工作成效时应注意以下要求：

（1）以系统化检查为主，综合运用各种衡量方法，全面、确切地了解和反映实际的工作业绩。

（2）定期衡量工作成效，使之成为经常性的工作。

(3) 要有制度保证，建立统计制度、报告制度、报表制度、总结制度等必要的规章制度，以保证衡量工作的顺利进行。

(4) 抓住重点。重点检查需要加强控制的关键环节，使控制工作更有针对性。

三、纠正偏差

组织通过衡量工作成效，可以发现计划执行过程中出现的偏差。纠正偏差就是在此基础上分析偏差产生的原因，制定并实施必要的纠正措施。为了保证纠偏措施的针对性和有效性，组织在这一过程中需要采取以下步骤。

（一）寻找偏差产生的主要原因

并非所有的偏差都会影响企业的最终成果。有些偏差可能反映了计划制定和执行工作中的严重问题，而另一些偏差则可能是由一些偶然的、暂时的、局部性的因素引起的，不一定会对组织活动的最终结果产生重要影响。因此，组织在采取纠偏措施以前，必须要先对反映偏差的信息进行评估和分析，找出导致偏差的主要原因。

此外，组织在寻找产生偏差的原因时要考虑全面。同一偏差可能由不同的原因造成，如工作的偏差既可能是因为执行者没有按照计划要求办事，也可能由于管理者制定的目标和控制标准太高，也可能是组织成员的努力不够，还可能是由于外部环境条件变化所致。因此，组织要透过表面现象找出造成偏差的深层原因，在众多的深层原因中找出最重要者，从而为制定纠偏措施确定方向。

（二）确定纠偏的方向和对象

在管理控制过程中，造成偏差的原因一般有以下 3 种：① 原有的计划或标准制定得不科学，本身就存在偏差；② 由于外在环境发生了难以预料的变化，致使原有的计划不再适应新形势的需要；③ 由于组织内部发生变化，如员工的懈怠等。因此，纠偏的实施对象可能是组织所进行的活动，也可能是衡量的标准，甚至是指导活动的计划或标准。组织针对纠偏的对象，就可制定出改进工作的方式或调整计划与标准的纠正方案。

（三）选择恰当的纠偏措施

针对产生偏差的主要原因，就需要制定改进工作或调整计划与标准的纠正方案。一般来说，组织在选择和实施纠偏措施的过程中要注意以下几点。

1. 使纠偏方案双重优化

第一重优化是要考虑采取纠偏措施所带来的效果是否大于不纠偏的损失。如果纠偏行动的费用超过偏差带来的损失，最好的方案也许是不采取任何行动。第二重优化是在此基础上，通过对各种可行性方案的比较，找出其中追加投入最少、纠偏效果最好的方案来组织实施。

2. 充分考虑历史因素的影响

管理者在选择决策方案时，应充分考虑实施初始决策已经消耗的资源和这种消耗对客观环境造成的各种影响，以及人员思想观念的转变等问题，结合企业的现状来矫正企业的流程。

3. 治标与治本并重

组织在选择纠偏措施的过程中，必须考虑对于所出现的问题是准备采取应急性纠偏措施，还是永久性纠偏措施。应急性纠偏可以及时将出现问题的环节拉回到正常轨道上，但问题的根源可能得不到根除；永久性纠偏是找到彻底解决问题的突破口，然后针对此采取解决的行动，这种纠偏措施可以从根本上解决问题，但往往需要的资金、时间和其他条件都比较苛刻，有时难以满足。在实际工作中，治标与治本并重才是有效的方法。

【课堂互动】

> 阅读下面两则小故事，说明这两种纠偏措施有何不同之处。
> 1. 一个人发现锅子漏水，于是去找补锅匠修理。补锅匠找到渗水处，一锤敲下去，锅子主人见了大惊失色，骂道："锅子洞越补越大！"补锅匠说："漏洞不够大，就看不到，也修不好！"
> 2. 一人被箭射中，去见庸医，庸医只锯下外面看得见的箭杆，而将箭头留在体内。

4. 注意消除员工对纠偏措施的疑虑

管理者在选择纠偏措施的过程中，应考虑到员工对纠偏措施所持的不同态度，特别注意消除执行者的疑虑，争取更多人的理解、赞同和支持，以避免方案在付诸实施时可能出现的人为障碍。

综上所述，控制过程其实可以看作是整个管理过程的组成部分，并且是与其他管理职能紧密相连的。控制的过程可用图 6-1 所示的模型来表示。

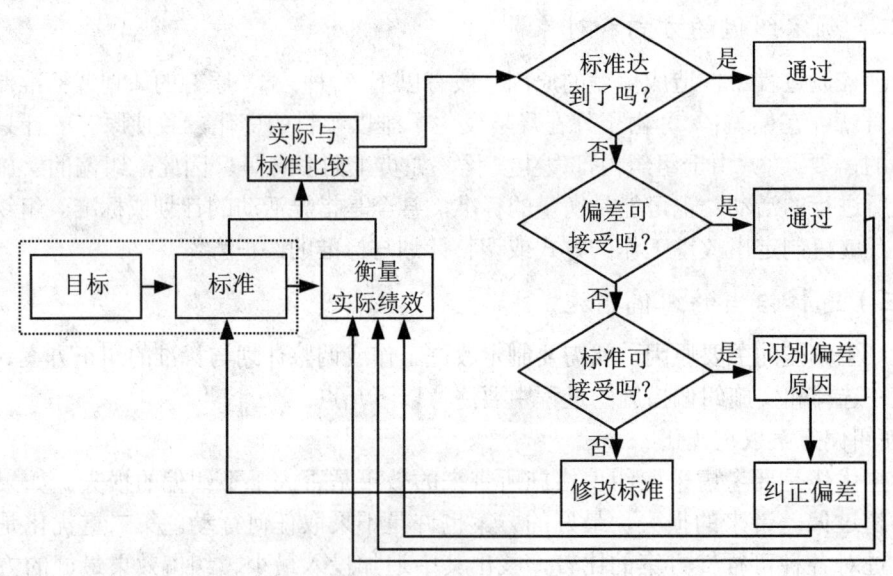

图 6-1　控制的过程

任务三　掌握控制的方法

控制的方法主要包括预算控制和非预算控制两种。

一、预算控制

（一）预算控制的概念

预算就是用数字编制未来某一个时期的计划，也就是用财务数字（如在财务预算和投资预算中）或非财务数字（如在生产预算中）来表明预期的结果。

预算控制是指以预算规定的收入和支出标准为基础，来检查、监督和控制组织各个部门的活动，在活动过程中分析预算和实际的差距及产生差距的原因，保证组织以最少的资源达到其既定目标。

（二）预算控制的内容

企业经营活动的复杂性和层次性，决定了预算控制内容的复杂性。一般来说，企业组织的预算内容主要包括以下几个方面。

1．经营预算

经营预算是指企业日常发生的各项基本活动的预算，主要包括销售预算、生产预算、直接材料采购预算、直接人工预算、制造费用预算、单位生产成本预算、推销及管理费用预算等。

销售预算是最基本和最关键的预算，它是对销售预测正式的、详细的说明。由于销售预测是计划的基础，加之企业主要是靠销售产品和劳务所提供的收入来维持经营费用的，因而销售预算也就成为预算控制的基础。

生产预算是根据销售预算中的预计销售量，按产品品种和数量分别编制的。生产预算编好后，还应根据生产能力的平衡排出分季度的生产进度日程表，并在此基础上编制直接材料采购预算、直接人工预算和制造费用预算。这3项预算构成对企业生产成本的统计。

此外，实行标准成本控制的企业还需要编制单位生产成本预算和推销及管理费用预算。其中，后者包括制造业务范围以外预计发生的各种费用明细项目，如销售费用、广告费、运输费等。

2．投资预算

投资预算是指在对企业固定资产的购置、扩建、改造、更新等进行可行性研究的基础上编制的预算。它具体反映在何时进行投资、投资多少、资金从何处取得、何时可获得收益、每年的现金流量为多少、需要多少时间回收全部投资等。

3．财务预算

财务预算是指企业在计划期内反映的有关预计现金收支、经营成果和财务状况的预算。它主要包括现金预算、预计收益表和预计资产负债表。

> **现金预算**：主要反映计划期内预计的现金收支的详细情况。为了有计划地安排和筹措资金，现金预算的编制期越短越好。
>
> **预计收益表**：综合反映企业在计划期内生产经营的财务状况，并作为预计企业经营活动最终成果的重要依据，是企业财务预算中最主要的预算表之一。
>
> **预计资产负债表**：主要用来反映企业在计划期末的财务状况。其编制要以计划期间开始日的资产负债表为基础，然后根据计划期各项预算的有关资料进行必要的调整。

【知识链接】

某企业的预算控制体系

表 6-1 所示反映了某企业的预算控制体系。

表 6-1 某企业的预算控制体系

组织层次	控制的内容
公司层次	利润、在行业中的位置、方针、组织结构、销售、采购、财务、研究与发展等
分公司层次	产出、原材料和人工成本、产品质量
运作层次	人工标准、原材料标准、间接变动成本、废品
职能层次	销售：产品、广告、赊销、销售人员、产品组合 采购：质量、成本、库存 财务：先进、应收账款和应付账款、资本支出、资本结构 研究与开发：理论型和应用型、新产品、降低成本、单个项目 人事：选拔和培训、激励、工资和薪水

（三）预算控制的方法

预算控制的方法主要有弹性预算和零基预算两种。

1. 弹性预算

弹性预算是指以预算期内可能发生的多种业务量水平为基础，分别锁定与之相应的费用数额而编制的、能适应多种业务量水平的费用预算。这种预算可以随着业务量的变化而反映各业务量水平下的支出控制数，具有一定的伸缩性。弹性预算的具体编制步骤如下：

（1）选择和确定与预算内容相关的业务量计量标准和范围，如产销量、材料消耗量、直接人工小时、机器工时和价格等。

（2）计算、确定各经济变量之间的数量关系，预测计划期或预算期内可能达到的各种活动业务量。

（3）计算各种业务量的财务预算数额，并以列表、图示或公式等方式来表示。

2. 零基预算

零基预算是指在制定某项职能预算时从零起点开始起预算过程，即每次都是重新由零开始编制预算。零基预算的具体编制步骤如下：

（1）划分和确定基层预算单位。企业里各基层业务单位通常被视为能独立编制预算的基层单位。

（2）编制本单位的费用预算方案。由企业提出总体目标，然后由各基层预算单位根据企业的总目标和自身的责任目标，编制本单位为实现上述目标的费用预算方案，在方案中必须详细说明提出项目的目的、性质、作用，以及需要开支的费用数额。

（3）进行成本—效益分析。基层预算单位确认预算期内需要进行的业务项目及其费用开支后，管理层对每一个项目的所需费用和所得收益进行比较分析，区分层次，挑出先后。进行成本—效益分析的目的在于判断基层预算单位各个项目费用开支的合理程度、先后顺序以及对本单位业务活动的影响。

项目六 控 制

> 基层预算单位的业务项目一般分为3个层次：第一层次是必要项目，即非进行不可的项目；第二层次是需要项目，即有助于提高质量、效益的项目；第三层次是改善工作条件的项目。

（4）审核分配资金。根据预算项目的层次、等级和次序，按照预算期可动用的资金及其来源，依据项目的轻重缓急次序，分配资金，落实预算。

（5）编制并执行预算。资金分配方案确定后，应制定零基预算正式稿，经批准后下达执行。执行中遇有偏离预算的地方要及时纠正，遇有特殊情况要及时修正，遇有预算本身问题要找出原因，总结经验加以提高。

【课堂互动】
> 举例说明零基预算有哪些不足之处。

（四）预算控制的局限性

尽管预算控制的运用非常普遍，但其在实际运用中仍存在以下局限性：

（1）只能帮助企业控制那些可以用货币计量的活动，而不能控制那些不能计量的活动（如企业文化、企业形象等）。

（2）编制预算通常参照上期的预算项目和标准，从而会忽视本期活动的实际需要。

（3）在企业的外部环境发生变化时，编制收入和支出的预算有时会不合时宜。

（4）限制了项目预算和部门预算中的费用支出，使得主管在活动中精打细算，不可超支，因此不能做任何其他想做的事情。

【课堂互动】
> 如果你是主管预算控制的领导者，针对预算控制的上述局限性，你会如何使预算最大限度地发挥其控制作用？

二、非预算控制

除了预算控制方法以外，管理控制工作中还采用了许多不同种类的控制手段和方法，统称为非预算控制。非预算控制主要有以下几种。

（一）视 察

视察是一种传统的、直接的控制方法，其基本作用就在于获得第一手的信息。基层管理者通过视察，可以判断产量、质量的完成情况以及设备运转情况和劳动纪律的执行情况等；中层管理者通过视察，可以了解到生产计划是否按预定进度执行，劳动保护等规章制度是否被严格遵守，以及生产程中存在哪些偏差和隐患等；高层管理者通过视察，可以了解到组织方针、目标和政策是否深入人心，可以发现职能部门的情况报告是否属实及员工的合理化建议是否得到认真对待，还可以从与员工的交谈中了解他们的情绪和士气等。所有这些，都是管理者最需要了解的第一手信息。

（二）报 告

报告是控制对象向控制主体全面、系统地阐述计划的进展情况、存在的问题及其原因、已经采取的措施、收到的效果、预计会出现的问题等情况的一种重要方式。

控制报告必须做到适时、突出重点、简明扼要，并需指出例外情况。通常情况下，负责实施计划的上层领导者对掌握情况的需要，可归纳为以下4个方面。

（1）投入程度。控制主体需要确定他本人的参与程度，以此来确定他应在每项计划上花费多少时间，应介入多深。

（2）进展情况。控制主体需要获得那些应由他向上级或向其他关单位（部门）汇报的有关计划进展的情况。

（3）重点情况。控制主体需要在他获得的材料中挑选那些应由他本人注意和决策的问题。

（4）全面情况。控制主体需要掌握全盘情况，而不能只是了解一些特殊情况。

【管理案例】

通用电气的报告制度

美国通用电气公司建立了一种行之有效的报告制度，规定报告应包括以下8个方面的内容，即客户的鉴定意见以及上次会议以来外部的新情况、进度情况、费用情况、技术工作情况、当前的关键问题、预计的关键问题、组织方面的情况和其他情况。

（三）比率分析法

对于组织经营活动中的各种不同度量之间的比率分析，是一项非常有效的控制技术和方法。企业经营活动分析中常用的比率可以分为两大类，即财务比率和经营比率。前者主要用于说明企业的财务状况；后者主要用于说明企业的经营活动状况。

1. 财务比率

企业的财务状况能综合反映其生产经营情况。管理者通过对财务状况的分析可以迅速、全面地了解企业的资金来源和资金运用情况，并了解企业资金利用的效果以及企业的支付能力和清偿债务的能力。常用的财务比率有资本金利润率、销售利润率、营业收入利税率、成本费用利润率、流动比率、速动比率、应收账款周转率、存货周转率等。

营业收入利税率=（利润总额+销售税金）/营业收入总额×100%

流动比率=流动资产合计数/流动负债合计数×100%

速动比率=速动资产/流动负债×100%，其中，速动资产是指可以迅速转换成为现金或已属于现金形式的资产，其计算方法为流动资产减去变现能力较差且不稳定的存货、预付账款、一年内到期的非流动资产和其他流动资产等之后的余额。

2. 经营比率

经营比率又称活力比率，是与资源利用有关的几种比例关系。他们反映了企业经营效率的高低和各种资源是否得到充分的利用。常用的经营比率有市场占有率、相对市场占有率、投入—产出比率等。

项目六 控制

相对市场占有率是指本企业某产品的市场占有率与同行中最大竞争者的市场占有率之比。

（四）盈亏分析法

盈亏分析法是指根据销售量、成本和利润三者之间的相互依赖关系，对企业的盈亏平衡点和盈利情况的变化进行分析的一种方法。盈亏分析法既是一种决策与计划方法，也是一种很有用的控制方法。

（五）审计控制法

审计控制是指对反映组织资金运动过程及其结果的会计记录和财务报表进行审核与鉴定，以判断其真实性和可靠性，从而为控制和决策提供依据。审计是一种常用的控制方法，主要包括财务审计、业务审计和管理审计3种形式。

1．财务审计

财务审计是指以财务活动为中心内容，以检查并核实账目、凭证、财务、债务和结算关系等客观事物为手段，以判断财务报表中所列出的综合的会计事项是否准确无误，报表本身是否可以依赖为目的的控制方法。此外，管理者通过财务审计还可以判断财务活动是否符合财经政策和法令。财务审计一般包括外部财务审计和内部财务审计。

> **外部财务审计**：是指由非本组织成员的外部专门审计机构（如国家审计部门、公共审计师事务所等）和审计人员对本组织的财务程序和财务经济往来进行有目的的综合检查和审核。
> **内部财务审计**：是指由本组织系统内部的财务人员负责开展的财务审计活动。

2．业务审计

业务审计是对财务审计的进一步发展，其审计的范围包括财务、生产、市场、人事等方面。业务审计可以由本组织聘请外部独立的咨询机构和专家来进行。

3．管理审计

管理审计是业务审计的进一步发展，是对组织的各项职能和战略目标所进行的全面审计，其审计范围包括审计结构、计划方法、预算和资源分配、管理决策、科研与开发、市场、内部控制、管理信息系统等。管理审计的目的是要明确组织的优势和劣势，全面改善组织的管理工作。

【知识链接】

审计工作应遵循的原则

审计是一项原则性很强的工作。为了保证审计的客观、公正和有效，必须坚持以下原则：

（1）政策原则。审计工作必须符合国家的方针政策。

（2）独立原则。审计监督部门应能独立行使职权，不受任何干涉。

（3）客观原则。审计一定要实事求是地进行，客观地做出评价和结论。

（4）公正原则。审计工作必须站在客观的角度上，不偏不倚，公正地进行判断。

> （5）经常性原则。审计工作应经常化、制度化。
> （6）群众性原则。审计工作应依靠群众来开展。

（六）质量控制法

质量控制是指为达到质量要求所采取的质量作业技术和活动的总称。在企业中，质量控制活动主要是企业内部的生产现场管理，是指为达到和保持质量而进行控制的技术措施和管理措施方面的活动。20世纪80年代，随着国际竞争的加剧和顾客期望值的提升，许多企业采用全面质量管理的方法来控制质量，把质量观念渗透到企业的每一项活动中，以实现持续的改进。全面质量管理的基本思想如下：

1. 全过程的质量控制

质量管理不仅涉及生产过程，而且应"始于市场，终于市场"。从产品设计开始，直至产品进入市场，以及售后服务等环节，都应该体现质量管理理念。

2. 全企业的质量控制

产品质量是设计和制作出来的，不是检验出来的，故每项工作都与质量相关。质量管理工作不仅局限于质量管理部门，而且要求企业所属各单位、各部门都要参与质量管理工作，共同对产品质量负责。

3. 全员的质量控制

企业的全体员工都要参与质量管理，企业应积极建设质量文化，通过建立质量管理小组等方式来指导下属开展质量控制活动。

除上述介绍的几种控制方法外，常用的控制方法还有多种，如目标管理、生产控制、人事管理控制等。在具体的控制过程中，企业要根据控制对象的性质特点和控制主体自身的经验和习惯等选择合适的控制方法。

案例分析——格雷格厂长的有效控制方法

从案例中可知，格雷格厂长属于专制型的领导者，在管理过程中习惯于作出单边决策，而不考虑下属的参考意见和让他们参与到决策活动中来。具体来说，格雷格厂长制定的目标无法实现，主要有以下几个原因：

（1）格雷格厂长新官上任，在对工厂的生产、人员配备、薪酬制度、废料运输等情况不其了解的情况下，盲目作出决策，订立目标。

（2）没有与相关部门负责人进行良好的沟通，充分发挥他们的作用，让他们参与到工厂的管理决策中来。

（3）制定的计划过于粗略，没有把计划层层分解到各个部门去执行，因此执行的效果也是微乎其微的。

（4）在管理过程中没有进行跟踪控制，没有要求相关方面负责人对工作进程进行及时的反馈和汇报。

针对以上原因，格雷格厂长可以从以下几个方面调整其管理工作：

（1）积极与下属沟通，了解各个部门的工作职能及其动态工作情况，使制定的计划有据可依。

（2）采用民主型的领导方式，多多听取下属的意见，让他们有机会参与到工厂的管理活动中来，共同讨论、商定切实可行的目标与发展计划。

（3）尽量将各项目标进行细化，使下属面临是具体的、可行的方案。

（4）在决策执行过程中注意及时反馈和控制，在必要时对目标作出适当调整。

对于工厂浪费、职工超时工作和废料运输费用过高的问题，格雷格厂长可以分别采用不同的解决方案：

（1）对于原材料浪费的问题，格雷格厂长可以考虑从购买源头和生产计划两个方面控制。例如，根据往年的销售情况预测今年的销售走势，从而制定出今年计划订购的原材料数量。而生产方面如果有了明确的计划，工人们就不敢再明目张胆地浪费了。

（2）对于职工超时工作的问题，格雷格厂长应该分析职工超时的原因，进而采取相应的决策。如果这是因为技术能力不过关，可以通过加强职工培训、引进先进技术来等手段提高工作效率；如果"磨洋工"的现象比较严重，则可以采取适当的激励措施来使职工提高工作效率，如采取计件工资制度等。

（3）对于废料运输费用过高的问题，格雷格厂长可以考虑这些废料是否还有利用价值。如果这些废料对其他企业来讲还有利用价值，则可以考虑让收购废料的企业上门收购，从而节省自己的运输费用；如果废料确实已经不能再用，则可以计算自己运输与外包给运输公司运输的成本，从而选择成本较低的决策。

总之，格雷格厂长只有确立了合理的目标，在管理过程中及时发现偏差，并采取适当的修正措施，才可以使控制过程更加有效。

综合实训　个人消费控制

【实训目的】

1. 加强学生对所学知识的掌握；
2. 培养学生的自我评定能力和自我控制能力。

【实训要求】

1. 每个学生制定每月的消费标准，并记录每天的消费情况，在每个月末进行统计分析，找出超支的原因，并制定相应的纠偏措施。
2. 一个阶段结束后，学生根据自己的情况与同学交流，分享心得体会。

【实训步骤】

步骤1▶ 制定合理的个人消费标准。个人消费标准应根据个人的收入（包括父母给的生活费、勤工俭学的收入等）和学校所在地的消费水平来确定，切勿不切实际。以每月的消费标准控制在850元为例，具体分配标准为：餐费450元（每天15元，按30天计算）、通信费50元、交通费50元、购买图书等学习费100元、聚会等支出100元、其他支出100元。

步骤2▶ 个人消费记录。将每天的消费按照时间先后记录下来（最好采用表格的形式，以便于统计和分析）。

步骤3▶ 消费统计。月末时对该月的消费记录进行统计，看消费总量有没有超出预定标准。统计时，应注意归类和统计的正确性。

步骤4▶ 消费分析。如果总量没有超出，则说明执行得较好，但是学生仍需权衡每项指标,看是否存在超支的现象;如果总量已经超支,就要深刻分析其中的原因。

步骤 5▶ 制定调整消费的措施。根据消费分析的结果,制定积极有效的措施,并在下月进行及时调整,使自己的月消费额度控制在既定的目标之内。

【实训考核】

实训结束后,由学生个人针对自己的实际情况,根据表 6-2 所示的考核成绩表做出自我分析与评价。

表 6-2 考核成绩表

考核项目	操作要求	分值	得分
标准制定	标准具有合理性和可操作性	20	
消费记录	记录准确、无误、清晰	20	
消费统计	统计准确、科学	10	
消费分析	分析准确、科学,能够找出真实原因	20	
消费调整	根据原因,有针对性地制定消费调整措施	30	

项目小结

本项目主要介绍了控制职能的有关知识,包括控制的基础知识、控制的过程和方法等方面的内容。

1. 控制的基础知识

控制是指按照计划标准来衡量所取得的成果并纠正所发生的偏差,以确保计划目标实现的活动或过程。

控制过程主要由控制主体、控制对象与控制中介 3 个基本要素构成。

控制可以按照不同的标准进行分类。例如,按控制点的位置分,控制可分为前馈控制、现场控制和反馈控制。

组织在控制过程中,必须遵循以下基本原则:① 重点原则;② 及时性原则;③ 灵活性原则;④ 经济性原则;⑤ 可操作性原则。

控制的作用主要体现在以下几个方面:① 控制是保证组织目标和计划顺利实现的重要手段;② 控制是协调组织内部关系,保证工作顺利进行的重要工具;③ 控制是组织发现错误并纠正错误的有效工具。

2. 控制的过程

控制的过程包括确定控制标准、衡量工作成效、纠正偏差 3 个步骤。

管理控制中所用的标准主要有 5 种,即时间标准、成本标准、质量标准、数量标准和无形标准。

组织在制定控制标准时,必须使标准达到以下要求:① 目标性;② 科学性;③ 稳定性;④ 普遍适用性;⑤ 公平性;⑥ 准确性。

一般来说,企业可以使用的建立标准的方法有以下 3 种:① 利用统计的方法制定标准;② 根据评估建立标准;③ 制定工程标准。

衡量工作成效的方法主要有以下几种：① 亲自观察；② 调查研究；③ 统计报表；④ 听取汇报。

组织在纠正偏差时一般采取以下步骤：① 寻找偏差产生的主要原因；② 确定纠偏的方向和对象；③ 选择恰当的纠偏措施。

3. 控制的方法

控制的方法主要包括预算控制和非预算控制两种。

预算控制是指以预算规定的收入和支出标准为基础，来检查、监督和控制组织各个部门的活动，在活动过程中分析预算和实际的差距及产生差距的原因，保证组织以最少的资源达到其既定目标。

一般来说，企业组织的预算内容主要包括经营预算、投资预算和财务预算。

预算控制的方法主要有弹性预算和零基预算两种。

非预算控制主要有视察、报告、比率分析法、盈亏分析法、审计控制法、质量控制法等。

思考与练习

一、名词解释

控制　　前馈控制　　预算控制　　弹性预算

二、填空题

1．控制过程主要由_____、_____与_____3个基本要素构成。
2．按控制点的位置分，控制可分为_____、_____和_____。
3．按控制的手段分，控制可分为_____和_____。
4．组织在控制过程中应遵循的基本原则有_____、_____、_____、_____和_____。
5．衡量工作成效的方法主要有4种，即_____、_____、_____和_____。
6．一般来说，企业组织的预算内容主要包括_____、_____和_____。
7．预算控制的方法主要有_____和_____两种。

三、选择题

1．（　　）主要反映"谁来监督控制过程"的问题。
　　A．控制主体　　B．控制客体　　C．控制对象　　D．控制中介
2．（　　）是一种在工作结束或行为发生之后进行的控制。
　　A．前馈控制　　B．现场控制　　C．反馈控制　　D．事中控制
3．组织通过审计来检查各部门是否按照规定进行活动属于（　　）。
　　A．个人控制　　B．正式组织控制　C．群体控制　　D．自我控制
4．控制的（　　）原则要求以最少的资源投入取得理想的控制效果。
　　A．及时性　　B．灵活性　　C．经济性　　D．可操作性
5．员工的行为准则属于（　　）标准。
　　A．成本　　B．质量　　C．数量　　D．无形

6. 下列有关控制过程的说法中,不正确的一项是( )。
   A. 工程标准是通过对工作情况进行客观的定量分析得到的
   B. 要定期衡量工作成效,使之成为经常性的工作
   C. 纠偏的实施对象只能是组织所进行的活动
   D. 组织在选择纠偏措施时,要充分考虑历史因素的影响
7. ( )是经营预算中最基本和最关键的预算。
   A. 销售预算　　　　　　　　B. 生产预算
   C. 直接人工预算　　　　　　D. 制造费用预算
8. 下列选项中,( )属于经营比率。
   A. 资本金利润率　　　　　　B. 营业收入利税率
   C. 市场占有率　　　　　　　D. 存货周转率

四、简答题

1. 控制的作用有哪些?
2. 制定控制标准的方法有哪些?
3. 简述零基预算的编制步骤。
4. 简述全面质量管理的基本思想。

项目七　激励与沟通

【引　子】

管理的根本目的之一就是要激发员工工作的积极性，充分发挥员工的潜力，提升其工作效率，而激励的意义与目的也正在于此。沟通是使组织活动统一起来的重要手段之一，能有效改善组织内部的工作关系。因此，管理者要想提高管理的有效性，就必须掌握激励与沟通的艺术。

【本章内容提要】

◆ 了解激励的概念、过程、分类和原则；
◆ 掌握各种激励理论，能运用理论分析实际管理问题；
◆ 掌握激励的方法与技巧；
◆ 了解沟通的概念、过程和分类，以及几种常见的沟通网络；
◆ 掌握有效沟通的技巧，并能将其运用到实践之中。

案例导入——黄工为什么会走

助理工程师黄大佑，一个名牌大学高材生，毕业后已工作8年，于4年前应聘到一家大厂工程部负责技术工作，工作诚恳负责，技术能力强，很快就成为厂里有口皆碑的"四大金刚"之一，名字仅排在该厂技术部主管陈工之后。然而，黄大佑的工资却同仓管人员不相上下，一家三口尚住在来时住的那间平房里。对此，他心中时常有些不平。

黄厂长，一个有名的识才的老厂长，"人能尽其才，物能尽其用，货能畅其流"的名言在各种公开场合不知被他引述了多少遍，实际上他也是这样做了。4年前，黄大佑调来报到时，门口用红纸写的"热烈欢迎黄大佑工程师到我厂工作"几个不凡的红色大字，是黄厂长亲自吩咐人事部主任落实的，并且交代要把"助理工程师"中的"助理"二字去掉。这确实使黄大佑当时工作更卖劲。

两年前，厂里有指标申报工程师，黄大佑属于有条件申报之列，但名额却让给一个没有文凭、工作平平的同志。他想问一下厂长，谁知，他还未去找厂长，厂长却先来找他了："黄工，你年轻，机会有的是"。

去年，他想反映一下工资问题，这问题确实重要，来这里的其中一个目的不就是想得高一点工资，提高一下生活待遇吗？但是几次想开口，都没有勇气讲出来。因为厂长不仅在生产会上大夸他的成绩，而且，曾记得，有几次外地人来取经，黄厂长当着客人的面赞扬他："黄工是我们厂的技术骨干，是一个有创新的……"哪怕厂长再忙，路上遇见时，总会拍拍黄工的肩膀说两句，比如"黄工，干得不错"、"黄工，你很有前途"等。这的确让黄大佑兴奋，"黄厂长确实是一个伯乐"。此言不假，前段时间，黄厂长还把一项开发新产品的重任交给他呢，然而……

最近，厂里新建好了一批职工宿舍，听说数量比较多，黄大佑决定要反映一下住房问题，谁知这次黄厂长又先找他，还是像以前一样，笑着拍拍他的肩膀说："黄工，厂里有意培养你入党，我当你的介绍人。"他又不好开口了，结果家没有搬成。

深夜，黄大佑对着一张报纸的招聘栏出神。第二天一早，黄厂长看见办公桌上放着一张小纸条：

黄厂长：

您是一个懂得使用人才的好领导，我十分敬佩您，但我决定走了。

黄大佑于深夜

1. 根据需要层次理论，住房、评职称、提高工资和入党对于黄工来说分别属于什么需要？
2. 根据公平理论，黄工的工资和仓管员不相上下，是否合理？
3. 黄厂长应该如何留住黄工？

任务一　了解激励的基础知识

一、激励的概念

激励是指管理者运用各种管理手段，刺激被管理者的需要，激发其动机，使其朝着组织所期望的目标前进的过程。

我们可以从以下3个方面来理解激励的概念：

（1）激励是一个过程。对员工的行为的激励，实际上就是通过采用能满足员工的需要的诱因条件，引起行为动机，从而推动员工采取相应行动的过程。

（2）激励受内外因素的制约。各种激励手段都应与被激励者的需要、理想、价值观和责任感等内在因素相吻合，才能产生较强的合力，从而激发和强化其工作动机。

（3）激励具有时效性。每一种激励手段的作用都有一定的时间限度，超过时限就会失效。因此，激励需要持续进行，而不能一劳永逸。

【管理故事】

你是最优秀的

1960年，哈佛大学的罗森塔尔博士曾在加州一所学校做过一个著名的实验。

新学年开始时，罗森塔尔博士让校长把3位教师叫进办公室，对他们说："根据你们过去的教学表现，你们是本校最优秀的教师。因此，我们特意挑选了100名全校最聪明的学生组成3个班让你们教。这些学生的智商比其他学生都高，希望你们能让他们取得更好的成绩。"

3位教师都表示一定尽力。校长又叮嘱他们，对待这些学生，要像平常一样，不要让学生或学生家长知道他们是被特意挑选出来的，教师们都答应了。

> 1年之后，这3个班的学生成绩果然排在整个学区的前列。这时，校长告诉了教师们真相：这些学生并不是刻意挑选出的最优秀的学生，只不过是随机抽调的最普通的学生。教师们没想到会是这样，之前他们都认为自己的教学水平确实很高。这时校长又告诉了他们另一个真相，那就是，他们也不是被特意挑选出来的全校最优秀的教师，也不过是随机抽调的普通教师罢了。
>
> **管理启示**：激励是一门学问，它能使普通人变得优秀。只有那些能够运用自己的激励方式激发员工做出最大努力的管理者，才是成功的管理者。

二、激励的过程

心理学研究表明，人的行为具有目的性，而目的源于一定的动机，动机又产生于需要。由需要引发动机，动机支配行为并指向预定目标，是人类行为的一般模式。激励就是在此基础上，通过激发需要使其产生动机，然后诱导动机使其产生行为，最后强化行为使其最终实现组织或个人目标。该过程如图 7-1 所示。

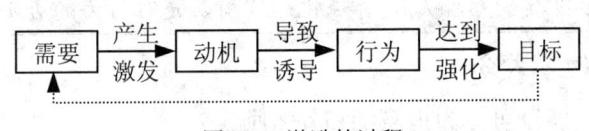

图 7-1 激励的过程

（一）需　要

需要是指人们对某种事物的追求或欲望，是一切行为的最初原动力。在管理过程中运用激励的方法，正是利用需要对行为的原动力作用，通过提供外部诱因，满足员工的需要，进而激发员工的工作积极性。

（二）动　机

动机是在需要的基础上产生的，引起和维持人的行为，并将其导向一定目标的心理机制。需要作为一种潜在的心理状态，并不能直接引起行为。只有当需要指向特定目标，并与某种客观事物建立起具体的心理联系时，才能由潜在状态转为激发状态，成为引发人们采取行动的内在力量。

（三）行　为

行为就是人们在动机下所采取的行动。动机对行为的功能表现在以下 3 个方面：① 始发功能，即推动行为的原动力；② 选择功能，即它决定了个体的行为方向；③ 维持和协调功能，行为目标达成时，相应的动机就会更加强化，使行为持续下去或产生更强烈的行为，趋向更高的目标，相反，则降低行为的积极性，或停止行为。

三、激励的分类

（一）按激励的内容分

按激励的内容分，激励可分为物质激励和精神激励。

- **物质激励**：作用于人的生理方面，着眼于满足人们的物质需要，其具体形式有分发奖金和实物等。
- **精神激励**：作用于人的心理方面，着眼于满足人们的精神需要，其具体形式有授予称号，颁发奖状、奖章，记功，开会表扬，宣传事迹等。

（二）按激励的性质分

按激励的性质分，激励可分为正激励和负激励。

- **正激励**：是指当一个人的行为表现符合社会需要或组织目标时，通过表彰和奖励来保持和巩固这种行为，更加充分地调动成员的积极性。
- **负激励**：是指当一个人的行为表现不符合社会需要或组织目标时，通过批评和惩罚来抑制这种行为并使其不再发生，同时引导组织成员的积极性向正确的方向转移。

> 正激励和负激励都是对人的行为进行强化，所不同的是取向相反。正激励起正强化的作用，是对行为的肯定；负激励起负强化的作用，是对行为的否定。

（三）按激励的方式分

按激励的方式分，激励可分为内激励和外激励。

- **内激励**：是指通过启发诱导的方式，激发人的主动精神，使其工作热情建立在高度自觉的基础上，充分发挥内在的潜力。
- **外激励**：是指运用环境条件来制约人们的动机，以此来强化或削弱有关行为，提高组织成员的工作意愿。

四、激励的原则

管理者在采取激励措施时需坚持以下原则。

（一）物质激励与精神激励相结合的原则

物质需要是人类最基本的需要，也是最低层次的需要，所以，物质激励是一种基本的激励形式。随着生产力水平和人的素质的提高，人们的精神需求增强，激励的形式就应该更加强调精神激励。总之，物质激励是基础，精神激励是根本，管理者应在两者结合的基础上，使以物质激励为主逐步过渡到以精神激励为主。

（二）正激励与负激励相结合的原则

正激励和负激励各自针对不同的行为，而这两种行为在组织中都是常见的，所以，正激励和负激励都是必要而有效的。只有将两者结合运用，才能树立正面的榜样和反面的典型，在组织内部形成一种好的风气。但鉴于负激励容易使员工产生受挫心理，应该慎用。管理者在坚持正激励与负激励相结合的同时，应坚持以正激励为主。

（三）内激励与外激励相结合的原则

人的行为既受到内因的驱动，又受到外因的影响；内因的作用是根本的，外因必须通过内因而起作用。这就要求管理者善于将外激励与内激励相结合，并且以内激励为主；要着眼于激发员工的高层次需要和深层次动机，使其内心深处焕发出工作的热情和动力。

（四）目标结合原则

在激励机制中，设置组织目标时应该注意以下两点：① 目标必须体现组织的整体要求，否则激励就会偏离正确的方向；② 目标必须能够满足员工的个人需要，否则无法达到满意的激励强度。只有将组织目标与个人目标相结合，使组织目标包含较多的个人目标，使个人目标的实现离不开为实现组织目标所做的努力，才能收到良好的激励效果。

（五）按需激励原则

激励的起点是满足员工的需要，但员工的需要存在着个体差异性和动态性，因人而异，因时而异，并且只有满足最迫切需要的措施，其激励强度才能达到最大。因此，管理者在进行激励时，只有进行深入的调查研究，不断了解员工需要和需要结构的变化趋势，然后采取有针对性的激励措施，才能收到实效。

（六）民主公正原则

管理者在进行激励时，如果奖罚不公，不仅收不到预期的效果，而且会适得其反。因此，管理者必须坚持民主公正的原则。公正的一个主要表现就是在物质激励上要贯彻按劳分配原则，使员工多劳多得、少劳少得，这样才能激励员工勤奋劳动，积极竞争；民主是公正的保证，也是激励的基本要求。在制定激励制度和奖惩方案的过程中重视员工的参与和监督，可以有效防止不正之风，最大限度地确保公正。

任务二　掌握激励理论

激励理论主要研究激发人的动机的因素、机制与途径等问题。这里主要介绍几种典型的激励理论。

一、需要层次理论

（一）需要层次理论的主要观点

需要层次理论是由美国心理学家马斯洛于20世纪40年代提出的。该理论认为，人们的需要可以从低到高划分为5个层次，即生理需要、安全需要、社交需要、尊重需要与自我实现需要。前两个层次的需要属于物质需要，后3个层次的需要属于精神需要，5个层次的需要呈金字塔形分布，如图7-2所示。

（1）生理需要。是指人类生存最基本的需要，如衣、食、住、行的需要等。这些需要得不到满足，其他需要都不能起到激励作用。

（2）安全需要。是指保护自己免受身体和情感伤害，以及不受丧失职业、财务等威胁的需要。这种需要在社会生活中的表现是多方面的，包括生命安全、劳动安全、职业有保障、心理安全等。

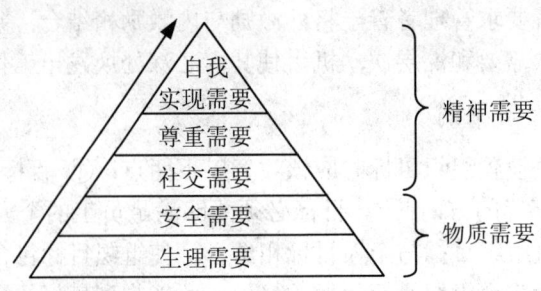

图 7-2 需要层次理论

（3）社交需要。是指人们希望与人交往，与同事和睦相处、关系融洽的需要，包括社交欲和归属感。社交欲说明人需要获得别人的同情、安慰和支持，需要友谊和爱情，孤家寡人、离群独居是痛苦的；归属感说明人渴望有所归属，希望成为某个群体中的一员。

（4）尊重需要。包括内部尊重和外部尊重，其中，内部尊重包括自尊、自主和成就感；外部尊重包括获得地位、认可和关注，或者受人尊重。

（5）自我实现需要。是指个人成长与发展、发挥自身潜能、实现理想的需要。这种需要一般表现在两个方面：一是胜任感方面，有这种需要的人力图控制事物或环境，而不是等待事物被动地发生与发展；二是成就感方面，对有这种需要的人来说，工作的乐趣在于成果和成功，他们需要知道自己工作的结果，成功后的喜悦远比任何薪酬都重要。

该理论表明，不同层次的需要是同时存在的，但人们通常先追求较低层次的需要，然后才会进一步追求较高层次的需要。在同一时期同时存在的需要中，总有一种需要占主导和支配地位，这种需要称为优势需要，人的激励状态取决于优势需要是否得到满足。任何一种满足了的低层次需要并不因为高层次需要的发展而消失，只是不再成为主要的激励因素。

（二）需要层次理论对管理实践的启示

需要层次理论对管理实践的启示主要有以下3点：① 要正确认识被管理者的需要层次，对多层次的需要应科学分析，区别对待，防止片面性；② 努力将管理手段和条件与被管理者的不同层次的需要联系起来，最大限度地满足不同员工的需要；③ 要分析和寻找各人的优势需要，有针对性地进行激励。

【管理案例】

选谁当助手

郝新生经营着一家小型公司。近几年，公司效益逐步上升。郝新生知道，公司取得今天的成就，是员工们努力的结果，其中，张浩与马国富尤为突出。随着公司规模的扩大，郝新生感到，里里外外靠自己一个人，已经应付不过来了，现在迫切需要选择一名助手，当然，张浩和马国富都在其考虑之中。

平心而论，张浩和马国富无论在人品，还是在工作能力上都难分高下，但助手只需要一名，如果两人都做助手肯定是一种浪费。他私下决定，提拔一名当助手，给另一名加薪。但是谁当助手，给谁加薪呢？郝新生还是左右为难。这时，他想起了在某大学教管理学的好朋友陈胜阳教授，于是决定向陈教授请教。

> 陈胜阳教授告诉郝新生，你要对他们作出选择，不妨先了解他们需要什么。这令郝新生茅塞顿开。
>
> 回去后，郝新生立即找二人谈话，结果发现，马国富家并不富裕，他上有双亲，下有一个小女儿，妻子多病且没有工作，生活比较艰苦。所以，就目前来说，钱对马国富来说更为重要。因此，郝新生毫不犹豫地作出了决定。
>
> 由上述案例可知，管理者要采取措施去激励员工时，必须要看他们给员工的是不是员工所迫切需要的。只有当员工所得最能满足自己的需要时，激励的效果才会最佳。

二、双因素理论

（一）双因素理论的主要观点

双因素理论是由美国心理学家赫茨伯格于20世纪50年代后期提出来的。该理论认为，激发人的动机的因素有两类，即保健因素和激励因素。

1. 保健因素

保健因素又称维持因素，是指与工作环境和条件相关的因素，包括公司政策、管理措施、监督、人际关系、物质工作条件、工资、福利等。这些因素不能直接起到激励员工的作用，却带有保持员工的积极性、维持工作现状、预防员工产生不满情绪的作用。当员工得不到这些方面的满足时，会产生不满，从而影响工作；但当员工得到这些方面的满足时，只是消除了不满，却不会调动其工作积极性。

2. 激励因素

激励因素是指那些能调动员工工作积极性、激发其工作热情、能从根本上激励员工的因素，包括工作成就感、工作挑战性、工作中得到的认可与赞美、工作的发展前途、个人成才与晋升的机会等。当员工得不到这些方面的满足时，会缺乏工作积极性，但不会产生明显的不满情绪；而当员工得到这些方面的满足时，会对工作产生浓厚的兴趣，工作积极性也大大提高。

（二）双因素理论对管理实践的启示

双因素理论对管理实践的启示主要有以下3点：① 要善于区分和应用管理实践中存在的两类因素；② 要正确识别和选择激励因素；③ 管理者应通过各种手段来增加员工对工作的兴趣。

三、期望值理论

（一）期望值理论的主要观点

期望值理论是由美国心理学家弗鲁姆于20世纪60年代提出来的。该理论认为，人们对某项工作的积极性的高低，取决于他对这项工作能满足其需要的程度及实现可能性大小的评价。即激励力量的大小，取决于效价与期望值的乘积，用公式表示为：

$$M = V \cdot E$$

式中，M 表示激励力量，是指激励作用的大小；V 表示效价，是指激励的方式对满足个人需要的价值的大小；E 表示期望值，是指采取某种行动实现目标的可能性大小。

从上式中可以看出，激励力量依赖于效价和期望值这两个因素。效价和期望值越高，激励力量就越大。因此，要想收到预期的激励效果，不仅要使激励手段的效价足够高，而且要使激励对象有足够的信心去获得这种满足。需要注意的是，效价的高低不是由管理者决定的，而是由被激励者的需要决定的。管理者的重要任务之一就是要准确地把握员工对需要的价值评价，从而采取合适的激励方式。

（二）期望值理论对管理实践的启示

期望值理论对管理实践的启示主要有以下两点：① 管理者一定要选取员工感兴趣、评价高，即认为效价大的激励方式；② 确定的目标必须是大多数人通过努力能够实现的。

【管理故事】

> **作家的策略**
>
> 有一个作家想找个安静的地方完成他的小说，就在一个小城市里租了一套房子。刚开始几个星期还不错，宁静的环境对写作很有帮助。可是有一天，附近的学校放暑假，3 个十二三岁的男孩跑到他门前的空地上去玩。他们把几只破桶踢来踢去，大声吵闹，让作家无法静下心来。
>
> 作家想，忍忍吧，也许他们明天就不会来了，可第二天他们照样来。作家实在受不了了，就出去跟他们谈判。
>
> "你们玩的真开心"，作家说，"我很喜欢看你们踢桶玩。如果你们每天都来玩，我给你们每人每天两块钱。"几个孩子很高兴，更加起劲地展示他们的脚下功夫。
>
> 过了两天，作家忧愁地说："对不起，我的钱不多了。明天开始我只能给你们每人一块钱了。"孩子们很不高兴，但还是答应了这个条件。每天下午，他们继续为作家表演。
>
> 又过了两天，作家愁眉苦脸地对他们说："孩子们，我最近没收到汇款，所以不好意思，从明天开始只能给你们每人五毛钱。""五毛钱？"孩子们异口同声，其中一个说："我们才不会为了这区区五毛钱，浪费宝贵的时间为你表演呢，不干了。"
>
> 从此以后，作家又能安安静静地写作了。
>
> **管理启示**：作家灵活地运用了期望值理论。作家一开始给孩子们优厚的待遇，使孩子们认为这项活动的效价很高，最后又因为达不到其效价而不做这项选择，结果正中作家下怀。

四、公平理论

（一）公平理论的主要观点

公平理论是由美国心理学家、管理学家亚当斯于 20 世纪 60 年代提出来的。该理论侧重于研究工资报酬分配的合理性、公平性及其对员工工作积极性的影响。

公平理论的基本观点是，当一个人做出了成绩并取得报酬以后，他不仅关心自己所得报酬的绝对量，而且关心自己所得报酬的相对量。每个人都会把自己的报酬与投入之比，同他人的报酬与投入之比或本人过去的报酬与投入之比进行横向和纵向的比较,以此来判断报酬的分配是否公平,从而决定下一步的行动。

当一个人通过比较,发现自己所获的报酬与投入之比等于或大于他人的报酬与投入之比或本人过去的报酬与投入之比时,他就会获得公平的感受,否则,就会有不公平的感受。当员工获得公平的感受时,就会心情舒畅,工作努力;当有不公平的感受时,就会出现心理上的紧张与不安,并设法去消除这种不公。

一般来说,当员工感到不公平时,有可能采取以下措施来求得平衡:① 曲解自己或他人的付出或所得;② 采取某种行为使他人的付出或所得发生改变;③ 采取某种行为改变自己的付出或所得;④ 选择另外一个参照对象进行比较;⑤ 辞去工作。总之,当员工感到不公平时,工作的积极性往往会下降。

(二)公平理论对管理实践的启示

公平理论对管理实践的启示主要有以下 3 点:① 在管理中要重视相对报酬问题,始终将提高相对报酬作为有效的激励手段来加以运用;② 要尽可能实现相对报酬的公平性;③ 当出现不公平现象时,要做好工作,积极引导,防止发生负面作用。

【管理案例】

> #### 赵女士的愤怒
>
> 赵女士是东南大学会计学学士,在接受了许多公司的面试后,她选择某著名会计公司的一个职位,被分配到南京办事处。在名声显赫的大公司中有一份挑战性的工作和获得经验的良好机会,并有 1 800 元月薪,这一切都让赵女士感到非常满意。
>
> 1 年之后,工作仍然像她希望的那样让人满意,而且她刚刚得到了 400 元的加薪,这使她更加努力地工作。但是赵女士最近几周的工作积极性急速下降,原因是办事处刚刚雇用了一个南京审计学院的毕业生,和赵女士相比,此人缺少实践经验,但工资却是每月 2 300 元,比赵女士现在还多 100 元。除了愤怒,用其他任何语言都无法描述她现在的心情,她甚至不想干了,威胁要另找一份工作。
>
> 赵女士愤怒的主要原因就是获得了公司分配工资不公平的信息。如果公司能够公平对待每个员工,赵女士一定会像以前一样干劲十足。

五、强化理论

(一)强化理论的主要观点

强化理论是由美国心理学家和行为学家斯金纳提出的。这里的强化是指一种行为的肯定或否定的后果,它在一定程度上决定该行为是否会重复发生。

强化理论认为,人的行为会根据外部环境的刺激而产生调节。如果这种刺激对他有利,则这种行为就会重复出现;若对他不利,则这种行为就会减弱直至消失。因此,管理者可以通过不断改变环境的刺激因素来达到改变员工行为的目的。通常情况下,强化的手段有以下 3 种。

1. 正强化

正强化是指奖励那些符合组织目标或为达到组织目标作出贡献的行为，以便使这些行为得到进一步加强。正强化的刺激物不仅包括奖金等物质奖励，还包括表扬、提升、改善工作关系等精神奖励。例如，企业用分发奖金的形式表示对员工努力进行安全生产的行为的肯定，从而增强员工进一步按照安全规程进行安全生产的行为。

2. 负强化

负强化是指惩罚那些不符合组织目标的行为，以使这些行为削弱直至消失，从而保证组织目标的实现不受干扰。负强化的刺激物有减少奖酬、罚款、批评、降级等。例如，企业通报批评不遵守安全规程的工人，从而使工人认真按照操作规程进行安全作业。实际上，不进行正强化也是一种负强化。

3. 消　退

消退是指对行为不施以任何刺激，任其发生频率逐渐降低，以至自然消退。实践证明，某种行为长期得不到肯定或否定的反映，行为者就会轻视该行为的意义，以致丧失继续行为的兴趣。例如，企业曾对员工加班加点完成生产任务给予奖励，后经研究认为这样不利于员工的身体健康和企业的长远发展，因此不再发给奖酬，从而使加班加点的员工逐渐减少。

（二）强化理论对管理实践的启示

强化理论对管理实践的启示主要有以下 3 点：① 要及时对员工的行为进行强化；② 要坚持奖惩结合的原则，对正确的行为，给予适当的奖励，对不良的行为则要给予处罚，奖惩结合优于只奖不罚或只罚不奖；③ 要坚持以奖为主、以罚为辅的原则，防止过多的惩罚所带来的消极影响。

【课堂互动】

举例说明企业可以采取哪些奖惩措施。

任务三　掌握激励的方法与技巧

一、激励的方法

激励方法得当，会事半功倍，最大限度地激发员工的工作积极性，给组织带来利益。组织内部采用的有效激励方法主要有以下几种。

（一）目标激励

目标激励是指给员工确定一定的目标，以目标为诱因驱使员工去努力工作，以实现自己的目标。企业采用目标激励的方法时需注意以下两点：

（1）任何企业的发展都需要有自己的经营目标，因此，目标激励必须以企业的经营目标为基础。

（2）任何个人在自己需要的驱使下都会有个人目标，因此，目标激励要把企业的经营目标与员工的个人目标结合起来。

（二）参与激励

参与激励是指让员工参与企业管理，使员工产生主人翁的责任感，从而激励员工发挥自己的积极性。所以，参与激励就是要让员工经常参与企业重大问题的决策，让员工多提合理化的建议，并对企业的各项活动进行监督和管理。这样，员工就会亲身感受到自己是企业的主人，将企业的前途和命运与自己联系起来，而个人只有依附或归属于企业才能发展自我，从而激励员工全身心投入到企业的事业中来。

（三）领导者激励

领导者激励是指领导者以其品行对员工进行激励。领导者在一定程度上是员工的表率和指示器。如果领导者清正廉洁、严于律己、虚怀若谷、不计前嫌，这样的领导者本身对员工就是莫大的鼓舞，能激发员工的士气。如果领导者还具有强大的业务能力，能给企业带来较高的经济效益，有助于员工的需要满足和价值实现，那么，会对员工产生巨大的激励作用。

（四）关心激励

关心激励是指领导者通过关心员工而对员工产生的激励作用。如果领导者时时关心员工疾苦，了解员工的具体困难，并帮助其解决，就会使员工产生很强的归属感，获得很好的激励效果。现在，很多企业领导人给员工赠送生日礼品、举行生日派对，解决员工住房困难、员工小孩入托难等问题，都属于关心激励的范畴。

【管理故事】

斯通的关怀

一天，在美国旧金山一家医院的一间隔离病房外，一位老人正在与护士死磨硬缠地要探望一名因痢疾而住院治疗的女士。但是，护士却严守医院的规章制度，毫不退让。

这位老者就是通用电气公司总裁，一位曾被公认为世界电气业权威杂志——美国《电信》月刊选为"世界最佳经营家"的世界企业巨子斯通先生。斯通要探望的女士，并非他的家人，而是加利福利亚州销售员哈桑的妻子。

哈桑知道这件事后感激不已，每天工作 16 小时，为的是以此报答斯通的关怀，加州的销售业绩一度在全美各地区评比中名列前茅。

管理启示： 领导对员工的关心，是有效的激励形式。它能使员工获得强烈的归属感，因此，可以产生极大的激励作用。

（五）尊重与信任激励

尊重与信任激励是指管理者利用各种机会信任、鼓励、支持员工，努力满足员工受尊重的需要。管理者在采取这种激励方法时，要注意以下几点：

（1）要尊重员工的人格，真正从心里重视和尊重下级。
（2）要充分信任员工，为他们创造工作和创新的条件和机会，尽力满足下级的成就感。
（3）在管理中要充分授权，支持下级自我管理、自我控制。
（4）要能够包容员工的缺点与错误，并诚心地帮助他们改正与提高。

【管理故事】

信任的力量

前苏联一位著名的教育家曾为了帮助一个失足（盗窃）少年，苦心做了大量的教育说服工作，却成效甚微。一次，他大胆地将一张较大额度的支票交给这位少年，请他帮助到银行取钱。这种大胆的充分信任，令这位少年深受感动。他到银行取出钱后，主动返回教养院，把钱如数交给这位教育家。从此，这位少年发生了根本性的转变，走上健康成长的道路。

管理启示： 信任是一剂良药。管理者给予员工更多的信任，会让员工更加积极地工作，从而收到良好的效果。

（六）奖励激励

奖励激励是指企业以奖励作为诱因，驱使员工采取最有效、最合理的行为。奖励激励通常是从正面进行引导的。企业首先根据经营的需要规定员工的行为，如果符合一定的行为规范，员工可以获得一定的奖励。员工追求奖励的欲望，促使他们的行为必须符合行为规范，同时给企业带来利益。

（七）惩罚激励

惩罚激励是指企业利用惩罚措施，诱导员工采取符合企业需要的行为。在惩罚激励中，企业要制定一系列的员工行为规范，并规定逾越这一规范所要受到的惩罚。员工避免惩罚的需求和愿望促使其行为符合特定的规范。同时，通过对犯规员工的惩罚，也可以激励未犯规的员工自觉、积极地去遵守规范。

二、激励的技巧

要达到最终的激励效果，除了要选择有效的激励方法外，还需要采用相应的技巧。一般来说，激励技巧主要有以下4种。

（一）先教育后激励

在做某件事之前，要先打好基础，以争取他人的同意，往往会事半功倍。在施以激励之前，也必须先对员工进行启发、教育，使他们明白要求和规则，这样在采用激励方法时，他们才不至于感到突然，对于处罚也不会感到冤枉。所以，最好的管理方法是启发，而不是惩罚。

（二）公平激励

"人不患寡而患不均"，因此，要保证激励制度的顺利进行，一定要做到不唯亲、不唯上、不唯己，公平对待。在激励过程中，无论是奖励还是惩罚，都要做到公平、公正，这样才能使员工感到心里平衡，心情舒畅，从而极大地调动员工的积极性。

（三）适时激励

适时激励就是要注意激励的时效性。当发现员工有突出表现或巨大进步时，就应当当机立断地予以肯定，这样往往会带来员工后续行为的强化与超越。

(四)适度激励

激励标准必须有度,保持了这个度,就能使员工乐此不疲地努力工作。反之,如果激励标准太容易达到被奖励或被惩罚的界限,这套激励标准就会使员工失去兴趣,从而达不到激励的目的。

任务四 了解沟通的基础知识

一、沟通的概念

沟通是指为了达到一定的目的,将信息、思想、情感等在个人或群体之间进行传递与交流的过程。

沟通是一种信息的传递,是一种思想的传播,是价值观的碰撞,其目的就在于通过与他人交流来影响他人的观点、感受和价值观。

【管理故事】

> **教授的尴尬**
>
> 哈佛商学院的一位教授应邀赴非洲给土著人讲课。为了表示对土著人的尊敬,他西装革履、一本正经。可教授一上讲台便直冒冷汗,是天太热吗?不是。原来土著人以最高礼仪在听课——不论男女全部都一丝不挂,只带着项圈,私处也都只遮挡着树叶。
>
> 第二天,为了入乡随俗,教授只好一丝不挂地走上讲台,只带个项圈,私处也用树叶遮挡。可这一天也让他直冒冷汗,原来土著人为了照顾教授的感情,吸取了第一天的教训,全部都西装革履、一本正经,只有教授一人光着身子站在台上。
>
> 只到第三天,双方才做了很好的沟通,台上台下全穿西装,教授在台上才没再冒汗。
>
> **管理启示:** 沟通无处不在。因为没有很好地沟通,双方才产生了尴尬。

二、沟通的过程

沟通过程实际上是一个人把信息通过沟通渠道传递给另一个人的过程。因此,信息沟通必须具备 3 个基本要素,即发送者、接收者和信息。信息沟通的过程如图 7-3 所示。

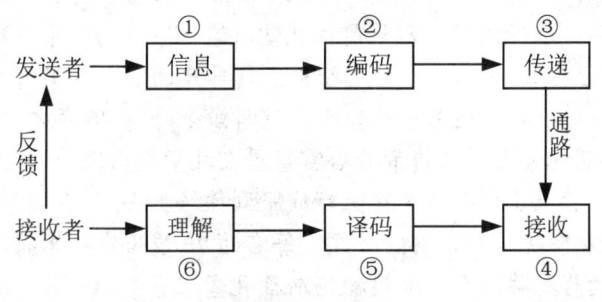

图 7-3 沟通的过程

由图 7-3 所示可知,沟通的过程可分为以下 6 个步骤:

（1）发送者获得某种观点、想法或事实，并且有发送出去的意向。这一环节很重要，必须谨慎行事，一个不正确的观点或未经证实的事情若被轻率地传送出去，可能会产生严重的后果。

（2）发送者将这些信息编译成便于理解的符号（如语言、文字、图表或手势等），力求表达准确、完整，避免信息失真。

（3）发送者选择合适的信息通路（如书信、文件、电话、演讲等），将上述符号传递给接收者。

（4）接收者由信息通路接收这些符号。

（5）接收者将所接收的符号译为具有特定含义的信息。

（6）接收者对信息做出自己的理解，并据此采取相应的行动。接收者的理解取决于其知识、技能、态度，必要时接收者可做出信息反馈，表述自己的理解和意见。

三、沟通的分类

（一）按沟通的方式分

按沟通的方式分，沟通可分为口头沟通、书面沟通和非语言沟通。

1. 口头沟通

口头沟通是指采用口头语言进行信息传递的沟通，如交谈、会议、演说、电话等。口头沟通的优点是快速传递和快速反馈。在这种方式下，信息可以在最短的时间里被传送，并在最短的时间里得到对方的回复。如果接收者对信息有所疑问，迅速反馈可使发送者及时检查其中不够明确的地方并进行改正。但是，当信息经过多人传递时，口头沟通的主要缺点便会暴露出来。信息传递经过的人越多，信息失真的潜在可能性就越大。

【管理故事】

看哈雷彗星

据说，美军1910年的一次部队命令是这样传递的：

营长对值班军官："明晚大约8点钟左右，我们可能在这个地区看到哈雷彗星。这种彗星每隔76年才能看见一次。命令所有士兵穿着野战服在操场上集合，我将向他们解释这一罕见的天文现象，如果下雨的话，就在礼堂集合，我为他们放一部有关彗星的影片。"

值班军官对连长："根据营长的命令，明晚8点哈雷彗星将在操场上空出现，如果下雨的话，就让士兵穿着野战服，列队前往礼堂，这一罕见的现象将在那里出现。"

连长对排长："根据营长的命令，明晚8点，非凡的哈雷彗星将身穿野战服在礼堂中出现。如果下雨，营长将下达另一个命令，这种命令每隔76年才会出现一次。"

排长对班长："明晚8点营长将带着哈雷彗星在礼堂中出现，这是每隔76年才有的事。如果下雨的话，营长将命令彗星穿上野战服到操场上去。"

班长对士兵："在明晚8点下雨的时候，著名的76岁哈雷将军将在营长的陪同下，身穿野战服开着他的彗星牌汽车，经过操场前往礼堂。"

管理启示： 信息传递的层次过多，就可能出现信息失真的情况，这则故事生动地说明了口头沟通的缺点。

2. 书面沟通

书面沟通是指采用书面文字的形式进行沟通，如通过备忘录、报告、信函、文件、通知、电子邮件等进行沟通。书面沟通比较正式，传达的信息准确性高，信息权威性强，而且可以长期保存，接收者可以反复阅读。此外，书面语言比口头语言考虑得更加全面，因此书面沟通显得更为周密、逻辑性强、条理清楚。但书面沟通也存在以下不足：① 沟通时间比较长，缺乏亲近感；② 沟通双方的应变性较差，难以得到及时反馈。

> 口头沟通与书面沟通相比较，口头与书面混合方式的沟通效果最好，口头沟通方式次之，书面沟通方式效果最差。

3. 非语言沟通

非语言沟通是指不通过口头或语言文字发送信息的沟通方式。非语言沟通主要通过身体动作、说话的语音语调、面部表情，以及发送者和接收者之间的身体距离等来传递信息。身体语言是对语言沟通的补充，并常常使语言沟通复杂化。某种身体姿态或动作本身并不具有明确固定的含义，但当它和语言结合起来时，就使得发送者的信息更为全面了。

值得注意的是，任何口头沟通的过程中都包含有非语言信息。研究者曾发现，在口头交流中，信息的 55%来自于面部表情和身体姿态，38%来自于语调，而仅有 7%来自于真正的词汇。

【课堂互动】

> 请分别说明以下身体语言所表示的含义：
> ① 摆手；② 双手外摊；③ 双臂外展；④ 搓手；⑤ 拍头；⑥ 耸肩；⑦ 双手举过头顶；⑧ 双手往上伸直；⑨ 一手托着下巴；⑩ 颔首，双手放在胸前。

（二）按沟通的渠道分

按沟通的渠道分，沟通可分为正式沟通和非正式沟通。

1. 正式沟通

正式沟通是指通过组织正式结构或层级系统，由组织内部明确的规章制度所规定的渠道进行的信息传递与交流。例如，组织之间的信函往来，组织内部的文件传达，上下级之间的定期信息交换，以及组织正式颁布法令、规章、公告等都属于正式沟通。正式沟通包括上行沟通、下行沟通、横向沟通和斜向沟通，如图7-4所示。

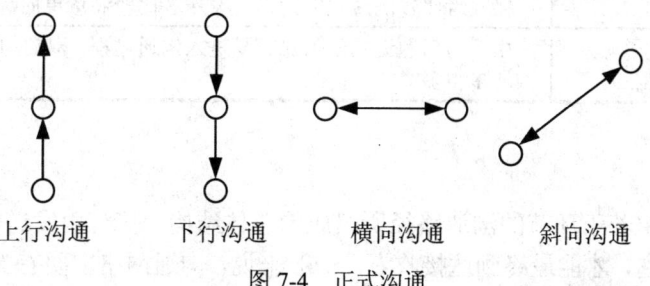

图7-4 正式沟通

- **上行沟通**：这是一种自下而上的沟通，是指信息从组织内部较低层次开始，按照组织的上下隶属关系和等级序列，向较高的组织层次传递的沟通过程。
- **下行沟通**：这是一种自上而下的沟通，是指信息从组织内部较高层次开始，按照组织的上下隶属关系和等级序列，向较低的组织层次传递的沟通过程。
- **横向沟通**：是指发生在组织内部同级层次成员之间的信息沟通，以谋求相互之间的了解和工作上的协作配合。
- **斜向沟通**：是指发生在组织内部既不属于同一隶属序列，又不属于同一等级之间的信息沟通。

2. 非正式沟通

非正式沟通是指通过正式组织途径以外的信息流通程序进行的信息传递与交流。非正式沟通具有传递速度快等优点，但同时又难以控制，而且传递的信息不确切、容易失真，可能导致"小团体"的产生，从而影响组织的凝聚力。

（三）按沟通信息是否反馈分

按沟通信息是否反馈分，沟通可分为单向沟通和双向沟通。

1. 单向沟通

单向沟通是指一方发出信息，另一方只接收信息，不反馈意见。单向沟通一般适用于以下情况：① 沟通的信息内容简单，并要求迅速传递；② 下属易于接受和理解解决问题的方案；③ 下属没有了解问题的足够信息，反馈不仅无助于澄清事实，反而容易导致沟通障碍；④ 情况紧急而又必须坚决执行的工作和任务。

2. 双向沟通

双向沟通是指接收者接到信息后，再把自己的意见反馈给发送者。双向沟通一般适用于以下情况：① 沟通时间充裕，沟通的内容复杂；② 下属对解决方案的接受程度非常重要；③ 上级希望下属能对管理中的问题提供有价值的信息和建议。

单向沟通和双向沟通的比较如表 7-1 所示。

表 7-1 单向沟通和双向沟通的比较

因 素	结 果
时间	双向沟通比单向沟通需要更多的时间
对信息理解的准确程度	在双向沟通中，接收者理解信息和发送者意图的准确程度更高
接收者和发送者的置信程度	在双向沟通中，接收者和发送者都比较相信自己对信息的理解
满意度	接收者比较满意双向沟通，发送者比较满意单向沟通
沟通障碍	由于与问题无关的信息较易进入沟通过程，双向沟通的障碍要比单向沟通多得多

四、沟通网络

沟通网络是指由若干环节的沟通路径所组成的总体结构。信息由发送者发出后，往往要经过多个环节的传递，才能最终到达接收者。一般来说，沟通网络主要有 5 种形式，即链型、Y 型、轮型、环型和全通道型，如图 7-5 所示。

（一）链　型

链型沟通网络是指信息单线传递、顺序传递的链条状的沟通网络形式，其中，居于两端的成员只能与内侧的一个成员联系，居中的成员则可以分别与上下两人联系。在这种单线串联连接的沟通网络中，成员之间的联系面很窄，平均满意度较低。信息经过层层传递、筛选，容易失真。中间环节越多，信息沟通的速度就越慢，信息被过滤的可能性就越大。因此，领导者与下级之间难以有真实意图的沟通。

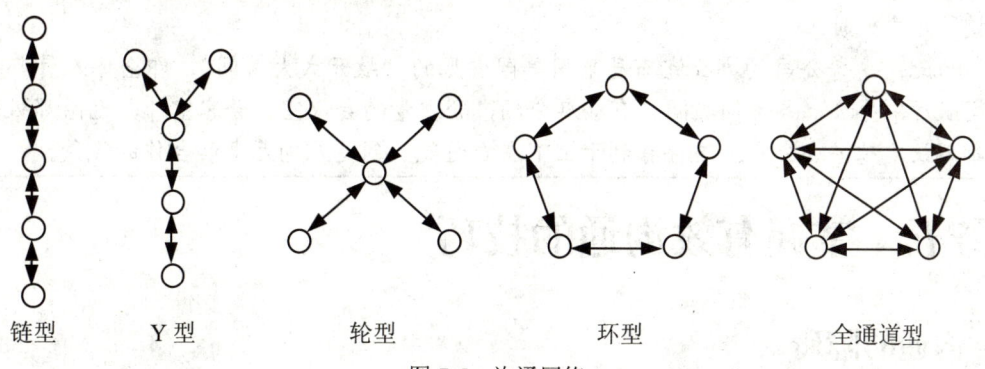

　链型　　　Y型　　　轮型　　　　环型　　　　全通道型

图 7-5　沟通网络

（二）Y　型

Y型沟通网络中有一个成员位于网络的中心，成为沟通的媒介。这种网络是在链型网络的基础上发展起来的，表示在不同层次的逐级沟通中，两位领导者通过一个人或一个部门进行沟通。其效率特征和链型沟通网络基本相同，只是Y型网络容易产生多头领导的局面，使同时面对两个上级的下级在行动中已陷入左右为难的困境。在现实应用中，经常出现倒Y型的沟通网络，即一位领导者通过一个人或一个部门进行沟通，最后将信息传递给两个部门。与Y型网络相同，作为"瓶颈"的这个人或部门一定要非常善于沟通。

（三）轮　型

这种网络中的信息是经由中心人物向周围多线传递的。在这种网络中，只有中心人物是各种信息的汇集点和传递点，其他成员之间没有相互的交流关系，所有信息都要通过中心人物进行交流。因此，信息沟通的准确度很高，解决问题的速度快，中心人物的控制力强，但其他成员的满意度较低，中心人物也可能面临信息超载的负担。

（四）环　型

环型网络可以看做将链型网络的两端沟通环节相连接而形成的一种封闭式网络，它表示组织所有成员之间都不分彼此地依次联络和传递信息。环型网络中的每个人都可同时与两侧的人沟通信息，因此大家地位平等。这种组织的集中化程度比较低，组织成员具有较高的满意度。但由于沟通的渠道窄、环节多，信息沟通的速度和准确性都难以保证。

（五）全通道型

这是一种全方位的开放式的沟通网络，所有成员之间都能进行相互不受限制的信息沟通与联系。采取这种沟通网络的组织，集中化程度低，成员地位差异小，有利于提高成员士气和培养合作精神。同时，这种网络具有宽阔的信息沟通渠道，成员可以直接、自由而充分地发表意见，有利于提高沟通的准确性。但由于这种网络沟通的渠道太多，容易造成混乱，沟通过程非常费时，从而影响沟通的效率。

【管理案例】

> **惠普的敞开式办公室**
>
> 美国惠普公司创造了一种独特的"周游式管理办法"，鼓励部门负责人深入基层，直接接触广大员工。
>
> 为此，惠普公司的办公室布局采用美国少见的"敞开式大房间"，即全体人员都在一间敞厅中办公，各部门之间只有矮屏分隔，除少量的会议室、会客室外，无论哪级领导都不设单独的办公室。这样有利于上下左右通气，创造无拘无束和合作的气氛。

任务五 掌握有效沟通的技巧

一、沟通的障碍

人们在沟通信息的过程中，常常会受到各种因素的影响和干扰，使沟通受到阻碍。具体来说，沟通的障碍主要来自以下几个方面。

（一）语言文字障碍

发送者表达能力欠佳、用词不当、文字不通、层次不清、逻辑混乱，乃至标点符号错误等，都会使接收者产生理解困难、理解错误，甚至无法理解的情况。因此，有效的沟通要求双方都要有良好的语言表达能力。如果发送者不能清晰地发出自己所要表达的信息，接收者不能准确地把自己所接收的信息反映出来，沟通就无法有效地进行。

（二）沟通方式选择不当

沟通方式有多种，不通的方式有不同的优缺点。如果不能根据组织目标和特点选择合适的沟通方式，将会导致组织的沟通效率下降。现代组织的规模越来越大，中间层次不可避免地增加，在这种情况下，如果仍采用口头表达的方式，沟通速度必定会很慢，沟通效果也不会很好。

（三）知识背景差异

沟通是在信息发送者与接收者之间进行的，这就涉及个体差异问题。每个人的生活环境、教育程度、工作经历等都不尽相同，一些在发送者认为很简单的、不需多加说明的信息，在接收者看来却是很复杂、需要加以解释才能理解的信息。这种障碍在下行沟通中比较常见，沟通者的层次间距越大，沟通障碍发生的可能性就越大。

（四）心理障碍

人际沟通与机器之间的沟通不同，因为双方都是有思想、有感情、有心理活动的个体，如果他们的心理活动产生了一定的障碍，必然会影响沟通的效果。同时，每个人在组织中的地位不同，也容易造成心理上的差异，形成心理隔阂，从而不愿或不能进行有效的沟通。例如，在上级与下属的谈话中，如果上级平时比较严厉，而下属又比较内向，可能会出现下属虽然在认真听上级说话，但由于心里紧张，导致信息接收率大打折扣的现象。

（五）信息过滤

信息过滤是指信息发送者故意篡改或歪曲事实，使接收者收不到真实、全面的信息。例如，下级在向上级汇报工作时，因害怕承担责任，往往专拣对自己有利的或领导爱听的话说，这就是过滤信息。信息过滤的程度与组织层级多少和组织文化有很大关系。组织层级越多，信息被过滤的可能性就越大；如果组织中的形式主义或浮夸风现象很严重，则下级在向上级汇报工作时，就越有可能故意抹掉真实的信息。

【管理故事】

> **秀才买柴**
>
> 有一个秀才去买柴，他对卖柴的人说："荷薪者过来！"卖柴的人听不懂"荷薪者"（担柴的人）3个字的意思，但是听得懂"过来"两个字，于是把柴担到秀才前面。
>
> 秀才问他："其价如何？"卖柴的人不太懂这句话，但是能听懂"价"这个字，于是就告诉秀才价钱。
>
> 秀才接着说："外实而内虚，烟多而焰少，请损之。（你的木柴外表是干的，里面却是湿的，燃烧起来，会浓烟多而焰火少，请减些价钱吧。）"卖柴的人因为听不懂秀才的话，于是担着柴就走了。
>
> **管理启示**：与人沟通时，最好使用简单的语言、易懂的言辞来传达信息，而且要考虑说话的对象和时间，不然就会出现沟通不畅的现象。

二、有效沟通的技巧

有效沟通是一项非常困难和复杂的行为，因此，无论信息发送者还是信息接收者，都需要通过一些技巧来实现有效沟通。

（一）信息发送者的沟通技巧

信息发送者要想具备高超的传递信息的技能，就必须掌握以下沟通技巧。

1. 发出清晰和完整的信息

当信息接收者容易理解和领会信息的含义时，信息是清晰的；当它包含了发送者和接收者达成共识所需的全部信息时，信息是完整的。为了使信息既清晰又完整，发送者就必须考虑接收者如何理解信息，如何对信息进行校正以消除误会和混淆。

2. 将信息编译成接收者易于理解的传输符号

发送者发出的信息是否能被接收者所理解，很大程度上取决于发送者所用的语言是否通俗易懂。因此，发送者在进行信息编码时，必须使用接收者能够理解的符号或语言。鉴于接收者的能力各不相同，发送者使用的语言也应因人而异。

3. 选择适当的沟通方式

沟通双方要根据时间限制、所需记录形式等条件选择合适的沟通方式。此外，信息的性质对选择沟通方式也有一定影响。例如，如果信息是私人性的，而且容易引起误解，则面对面的沟通可能是最好的。

4. 避免信息被过滤和曲解

当信息发送者错误地认为接收者不需要或不想接收该信息时，就会保留部分信息，从而导致信息过滤。信息在经过层层过滤之后，意思会发生改变，这时信息曲解就发生了。此时，发送者应当向接收者发送尽量完整、准确的信息，以利于接收者做出正确的反馈。

5. 有效利用反馈

反馈对于有效沟通来说是很必要的。当发送者发出信息时，应该在信息中建立一个反馈机制，既可以提出反馈的要求，也可以向接收者表明自己希望何时或通过何种方式知道信息已被收到或理解。例如，发送者通过写信、便条或发传真进行沟通时，可以要求接收者通过信件、便条、传真或电话的方式回复。

6. 掌握说的技巧

信息发送者在使用语言沟通时，应注意以下几点：

（1）换位思考。既要表达自己的思想，又要从对方的角度出发，顾及对方的需求，保护对方的自我意识。

（2）从积极的角度入手，避免使用消极、否定的语气和字眼。

（3）使用礼貌友善的语言。要真诚地赞美对方，处处表示对其尊重，做到专业而不僵硬、友善而不虚伪、自信而不骄傲。

（4）回避忌讳的话题。保守别人的秘密，不揭别人的隐私和伤疤，特别要注意国家、民族、宗教等方面的禁忌。

（5）善用肢体语言，如眼神、表情、手势、动作等。

（6）运用幽默。幽默的语言可消除隔阂、排除尴尬、活跃气氛、拉近心理距离。

【管理故事】

为"妻子"开门

英国著名的维多利亚女王与其丈夫相亲相爱，感情和谐。但是维多利亚女王乃是一国之王，整天忙于公务，出入社交场合，而她的丈夫阿尔伯特却和她相反，对政治不太关心，对社交活动也没有多大的兴趣，因此两人有时也闹些别扭。

有一天，维多利亚女王去参加社交活动，而阿尔伯特却没有去。夜深了，女王才回到寝宫，只见房门紧闭着。女王走上前去敲门。

房内，阿尔伯特问："谁？"

女王回答："我是女王。"

门没有开，女王再次敲门。

阿尔伯特问："谁啊？"

女王回答："维多利亚。"

门还是没有开。女王徘徊了半晌，又上前敲门。

阿尔伯特仍然是问："谁啊？"

女王温柔地回答："你的妻子。"

这时，门开了，丈夫阿尔伯特伸出热情的双手把女王拉了进去。

管理启示：掌握说的技巧，设身处地地为别人着想，是沟通的关键。

（二）信息接收者的沟通技巧

信息接收者要想具备高超的接收信息的技能，可以从以下几个方面进行考虑。

1. 集中注意力

信息接收者在接收信息时，无论多忙，都要集中注意力。例如，当和别人讨论方案时，应该将注意力放在方案上，而不是马上要举行的会议上；同样，当接收者阅读书面材料时，应该集中注意力理解所读的东西，而不是分散精力考虑其他的事情。

2. 积极倾听

信息接收者要想成为好的倾听者，需要注意以下几点：

（1）不要随便打断别人的讲话，这样讲者才不会被打段思路，而接收者也不会因为接收的信息不完整而得出错误结论。

（2）要与讲话者保持目光接触，并适时地运用身体语言使讲话者知道他在认真听，这样也有助于接收者关注于所听的事情。

（3）在接收信息以后，要针对模糊不清或混淆的地方提出疑问。

（4）要善于用自己的语言解释、重复信息内容，指出讲话者认为重要的、复杂的或者可以换一种解释的地方，这些反馈要素对有效的沟通是很重要的。

3. 移　情

移情沟通是以理解为目的的沟通，要求听者站在说话者的角度思考问题，理解他们的思维模式和感受。在沟通过程中，移情有助于信息接收者在情感和理智上充分而深入地理解对方，透过别人的大脑与内心来获悉真相，从而进行深入的沟通。

【管理故事】

林克莱特与小孩

一天，美国知名主持人林克莱特访问一名小孩，问他说："你长大后想要干什么呀？"

小孩天真地回答："我要当飞机驾驶员！"

林克莱特接着问："如果有一天，你的飞机飞到太平洋上空，恰好所有的引擎都熄灭了，你会怎么办？"

小孩想了一想说："我会先告诉坐在飞机上的人都系好安全带，然后我背上我的降落伞跳出去。"

当在场的观众笑得东倒西歪时，林克莱特继续注视着孩子，想看他是不是个自作聪明的家伙。没想到，这孩子的两行热泪夺眶而出，这才使得林克莱特发觉，这孩子的悲悯之情远非笔墨所能形容。于是林克莱特问他说："你为什么要这么做？"

小孩的答案透露出一个孩子真挚的想法："我要去拿燃料，我还要再回来！"

管理启示：在和别人沟通时，一定要学会积极倾听。因为只有等到对方将意思表达完整后，才能获得准确的信息。

案例分析——为何伯乐难留良马

本例中的黄厂长识才、爱才，却不懂得惜才。准确地说，黄厂长作为管理者，却不懂得物质激励永远是管理的基本手段之一。他忽视员工的基本物质需求，口惠而实不至，实际上是奖懒罚勤，挫伤了员工的积极性，逼得黄工只能另谋高就。

根据需要层次理论，需要层次丛低到高的顺序依次为生理需要、安全需要、社交需要、尊重需要和自我实现需要，而人的行为动力来源取决于优势需要。对黄工目前的状况来说，住房和提高工资属于安全需要，而评职称和入党属于尊重需要。需要层次理论认为，人们通常先追求较低层次的需要，然后才会进一步追求较高层次的需要。因此，在还没有满足黄工安全需要的时候，黄厂长就用"入党"来激励他，显然这种做法是不正确的。

公平理论认为，一个人对其所得的报酬是否满意，不是只看绝对值，而是进行社会比较或历史比较，看相对值。即每个人都把自己的报酬与付出的比率同他人的比率作比较，如比率相等，则认为公平合理而感到满意，从而心情舒畅、努力工作；否则就会感到不公平、不合理，从而影响工作情绪。这种比较过程还包括同本人的历史的贡献报酬比率比较。因此，员工的工作积极性不仅与个人实际报酬多少有关，而且与他们对报酬的分配是否感到公平更为密切。

根据以上分析，黄工的工资和仓管员不相上下，肯定是不合理的。黄工是一个名牌大学高材生，负责技术工作，而且是技术骨干，并且有创新能力，因此他可以为公司创造的效益比一般的仓管员要高得多。为能力不同的员工分配相同的工资，肯定是不公平的，因此会严重打击员工的积极性。

根据以上分析，黄厂长可以采取以下措施来留住黄工：

（1）主要采用物质激励的方法来激励黄工。黄工目前的需要还处于较低层次，因此，黄厂长应该根据其具体需求采取相应的激励措施，如通过提高工资、分配住房等手段来留住人才。

（2）采取按劳分配的工资制度。黄工的能力与技术级别决定了他为公司作出的成绩远高于一般的仓管员，应得到合理的待遇。

综合实训　沟通能力的培养

【实训目的】
1. 加强学生对现代沟通理论的感性认识；
2. 培养学生的沟通能力。

【实训情境】
这是一个短小的角色扮演情境，它发生在一家旅行社。

第一幕

在第一幕中，客户服务代表（CSR）很友好，并提供了一系列的服务，但却忽略了以下5件非常重要的事情：① 微笑；② 问候客户；③ 使用开放的肢体语言；④ 进行眼神交流；⑤ 向客户致谢。

客户："你好！"

CSR：（看着客户走进来，但没有微笑，也没有说什么。）

客户："嗯，我想了解一些有关埃及旅游线路的信息。"

CSR：（使用一种友善的声音，但双手抱在胸前，而且没有直接看着客户……）

项目七 激励与沟通

"当然,我们提供了几种选择,您是需要一些手册呢,还是想查看一下价格信息?"

客户:"哦,我现在只需要一些手册带回家看。我们明年之前还没有打算去。"

CSR:"没问题,这里有一些您需要的手册(将手册交给客户)。您可以看一看,如果有什么问题,可以给我打电话。"

客户:"好的,谢谢你。"

CSR:"没关系。"(客户转身离开)

第二幕

这是对第一幕场景的重新设定,这次 CSR 记住了以下 5 件事情:① 微笑;② 问候客户;③ 使用开放的肢体语言;④ 进行眼神交流;⑤ 向客户致谢。

CSR:(看着客户走进来,面带微笑)"早上好!"

客户:"你好!"

CSR:(直面客户,做眼神交流)"我能为您做些什么吗?"

客户:"嗯,我想了解一些有关埃及旅游线路的信息。"

CSR:"好的,我们提供了几种选择,您是需要一些手册呢,还是想查看一下价格信息?"

客户:"我主要是想看一下价格,之前在别家了解过相关信息。"

CSR:(详细介绍各种线路及其价格,以及本旅行社的优势……)

客户:"好吧,那我就定这个套餐吧!"

CSR:"嗯,好的。那我给您登记了啊!"

客户:"好的。"

CSR:"谢谢您的来访。"(客户转身离开)

【实训要求】

将学生分成两大组,一组为 CSR,另一组为客户。两组分别选取代表模拟以上情境,其他同学观看。本实训可轮流数次,每次模拟完成后,其他同学可提出改进意见。

项目小结

本项目主要介绍了激励与沟通的相关知识,主要包括激励的基础知识、有关的激励理论、激励的方法与技巧、沟通的基础知识、沟通技巧等内容。

1. 激励的基础知识

激励是指管理者运用各种管理手段,刺激被管理者的需要,激发其动机,使其朝着组织所期望的目标前进的过程。

激励的过程是通过激发需要使其产生动机,然后诱导动机使其产生行为,最后强化行为使其最终实现组织或个人目标。

按照不同的标准,激励有不同的分类。例如,按激励的内容分,激励可分为物质激励和精神激励。

管理者在采取激励措施时需坚持以下原则:① 物质激励与精神激励相结合的原则;② 正激励与负激励相结合的原则;③ 内激励与外激励相结合的原则;④ 目标结合原则;⑤ 按需激励原则;⑥ 民主公正原则。

2. 激励理论

激励理论主要有需要层次理论、双因素理论、期望值理论、公平理论、强化理论等。

需要层次理论认为，人们的需要可以从低到高划分为5个层次，即生理需要、安全需要、社交需要、尊重需要与自我实现需要。

双因素理论认为，激发人的动机的因素有两类，即保健因素和激励因素。

期望值理论认为，人们对某项工作的积极性的高低，取决于他对这项工作能满足其需要的程度及实现可能性大小的评价。

公平理论的基本观点是，当一个人做出了成绩并取得报酬以后，他不仅关心自己所得报酬的绝对量，而且关心自己所得报酬的相对量。

强化理论认为，人的行为会根据外部环境的刺激而产生调节。

3. 激励的方法与技巧

组织内部采用的有效激励方法主要有以下几种：① 目标激励；② 参与激励；③ 领导者激励；④ 关心激励；⑤ 尊重与信任激励；⑥ 奖励激励；⑦ 惩罚激励。

一般来说，激励技巧主要有以下4种：① 先教育后激励；② 公平激励；③ 适时激励；④ 适度激励。

4. 沟通的基础知识

沟通是指为了达到一定的目的，将信息、思想、情感等在个人或群体之间进行传递与交流的过程。

沟通过程实际上是一个人把信息通过沟通渠道传递给另一个人的过程。

按照不同的标准，沟通有不同的分类。例如，按沟通的方式分，沟通可分为口头沟通、书面沟通和非语言沟通。

一般来说，沟通网络主要有5种形式，即链型、Y型、轮型、环型和全通道型。

5. 沟通技巧

沟通的障碍主要来自于以下几个方面：① 语言文字障碍；② 沟通方式选择不当；③ 知识背景差异；④ 心理障碍；⑤ 信息过滤。

信息发送者必须掌握以下沟通技巧：① 发出清晰和完整的信息；② 将信息编译成接收者易于理解的传输符号；③ 选择适当的沟通方式；④ 避免信息被过滤和曲解；⑤ 有效利用反馈；⑥ 掌握说的技巧。

信息接收者要掌握以下沟通技巧：① 集中注意力；② 积极倾听；③ 移情。

思考与练习

一、名词解释

激励　　负激励　　沟通　　沟通网络

二、填空题

1. 按激励的内容分，激励可分为_____和_____。
2. 按激励的性质分，激励可分为_____和_____。
3. 需要层次理论认为，人们的需要可以从低到高划分为 5 个层次，即_____、安全需要、社交需要、_____与_____。
4. 双因素理论认为，激发人的动机的因素有两类，即_____和_____。
5. 通常情况下，强化的手段有 3 种，即_____、_____和_____。
6. 按沟通的方式分，沟通可分为_____、_____和_____。
7. 正式沟通包括_____、_____、_____和_____。
8. 一般来说，沟通网络主要有 5 种形式，即链型、Y 型、_____、_____和_____。

三、选择题

1. （　　）是一切行为的最初原动力。
   A．需要　　　　B．动机　　　　C．行为　　　　D．刺激
2. 根据需要层次理论，下列选项中，（　　）属于物质需要。
   A．自我实现需要　B．安全需要　　C．社交需要　　D．尊重需要
3. 根据双因素理论，（　　）属于激励因素。
   A．公司政策　　B．人际关系　　C．晋升机会　　D．管理措施
4. 期望值理论是由美国心理学家（　　）提出来的。
   A．马斯洛　　　B．弗鲁姆　　　C．赫茨伯格　　D．波特
5. 管理者包容员工的缺点与错误属于（　　）。
   A．参与激励　　　　　　　　　B．关心激励
   C．尊重与信任激励　　　　　　D．领导者激励
6. 财务部经理与车间员工之间的沟通属于（　　）。
   A．上行沟通　　B．下行沟通　　C．横向沟通　　D．斜向沟通
7. 在某企业中，各部门经理都必须从总经理处获得信息，而部门经理之间不允许有任何的信息传递。这种沟通网络属于（　　）。
   A．Y 型　　　　B．轮型　　　　C．环型　　　　D．全通道型
8. 在倾听别人的讲话时，（　　）是不正确的。
   A．随便打断别人的讲话　　　　B．与讲话者保持目光接触
   C．适时地运用身体语言加以回应　D．针对模糊不清的地方提出疑问

四、简答题

1. 管理者在采取激励措施时，应坚持哪些原则？
2. 简述期望值理论的主要观点。
3. 激励的技巧有哪些？
4. 简述沟通的过程。
5. 信息发送者需要掌握哪些沟通技巧？

项目八　人力资源管理

【引　子】

　　人力资源管理是现代企业管理的"火车头",如何拥有、保持、管理及开发企业的人力资源,直接关系到一个企业的兴衰成败。因此,提高人力资源管理的能力和水平已成为企业正确地选择人才、用好人才、留住人才,以及提升企业竞争力的重要手段。

【本章内容提要】

◇　了解人力资源管理的概念、特点和职能;
◇　掌握人力资源管理的过程,熟悉每一环节的要点;
◇　了解员工薪酬与福利管理的有关知识。

案例导入——销售明星小白

　　小白在大学里学的日语专业,毕业后被一家中日合资公司聘为销售员。该公司给销售员发的是固定工资,这让小白感到非常满意。他担心自己没有受过这方面的训练,比不过别人,若按提成发工资,比人少了多丢脸。

　　工作的头两年,小白虽然兢兢业业,但销售业绩非常一般,可是随着他对业务越来越熟练,他的销售额渐渐上升了。到第3年年底,他觉得自己可以在全公司几十名销售员中排到前20名了。下一年,根据与同事们的接触,他估计自己当属销售员中的冠军了。不过这家公司的政策是不公布每人的销售额,也不鼓励互相比较,所以他还不能很有把握地说自己一定是坐上了第一把交椅。

　　去年,小白干得特别出色,尽管任务量比前年提高了25%,但到9月初他就完成了销售定额。虽然他对同事们仍不露声色,不过他冷眼旁观,没发现还有谁已经完成了自己的定额。此外,10月中旬时,日方销售经理让他去汇报工作,对他格外客气。在他要走时,那经理对他说:"咱们公司要是再有几个像你一样棒的销售明星就好了。"小白只是微微一笑,没说什么,不过他心中思忖,这不就意味着他在销售员队伍中出类拔萃、独占鳌头么。

　　今年,公司又把他的定额提高25%。尽管一开始不如去年顺手,他仍是一马当先,比预计干得要好。他根据经验估计,10月中旬前他准能完成自己的定额。不过他觉得最让自己心情不舒畅、最令他烦恼的事,莫过于公司不告诉大家谁干得好谁干得坏。

　　他听说本市另外两家中外合资的化妆品制造企业都搞销售竞赛和奖励活动,其中一家是总经理亲自请最佳销售员到大酒店吃一顿饭;而且人家还有内部发行的公司通讯之类的小报,让人人都知道每人的销售情况,还表扬每季和年度最佳销售员什么的。想到自己公司这套做法,他就特别恼火。其实,最初他干得不怎么样时,他并不关心排名第几的问题,如今可觉得这对他越来越重要了。不仅如此,他开始觉得公司对销售员实行固定工资制是不公平的,一家合资企业怎么也搞大锅饭?应该按劳付酬嘛!

上星期,他主动去找那位日本经理谈了他的想法,建议改行佣金制,至少实行按成绩给奖金制。不料那日本上司拒绝了他的建议,还说这是既定政策,母公司一贯如此,这就是本公司的文化特色。昨天,令公司领导吃惊的是,小白正在准备辞职报告,想去另一家竞争对手那儿了。

问题

1. 小白跳槽的主要原因是什么?
2. 该公司是应该让小白留下,还是让他离开?为什么?
3. 如果要留住小白,公司应该采取哪些措施?

任务一 了解人力资源管理的基础知识

一、人力资源管理概述

(一)人力资源

人力资源是指在一定时间和空间条件下,现实和潜在的劳动力的数量和质量的总和。

从时间上看,人力资源包括现有劳动力和未来的潜在劳动力;从空间上看,人力资源又可区分为某个国家(或地区)、某区域、某产业或某企业乃至家庭和个人的劳动力,它既包括劳动力的数量,也包括劳动力的质量和结构。

(二)人力资源管理

人力资源管理是指组织为了实现既定的目标,运用现代管理措施和手段,对人力资源的获取、开发、保持和运用等方面进行管理的一系列活动的总和。

从上述概念可以看出,人力资源管理的内涵如下:

(1)任何形式的人力资源开发与管理都是为了实现一定的目标。

(2)人力资源管理不是单一的管理行为,必须使相关管理手段相互配合,才能取得理想的效果。

(3)必须充分、有效地运用计划、组织、领导和控制等管理职能,才能达到人力资源管理的目标。

【知识链接】

人事管理与人力资源管理

人力资源管理与人事管理既有历史上的渊源关系,又有本质的区别。具体来说,二者的区别如下:

(1)人事管理将事作为重心,着眼于为人找位,为事配人;而人力资源管理则将人作为重心,把人作为第一资源,既重视以事择人,也重视为人设事。

（2）人事管理将人视为组织的财产；而人力资源管理将人力资源作为劳动者自身的财富。

（3）人事管理的主体是行政部门，管理制度容易被领导者的意志所左右；而人力资源管理的主体也就是市场运行的主体，其行为受到市场机制的左右，遵循市场通行规则和人力资源管理自身特有的规律。

（4）人事管理部门主要从事日常的事务性工作；而人力资源管理部门被纳入决策层，把人的开发、利用等作为重要内容，鼓励员工参与管理。

二、人力资源管理的特点

（一）战略性

在现代企业管理中，每一种人力资源管理实践（如招聘、培训等）都要适应特定的公司战略和竞争战略。在这种情况下，企业的高层管理者先制定公司的战略，然后由人力资源部门来制定有助于公司战略的人力资源方案。由此可见，人力资源管理已经从一种单纯的业务管理、技术性管理活动的框架中脱离出来，成为决定企业战略成败的关键因素。

（二）主体的多元性

现代人力资源管理活动的主体由多方面的人员组成，各个管理主体的角色和职能又各不相同。例如，高层管理者主要从战略层面上把握人力资源开发与管理活动；人力资源部门的人员主要对整个企业的人力资源开发与管理活动进行协调与整合；各个部门的管理者则从事大量日常性的人力资源开发与管理工作；一般员工则以主人翁的角色积极参与管理。

（三）人本性

在人力资源的概念提出后，人们对"人力"这一要素增加了"人"的属性的看法。人力资源管理部门在对员工进行管理时，更多地实行人性化管理，即注重员工的工作满意度和生活质量的提高，尽可能减少对员工的控制与约束，更多地为员工提供帮助与咨询，帮助员工在企业中成长与发展。

（四）难以模仿性

人力资源管理之所以难模仿，是因为竞争对手很少能接触到企业内部的人力资源管理实践。也就是说，这些实践对外人来说不是清楚可见的，因此不可能轻易被模仿；即使这些实践清楚可见时，如果竞争者们盲目模仿，也未必可以收到同样的效果。此外，人力资源管理的各项活动组成一个相互关联的系统，一种特殊的人力资源管理实践仅仅在配合相关活动时才能取得成功，这也增加了人力资源管理的难以模仿性。

三、人力资源管理的职能

现代人力资源管理是以组织中的人为对象的管理，因此，在某种程度上，它至少有以下5种职能。

项目八　人力资源管理

（一）吸引与保持

吸引是指人类资源管理工作具有为组织吸纳优秀人才的职能，这一职能是通过合理的人力资源规划、科学的招聘方案、具有挑战性的工作设计和具有吸引力的薪酬设计等途径得以实现的。

保持是指员工具有一定的工作满意度，愿意留在组织中工作。人力资源的保持职能是通过充分的沟通与客观的评估，以及建立有效的激励机制得以实现的。

（二）开　发

人力资源管理的开发职能是指通过教育、培养、训练等手段，促进员工知识、技巧、能力和其他方面素质的提高，不断保持和增强员工在工作中的竞争地位的过程。开发职能主要通过职前教育、在职培训、职业生涯管理等途径得以实现。

（三）评　估

人力资源管理的评估职能是指对员工的工作效果、劳动态度、技能水平，以及其他方面作出全面考核和鉴定，并对组织气氛、管理状况和员工士气等进行调查、分析和评估。评估职能主要是通过建立有效的绩效考核体系和奖惩机制得以实现的。

（四）整　合

人力资源的整合职能是指使员工认同组织的目标与价值观，接受群体规范，使员工和睦相处，调节与化解矛盾和冲突。整合职能主要是通过建立组织文化与行为规范而实现的。

（五）调　控

人力资源的调控职能是指合理配置人力资源的过程。调控职能主要是通过评估员工绩效和对员工进行动态管理（如晋升、调动、奖惩、离退、解雇等）实现的。

应当指出的是，人力资源管理的 5 种职能相互关联、相互影响。要有效实现这些职能，还必须健全和完善各种基础工作，如建立合理的劳动分工与协作制度、各种适用的规章制度、劳动定额标准等。

任务二　掌握人力资源管理的过程

一、人力资源规划

人力资源规划是指企业从战略规划与发展的目标出发，根据其内外部环境的变化，预测企业未来发展对人力资源的需求，以及为满足这种需求而提供人力资源的活动过程。人力资源规划的一般步骤如下。

（一）评估现有人力资源

企业在进行人力资源规划时，首先要对现有的人力资源状况进行通盘考虑。所需的资料一般可以通过调查方式获得，调查内容包括员工姓名、性别、最高学历、专业、所受培训、能力、业绩等。如果企业有专门的人力资源管理系统，则可以直接从系统中提取这些信息。

此外，企业还要进行职务分析，了解组织中的职务及履行职务所需的能力，以确定各项职务的合适人选。

（二）确定人员需要量

人员需要量是由组织的目标和战略决定的。要确定人员需要量，就必须设计出职务类型和数量。其中，职务类型指出了需要什么样的人，而职务数量则明确地说明每种类型的职务需要多少人。

（三）制定行动方案

在对现有资源和未来需要做出全面评估之后，管理者可以测算出人力资源的短缺程度，并指出组织中将会出现超员配置的领域，然后将这些因素综合起来，就可以拟定出具体的行动方案。

二、招 聘

招聘是指在企业总体发展战略规划的指导下，制定相应的职位空缺计划，并寻找合适的人员来填补这些职位空缺的过程。一般来说，企业招聘的程序包括以下几个步骤。

（一）提出招聘需求

当用人部门提出招聘需求时，人力资源部门的招聘负责人和用人部门的主管一同对招聘进行分析和判断，然后在各部门内部对人力资源的需求状况进行调查，掌握各个岗位所需要的人员数量，以及获得这些人员所需要的资源等，以确定合理的招聘范围与规模，保证招聘工作有的放矢、有条不紊地按计划实施。

（二）制定招聘计划

招聘需求确定后，还需要结合具体岗位的工作分析和总体人力资源规划来制定详细的招聘计划。企业招聘计划的主要内容包括拟聘用的岗位、应聘人员的条件、招聘组织、招聘预算、招聘时间安排、招聘的程序等。

【管理案例】

> **生产经理杰克**
>
> 杰克是一家电子产品制造厂的生产经理，他需要批准工厂中监督人员的聘用，人事经理负责初步的甄选。
>
> 一个星期三的下午，杰克接到人事经理彼特的电话。"杰克"，彼特说，"我刚与一位年轻人谈过话，他可能就是你要找的人。他有很丰富的工作经验，看起来头脑非常清晰。"杰克回答说，"太好了，彼特，我盼着见到他。"彼特接着说，"他现在就在这儿，杰克，你要跟他谈谈吗？"杰克犹豫了一会儿，然后说："哎呀，彼特，我今天肯定很忙，但我会想办法挤出点时间。让他到这里来吧。"
>
> 片刻之后，应聘者艾伦比来到了杰克的办公室，"请进来，艾伦比，"杰克说，"我打完几个电话后就跟你谈。"15 分钟以后，杰克打完了电话，开始同艾伦比谈话。几分钟后，杰克的门打开了，一位监督人员叫道："我们的第一条生产线出了点小问题，需要得到您的帮助。"。

"好，"杰克回答，并对艾伦比说，"请等我一会儿"。约过了10分钟后，杰克回来了。对话继续了10多分钟，可电话又响了起来。

在以后1小时内不断有这样的中断发生。最后，艾伦比看了一下表，说道："很抱歉，杰克先生，我得去接我的孩子。"

由上述案例可知，招聘应该是一项有计划的管理活动，企业招聘应有周密的策划和时间安排，而不是像杰克这样毫无头绪。

（三）选择招聘方式和招聘渠道

招聘方式主要有两种，即内部招聘与外部招聘。招聘人员要根据本企业的人员状况，结合空缺岗位的任职条件，选择合适的招聘方式。如果选择内部招聘，则需考虑是采取职位公告、雇员推荐的方式还是利用人才储备库招聘；如果选择外部招聘，则需要明确发布招聘信息的具体渠道，如现场招聘会、招聘广告、职业介绍机构、校园招聘、网络招聘等。

内部招聘与外部招聘的比较如表8-1所示。

表8-1　内部招聘与外部招聘的比较

	内部招聘	外部招聘
优点	（1）可控性强，准确性高； （2）可鼓舞士气，激励员工进取； （3）应聘者可以更快地适应工作； （4）招聘费用低。	（1）人员来源广，选择余地大，有利于招到一流人才； （2）新员工能带来新思想、新方法； （3）当内部有多人竞争而难以做出决策时，外部招聘可在一定程度上平息或缓和内部竞争者之间的矛盾。
缺点	（1）人员来源局限于企业内部，水平有限； （2）容易造成"近亲繁殖"； （3）可能会因操作不公或员工心理原因造成内部矛盾。	（1）新员工不了解企业情况，进入角色慢； （2）企业对应聘者了解少，可能选错人； （3）内部员工得不到机会，积极性可能受到影响。

【课堂互动】

请学生在课前搜集发布招聘信息的各种渠道，在课堂上进行交流，并进一步讨论各种渠道的优势与不足。

（四）选拔人员

选拔人员是招聘过程中最重要的环节，其操作步骤如下。

1. 简历筛选

简历是求职者用来提供其背景材料的书面介绍，可以显示应聘者的学历、成就、特长、性格等。由于某些职位对专业技术等方面有特殊要求，因此需要招聘者通过简历对应聘者进行初步的筛选，以评估应聘者的专业技术经验和技能，判断其是否能进入下一环节。

2. 笔　试

笔试的目的是要考察应聘者的业务知识、文字能力和综合分析能力，因此题目内容不一定仅仅局限于职位所涉及的具体工作内容，其重点应放在考核应聘者是否具备职位所要求的各种能力上。

3．面　试

面试是指招聘者与应聘者之间正式的、面对面的信息交流过程。面试的主要目的是考核求职者的动机与工作期望，以及求职者的仪表、性格、知识、能力、经验等，以获取笔试中难以得到的信息。

4．绩效模拟测试

绩效模拟测试是指让应聘者做一些实际工作，以判断他是否具备相应的能力。绩效模拟测试通常有以下两种方法：

（1）工作抽样法。是指给应聘者提供一项职务的缩样复制物，让他完成该项职务的一种或多种核心任务。这种方法一般适用于常规职务的招聘，如招聘秘书等。

（2）测评中心法。是指由公司直线主管人员、监督人员和受过训练的心理专家组成一个测评中心，模拟性地设计出实际工作中可能面对的一些现实问题，并通过应聘者的测试结果判断其工作能力。这种方法主要适用于挑选从事管理职位的候选人。

5．背景调查及体检

背景调查是指对应聘者的与工作有关的一些背景信息进行查证，以确定其任职资格。背景调查的主要内容有学历学位、过去的工作经历、过去的不良记录等。

此外，用人单位通常还会对初步录用的的人员进行身体健康检查，以保证候选人不会因为健康的原因影响工作。

（五）评估招聘效果

评估是人员招聘过程中不可缺少的重要阶段，一般包括以下 4 个方面。

1．招聘成效评估

主要对招聘结果等进行分析，以此来评估招聘的成效。

2．录用人员评估

录用人员评估是指根据组织招聘计划和招聘岗位的工作分析，对所录用人员的质量、数量和结构进行评估的过程。只有在招聘成本较低，录用人员数量充足且质量较好时，才能说明招聘工作的效率高。

3．招聘人员的工作评估

即通过对新员工的合格率、职位平均空缺时间、新员工满意度等指标的计算与分析，反映招聘人员的工作效率与效果。

4．招聘活动总结

招聘活动结束后，应及时进行总结。主要通过撰写总结报告来对招聘工作的全过程进行记录和经验总结，并对招聘活动的结果、经费支出等情况进行评定。

三、员工培训

员工培训是指组织根据开展业务及培育人才的需要，采用各种方式对员工进行有目的、有计划的培养和训练的管理活动。

（一）员工培训的程序

一个完整的培训过程通常包括分析培训需求、确立培训目标、制定培训计划、实施培训计划和评估培训效果 5 个步骤。

1． 分析培训需求

分析培训需求是指在规划与制定培训计划前，由有关人员采用各种方法和技术对组织及其成员的目标、知识和技能等方面进行系统的分析，以确定组织内需要接受培训的人员和培训内容。培训需求分析是培训活动的首要环节，它既是制定培训计划的前提，也是进行培训效果评估的基础。

2． 确立培训目标

培训目标是指培训效果的目的和预期效果。有了培训目标，才能确定培训对象、内容和方法等具体工作，并可在培训工作结束后对照此目标进行培训效果评估。一般来说，培训目标越具体，就越可能取得培训的成功。

3． 制定培训计划

培训计划是培训目标的具体化，包括长期计划、中期计划和短期计划。组织在制定培训计划的同时必须考虑到许多具体因素，如行业规模、企业规模、用户要求、技术水平发展趋势和员工现有水平等。

4． 实施培训计划

培训计划制定好后，要按照既定目标开展培训工作，通过各种培训方法使员工有所收获。在培训过程中，要注意具体落实计划中的各项内容，同时也要加强管理和监督，以确保培训工作的有序进行，在动态管理中使培训达到最佳效果。

5． 评估培训效果

一般来说，培训效果可以通过以下几个指标来进行评估：① 反应，即测定受训者对培训项目的反应，主要了解受训者对整个培训项目或项目某个方面的意见和看法；② 学习，即测试受训者对所学的原理、技能、态度等的理解和掌握程度；③ 行为，即测定受训者经过培训后在实际岗位工作中的改变；④ 成果，即测定培训为企业经营成果带来了哪些具体而直接的贡献。

【管理案例】

IBM 的员工培训

IBM 非常注重员工的培训，为此，公司制定了非常完备的员工培训制度和具体实施计划。其培训形式除传统的教师培训外，还广泛采用和推广网上培训。IBM 建立了自己的网上大学，在网上开设几千门课程，并向员工提供资金账号，供员工根据自己的时间情况随时安排学习，从而解决了学习、培训与工作相冲突的问题。IBM 的培训课程形式既有教材学习，也有真实或虚拟项目训练，具有较强的实用性。

IBM 还提倡员工边工作边学习，或者在业余时间参加各类课程学习，以提高工作效率和个人发展潜力。每个员工可以提出自己需要去参加哪些培训，只要与工作有关，公司一般都会同意。IBM 专门设有一个学费报销计划，用于给参加培训的员工报销学费。公司还欢迎员工主动与经理讨论自己的学习计划，以保证学习计划与个人的业务发展、公司的业务环境相符合。

（二）员工培训的方法

有效的培训方法是保证培训效果的重要手段，常用的培训方法主要有以下几种。

1. 讲授法

讲授法是最普遍、最常见的培训方法。它包括以下几种常见的类型：

（1）讲解法，即培训者运用阐述、说明、分析、论证和概括等手段讲授知识内容的培训方法。

（2）讲述法，即培训者用生动形象的语言，叙述、描绘和概括所要讲授的知识内容。

（3）演讲法，即培训者借助口头语言和身体语言，面对受训者发表意见、抒发感情，以感召受训者的一种方法。

2. 案例分析法

案例分析法是指为受训者提供组织所面临的棘手问题的书面描述，让受训者分析和评估案例，并提出解决问题的建议和方案的培训方法。目前，案例分析法广泛应用于企业管理人员（尤其是中高层管理人员）的培训中，目的是锻炼他们的决策能力，帮助他们学习如何在紧急情况下处理各类事件。

3. 角色扮演法

角色扮演法是指在一个模拟的工作环境中，指定受训者扮演某种角色，借助角色的演练来理解角色的内容，模拟性地处理工作事务，从而提高处理各种问题的能力。这种方法一般适用于训练态度仪容和言谈举止等人际关系技能，如询问、电话应对、销售技术和业务会谈等基本技能的学习和提高。

【课堂互动】

> 教师在课堂上采用角色扮演法进行教学，设计以下3个场景：
> （1）有人毛遂自荐秘书，而原来的秘书恰巧没在；
> （2）环保局来检查工厂的环保情况；
> （3）某车间出现人员纠纷，因车间主任休假，所以找厂长解决。

四、绩效评估

绩效评估是指按照一定的标准，采用科学的方法，衡量与评定员工完成岗位任务的能力与效果的管理活动。

（一）绩效评估的程序

1. 制定绩效目标

绩效目标作为员工的工作目标，既是企业对员工的工作要求，也是员工对自己的业绩要求。因此，确定合理的绩效目标，不仅有助于明确员工的工作重点和工作方式，而且能够提高员工的工作积极性。

2. 收集绩效信息

绩效信息是与绩效目标实现情况相关的信息，是企业进行绩效考核的依据。企业需要从工作过程和工作结果两个方面收集绩效信息，信息收集的范围一般包括员工工作目标的达到情况、证明工作绩效突出或低下所需要的具体证据、与员工就绩效问题的谈话记录、员工受到的表扬或批评的情况等。

3. 评定绩效成绩

绩效成绩评定是对工作表现所作的测量与评估。一般来说，绩效评定有客观评分和比较评分两种方式。其中，客观评分是指考评者通过比较员工实际工作表现与绩效标准之间的差异，判断该员工的绩效完成情况；比较评分是指在绩效标准不便量化时，考评者对员工绩效进行的主观评定。

4. 绩效评估的反馈

绩效评估的结果既要上报给上层管理者，又要反馈给员工个人。评估结果只有被员工理解和认同，才能促进员工改进工作业绩，为此，管理者必须要与被考核的员工进行面谈，沟通评估结果。

【课堂互动】

假如你是一名主管，下属属于以下几种情况时，你将怎样与下属进行绩效考核面谈？
（1）优秀的下级
（2）与前几次相比没有明显进步的下级
（3）绩效差的下级
（4）年龄大、工龄长的下级
（5）过分雄心勃勃的下级
（6）沉默内向的下级
（7）爱发火的下级

5. 评估结果的应用

绩效评估的结果主要有以下两个方面的应用：① 确定员工的报酬，包括工资、奖金和工作晋升等，这是对员工贡献的经济回报的依据；② 改进员工的工作，这是为了提高员工价值所进行的人力资源开发。

（二）绩效评估的方法

1. 实测法

实测法是指通过实际测量各种项目来进行评估的方法。例如，管理者评估员工的生产技术时，通常采用让员工现场作业，通过对其实际测量来评定成绩。

2. 成绩记录法

成绩记录法是指将员工取得的各项成绩记录下来，以最后累计的结果进行评估的方法。这种方法主要适用于能进行日常连续记录的生产经营活动或其他职能工作，如记录生产的数量、质量和进度等。

3. 书面考试法

书面考试法是指通过各种书面考试的形式进行评估的方法。这种方法主要适用于对员工所掌握的理论知识进行测定。

4. 直观评估法

直观评估法是指由考评者根据被考评者的一些表现直接作出评估的方法。这主要是依据对被考评者平时的观察，由考评者凭主观判断进行评估。这种方法简便易行，但易受考评者的主观好恶影响，科学性差。

5. 情境模拟法

情景模拟法是指通过设计特定情境，考察被考评者现场处理能力的一种方法。这种方法主要考察被考评者的分析与处理问题的能力，适用于对管理者的绩效评估中。

6. 民主测评法

民主测评法是指由组织成员集体打分评估的方法，一般采用问卷法进行。这种方法的实施步骤如下：① 考评者事先设计问卷，按考评的项目设计问题；② 相关人员以书面或口头的形式做出回答；③ 考评者对评估结果进行统计整理，得出评估成绩。

7. 因素评分法

因素评分法是指分别评估各项考核因素，为各因素评分，然后将各项分数汇总，确定考核结果的一种考核方法。这种方法主要适用于对一些不便直接计量的工作进行评估。

【管理故事】

大象聘猫

大象新办了一家饲养场。为了防止老鼠骚扰，大象贴出广告要聘请一只能干的猫来捉老鼠。

来应聘猫很多，选哪一只呢？正在大象犹豫不决时，一只花猫挤在了大象面前，只见它掏出一张张花花绿绿的获奖证书，全都是它在钓鱼、歌咏、滚绣球等比赛中获得的。

大象一见花猫有这么多获奖证书，就高兴地说："好吧，就录取你了"。

一开始，花猫非常勤奋，一天到晚忙个不停，到处寻找老鼠的踪迹。但由于大象新开办饲养场，没有多少老鼠，渐渐地，花猫变得懒洋洋的，整天把时间花在唱歌、钓鱼、滚绣球等方面。

慢慢地，老鼠多了起来。

这时候，花猫的捉鼠技能已变得生疏了，碰到老鼠竟然一只也捉不住。

大象看到到处都是老鼠，就责备花猫说："怎么搞的？饲养场这么多老鼠！"

花猫还有些不服气："我一天到晚可没闲着呀！"

大象更生气了："你说你没闲着，可你捉老鼠在哪儿呢？"

"捉老鼠？"花猫轻蔑地哼了一声，"那不过是普通猫就会玩的把戏，你让我这只才华出众的猫去干，这不是大材小用吗？"

"如果不能捉老鼠，即使你才华再超群，对我又有何用呢？"大象回答说。

因此，大象辞退了花猫。而花猫呢，却趾高气扬地走出了饲养场，认为自己不是一只普通的猫。

管理启示：大象没有根据岗位的职责来选聘员工，也没有对员工进行有效的培训与考核，致使一只可能比较优秀的花猫逐渐变得目空一切、好高骛远。因此，企业要想做好人力资源管理，就必须从选人阶段开始，逐步做好各项工作。

任务三　了解员工薪酬与福利管理的内容

一、薪酬管理

在劳动关系中，薪酬始终是劳资双方争议的焦点。对员工来说，获得公平合理的报酬是加入组织的基本动力；对组织来说，为员工支付的报酬是人力资源的主要成本，这种成本会影响产品的价格，从而直接影响组织的竞争力。

（一）薪酬的概念与构成

薪酬是指员工在从事劳动、履行职责并完成任务之后，所获得的经济上的酬劳或回报。它包括员工的基本薪酬、绩效薪酬、红利和股票期权等。

1. 基本薪酬

基本薪酬即工资，是指以一定的货币定期支付给员工的劳动报酬。一般来说，工资由基本工资、职位工资、年功工资、技能工资等部分组成。基本薪酬是员工获得的较为稳定的经济报酬，因此，这一薪酬对员工来说是至关重要的。

> 年功工资又称工龄工资，是指企业按照员工的工作年数，即员工的工作经验和劳动贡献的积累所给予的经济补偿。

2. 绩效薪酬

绩效薪酬又称奖励薪酬，是与员工的工作绩效直接挂钩的薪酬形式。较为常见的绩效薪酬有计件工资、销售提成、绩效分红、与绩效相关的浮动工资等。绩效薪酬的特点是灵活可变，随员工的绩效变化而浮动，因此又被称为"可变薪酬"。

3. 红利

红利又称分红，是员工分享企业利润的一种报酬形式。分红的前提是企业的利润与员工的工作绩效相联系。如果员工的工作绩效提高，企业的利润也随之提高，则员工可以得到较多的红利；反之，员工就只能得到较少的红利，甚至没有红利。

4. 股票期权

股票期权是一种长期的薪酬形式，它为员工提供购买本企业股票的一种权利，凭借这种权利，员工可以以优惠的条件购买企业的股票。企业为员工提供股票期权的目的在于长期调动员工的积极性，留住企业的核心人才。

（二）薪酬的功能

薪酬是组织为员工提供的收入，同时也是企业的一种成本支出，它代表了企业与员工之间的一种利益交换关系。因此，对于薪酬的功能，我们可以从企业和员工两个方面来理解。

1. 对企业而言

薪酬对于企业的作用主要体现在增值功能、激励功能、协调功能和配置功能4个方面。

（1）增值功能。薪酬的投入可以为企业带来预期的大于成本的收益，是企业雇佣员工、对活劳动进行投资的动力所在。

（2）激励功能。合理的、有一定吸引力的薪酬能够调动员工的工作积极性，激发他们的潜力，提高他们的工作效率。

（3）协调功能。企业可以通过薪酬水平的变动，将组织目标和管理者的意图传达给员工，促使个人行为与组织行为融合，从而协调企业与员工、员工与员工之间的关系。

（4）配置功能。管理者可以通过薪酬变动来调节企业各环节的人力资源，实现企业内部各种资源的合理配置。

【课堂互动】

> 举例说明企业应如何提高薪酬的激励性。

2. 对员工而言

对员工来讲，薪酬可以用于获得对食物、保障、社会关系以及尊重的需要，在某种程度上，薪酬还能满足员工的自我实现需要。

（1）满足生活需求。员工通过出卖劳动力来换取劳动报酬，可以获得物质生活资料，从而满足个人及其家庭的生活需求。

（2）满足保障需求。合理的工资制度和工作水平，可以使员工有一种安全感和对预期风险的心理保障意识，从而增强对企业的信任感和归属感。

（3）满足精神需求。在某种程度上，薪酬是一种晋升和成功的信号。员工工资的提高表明其工作得到企业的认可，或者在企业中的地位得到提升，使员工产生满足感和成就感。

（三）常见的薪酬管理制度

企业的薪酬管理制度有很多种，这里我们主要介绍几种比较常见的制度。

1. 计件工资制

计件工资制是指按照员工生产的合格产品的数量或完成的一定作业量，根据一定的计件单价计算劳动报酬的一种工资形式。计件工资能较准确地反映职工的实际劳动量。

> 计件工资是计时工资的转化形式，只是在工资表现形式和计算方法上有所不同。计件工资以员工生产的产品数量来计量工资，而计时工资则直接按员工工作时间的长短来计量工资。

2. 绩效工资制

绩效工资的前身是计件工资，但它不是简单意义上的将工作与产品数量挂钩的工资形式，而是建立在科学的工资标准和管理程序基础上的工资体系。绩效工资制将激励机制融于企业目标和个人业绩的联系之中，有利于工资向业绩优秀者倾斜，从而节省工资成本，但是在对绩优者奖励幅度过大的情况下，容易造成一些员工瞒报业绩的行为。

3. 职务工资制

职务工资制是指先对职务本身的价值作出客观的评估，然后根据评估结果赋予担任这一职务的从业人员与其职务价值相当的工资的一种制度。这种工资制度有利于企业按职务类型进行工资管理，但会抑制企业内部人员的配置和职务安排。此外，当员工在企业内晋升无望时，也就没有机会涨工资，这样会让员工的劳动积极性受到很大挫伤。

4．年薪制

年薪制是以年度为单位，依据企业的生产经营规模和经营业绩，确定并支付经营者年薪的分配方式。年薪制只适用于那些在企业中拥有实际经营权，并对企业经济效益负有职责的人员，如董事长、经理等企业高级雇员。

【知识链接】

国外企业经营者的年薪

国外企业经营者的年薪一般由以下 5 个部分组成：

（1）薪水，为固定收入，基本职能是保证经营者个人及家庭的基本生活费用。薪水并不是绝对不变的，会根据经营者的工作年限、生活费用和工作表现等做适当调整。

（2）奖金，是对经营者短期经营业绩（1~2 年）的奖励，为非固定收入部分，一般占总收入的 25%。

（3）长期奖励，时间为 3~5 年，占总收入的 35%左右，通常以股票期权的形式支付。

（4）福利，主要是为经营者提供休假和各种保险待遇等。

（5）津贴，主要是为员工提供良好的办公和生活条件等。

二、福利管理

福利与薪酬共同构成了一个组织公平的、有竞争力的薪酬体系。随着我国经济的发展与劳动力市场的成熟，福利在吸引人才、留住人才等方面扮演着越来越重要的角色。

（一）福利的功能

福利是企业为员工提供的间接报酬，一般包括各种保险、带薪假期和退休金等。近年来，员工福利在企业人力资源管理活动中的地位日益凸显，其功能主要体现在以下几个方面。

1．为员工提供安全保障

这是员工福利的基本功能。福利可以为员工生病等突发事件提供保障，也可以为员工退休后的养老做好安排，从而使员工消除后顾之忧，安心本职工作。

2．为企业吸引优秀人才

吸引高素质人才的加盟，是企业在激烈竞争中获胜的前提条件。越来越多的企业认识到，除了优厚的工资、良好的工作环境以外，周到的员工福利待遇也成为吸引人才的一个重要手段。

3．降低员工流动性

企业员工的流动率过高必然会对劳动生产率产生不良影响，从而妨碍组织目标的实现。成功的福利管理能够有效地留住员工，避免员工频频跳槽。

4．提高员工的绩效

有效的福利管理可以提高员工的士气，增强员工的凝聚力和主人翁责任感，激发员工的工作热情，进而提高其工作绩效。

5. 节约成本

劳动力成本在企业成本中占有较大的比重。在劳动力价格不断上升的今天，充分利用员工福利，一方面可以使员工得到更多的实惠，更好地激励员工；另一方面也可以使企业在员工身上的投入得到更多的回报。

（二）我国企业员工福利的种类

福利作为企业提高员工归属感和忠诚度的独特手段，历来为企业家和管理者所重视。我国企业为员工提供的福利主要有以下几种。

1. 福利设施

企业为员工提供的福利设施包括为员工建立的食堂、住宅、单身设施、托儿所、幼儿园、浴室、理发室、休息室、保健室等，以及为员工文化娱乐所提供的文化馆、俱乐部、图书馆和体育场等。

2. 补贴福利

补贴福利是指企业根据国家的有关政策和规定，按照企业的性质和员工的福利水平，发给员工的补贴和津贴。我国企业为员工提供的补贴福利有探亲补贴、交通费补贴、伙食费补贴、洗理费补贴、书报费补贴、独生子女费补贴、生活困难补贴等。

3. 教育培训福利

教育培训福利是指企业免费为员工提供教育或培训的机会，包括企业给予员工在职培训或短期的免费脱产培训、公费进修等。

【名词解析】
> 脱产培训是指员工离开工作岗位，放下手中的工作参加培训。

4. 健康福利

健康福利主要是指医疗（全部或部分）福利，如免费的定期体检和防疫注射、药费报销等。

5. 假日福利

假日福利主要是指带薪假日，包括法定假日、病假、产假及每年若干带薪事假或休假日，其长短根据工龄的不同而不同。我国法定的休息、休假时间主要有 6 种，即工作日内的休息时间、周休、节假日、探亲假、年休假、婚假或直系亲属去世的丧假。

以上这些福利为员工的工作和生活提供了方便，既减轻了员工的经济负担，又丰富了员工的文化生活，对于增强员工的凝聚力和向心力起到了较大的作用。此外，随着我国社会保障制度的日益完善，由国家、企业和员工共同承担的各项劳动保险已成为员工福利的重要内容。

【知识链接】

我国的劳动保险制度

劳动保险是国家通过立法形式建立的，属于强制性保险，以保障员工的基本生活为目的，以工薪劳动者及其家属为主要保险对象。

我国现行的劳动保险制度主要有养老保险、失业保险和医疗保险。另外，随着福利分房制度的终结，住房公积金也成为员工所关注的福利内容。

案例分析——小白的去留

通过这个案例可以看出，人力资源管理对于任何公司都是非常重要的。小白在中日合资公司工作多年，为公司做出了巨大贡献，最后却因为薪酬问题想要离开公司，这对公司来说是一个棘手的问题。

小白跳槽的最主要原因就是他认为自己的工作业绩和所获得的报酬不能成正比。作为公司的销售冠军，每月拿到的工资却与其他员工一样多，这使他的心里感到不平衡。他也向公司提出了自己的意见，想让公司实行佣金制，结果却遭到了拒绝，这对他来说未尝不是一种打击。因此，他认为公司的激励和奖励制度不合理，自我价值得不到体现。概括起来，小白离开的主要原因如下：① 他的工作非常突出，却没有得到上司的关注和充分的肯定；② 待遇不够合理，小白的贡献大，却仍然发固定工资，没有提成，不能体现多劳多得的原则。

小白对公司来说是一个优秀的人才，公司应该想方设法留住他，这样能给公司创造更多的利润。新时代的竞争也是人才的竞争，一个企业要想发展壮大，就应该及时发现并有效利用人才。小白熟悉业务、精通日语并与公司客户关系融洽，他是公司稀缺的人才，也是公司的一笔财富。此外，如果小白离开，也会带来一系列的连锁反应，可能导致其他员工纷纷离开。所以，该公司应该想办法留住小白。

公司要想留住小白，可以采取以下措施：

（1）强调员工的个人绩效并对员工绩效进行合理的管理，还要确保优秀人才在工作中得到重视，为员工提供清晰的职业发展规划，因为发展和成长机会对高绩效人才日趋重要。

（2）改革公司的薪酬制度。不合理的薪酬制度不仅会压抑员工的积极性，还会让那些表现好的员工在心中产生不平衡的感觉，从而会影响公司效益和竞争力。因此，该公司必须进行薪酬制度的改革，重视员工的归属意识、参与意识、责任心和忠诚度，实行工效挂钩、多劳多得的按劳分配原则，还要适当地增加一些福利政策。

（3）改善公司的工作环境。薪酬会在中短期时间内调动员工的积极性，但是薪酬不是万能的，工作环境、管理风格、主管和下属的关系都对员工的去留有影响。因此，应该在公司创造一种轻松的工作环境，及时与下属进行沟通，了解下属的问题并及时解决。例如，主管知道小白想要辞职时，可以提及多年来他与公司及同事之间的情感，动之以情，晓之以理。

综合实训　招聘过程演练

【实训目的】

1. 让学生进一步巩固所学知识；
2. 培养学生解决实际问题的能力。

【实训情境】

某大型银行拟招聘一名培训经理，要求应聘者受过高等教育、理解能力强、有干劲。该银行的总经理要与一个刚刚毕业的大学生进行面谈，以决定该应聘者是否具备这一职位所需的技能和知识。

【实训要求】

1. 全班分为两大组（即招聘方和应聘方），各组选取代表根据上述情境进行角色扮演，要求面谈至少持续5分钟。

2. 招聘方要制定招聘计划，包括招聘目的、招聘岗位、任用条件、招聘程序等；应聘方要写出应聘提纲或应聘演讲稿，一定要体现出自己的核心竞争优势。

【实训考核】

实训结束后，由教师根据招聘方的招聘计划、应聘方的应聘提纲，以及各人的现场表现进行综合评估。

项目小结

本项目主要介绍了人力资源管理的相关知识，主要包括人力资源管理的基础知识、人力资源管理的过程，以及薪酬和福利管理等内容。

1. 人力资源管理的基础知识

人力资源是指在一定时间和空间条件下，现实和潜在的劳动力的数量和质量的总和。

人力资源管理是指组织为了实现既定的目标，运用现代管理措施和手段，对人力资源的获取、开发、保持和运用等方面进行管理的一系列活动的总和。

人力资源管理的特点如下：① 战略性；② 主体的多元性；③ 人本性；④ 难以模仿性。

人力资源管理主要有5种职能，即吸引与保持、开发、评估、整合和调控。

2. 人力资源管理的过程

人力资源规划是指企业从战略规划与发展的目标出发，根据其内外部环境的变化，预测企业未来发展对人力资源的需求，以及为满足这种需求而提供人力资源的活动过程。

人力资源规划的一般步骤如下：① 评估现有人力资源；② 确定人员需要量；③ 制定行动方案。

招聘是指在企业总体发展战略规划的指导下，制定相应的职位空缺计划，并寻找合适的人员来填补这些职位空缺的过程。

一般来说，企业招聘的程序包括以下几个步骤：① 提出招聘需求；② 制定招聘计划；③ 选择招聘方式和招聘渠道；④ 选拔人员；⑤ 评估招聘效果。

员工培训是指组织根据开展业务及培育人才的需要，采用各种方式对员工进行有目的、有计划的培养和训练的管理活动。

一个完整的培训过程通常包括分析培训需求、确立培训目标、制定培训计划、实施培训计划和评估培训效果5个步骤。

常用的培训方法主要有讲授法、案例分析法、角色扮演法等。

绩效评估是指按照一定的标准，采用科学的方法，衡量与评定员工完成岗位任务的能力与效果的管理活动。

绩效评估的过程如下：① 制定绩效目标；② 收集绩效信息；③ 评定绩效成绩；④ 绩效评估的反馈；⑤ 评估结果的应用。

绩效评估的方法有实测法、成绩记录法、书面考试法、直观评估法、情境模拟法、民主测评法和因素评分法等。

3. 薪酬和福利管理

员工薪酬是指员工在从事劳动、履行职责并完成任务之后，所获得的经济上的酬劳或回报。它包括员工的基本薪酬、绩效薪酬、红利和股票期权等。

对于薪酬的功能，我们可以从企业和员工两个方面来理解。对企业而言，薪酬的功能主要体现在增值功能、激励功能、协调功能和配置功能4个方面；对员工而言，薪酬可以满足员工的生活需求、保障需求和精神需求。

常见的薪酬管理制度有计件工资制、绩效工资制、职务工资制和年薪制。

福利的功能主要体现在以下几个方面：① 为员工提供安全保障；② 为企业吸引优秀人才；③ 降低员工流动性；④ 提高员工的绩效；⑤ 节约成本。

我国企业为员工提供的福利主要有福利设施、补贴福利、教育培训福利、健康福利和假日福利等。

思考与练习

一、名词解释

人力资源管理　　人力资源规划　　招聘　　薪酬

二、填空题

1. 人力资源管理的特点有＿＿＿＿、＿＿＿＿、＿＿＿＿和＿＿＿＿。
2. 绩效模拟测试通常有两种方法，即＿＿＿＿和＿＿＿＿。
3. 薪酬对于企业的作用主要体现在＿＿＿＿、＿＿＿＿、＿＿＿＿和＿＿＿＿4个方面。

三、选择题

1. 在人力资源管理活动中，高层管理者主要负责（　　）。
   A. 从战略层面上把握人力资源开发与管理活动
   B. 对整个企业的人力资源开发与管理活动进行协调与整合
   C. 日常性的人力资源开发与管理工作
   D. 以主人翁的角色积极参与管理
2. 人力资源管理的开发职能可以通过（　　）得以实现。
   A. 建立有效的激励机制　　B. 建立有效的绩效考核体系
   C. 在职培训　　　　　　　D. 建立组织文化
3. 下列有关内部招聘的说法中，不正确的一项是（　　）。
   A. 可控性强，准确性高　　B. 容易造成"近亲繁殖"
   C. 招聘费用低　　　　　　D. 新员工能带来新思想、新方法
4. 在进行员工培训时，如果企业想要提高员工的业务会谈技能，最好采用（　　）。
   A. 讲授法　　B. 演讲法　　C. 案例分析法　　D. 角色扮演法
5. 在对员工进行绩效评估时，由组织成员集体打分评估的方法属于（　　）。
   A. 情境模拟法　　B. 民主测评法　　C. 直观评估法　　D. 因素评分法

6. 某员工因超额完成任务获得 800 元的奖金，这 800 元属于（　　）。
   A．基本薪酬　　　B．绩效薪酬　　　C．红利　　　D．股票期权
7. 年薪制最适用于（　　）。
   A．高层管理者　　B．中层管理者　　C．基层管理者　　D．一线员工
8. 某企业为优秀员工提供攻读硕士学位所需的费用，这种福利属于（　　）。
   A．补贴福利　　　　　　　　　B．健康福利
   C．教育培训福利　　　　　　　D．假日福利

四、简答题

1. 人力资源管理的职能有哪些？
2. 简述员工培训的程序。
3. 简述绩效评估的程序。
4. 常见的薪酬制度有哪些？

项目九　营销管理

【引　子】

营销管理的实质是需求管理，即对需求的水平和时机进行有效的调解。在营销管理实践中，企业通常需要设定一个预期的市场需求水平，然而，实际的市场需求水平可能与预期的市场需求水平并不一致。这就需要企业针对不同的需求情况，采取不同的营销管理策略，进而有效地满足市场需求，确保企业目标的实现。

【本章内容提要】

- ◇ 了解市场营销的概念、功能、过程，以及市场营销观念的转变；
- ◇ 掌握产品生命周期策略、品牌策略和包装策略；
- ◇ 掌握新产品定价策略、产品组合定价策略、心理定价策略和折扣定价策略，能举例说明各种定价策略的表现形式；
- ◇ 了解分销渠道的概念、职能，以及分销渠道的设计和管理过程；
- ◇ 了解人员推销、广告促销、营业推广和公共关系营销 4 种促销方式的相关知识。

案例导入——宝马：消费者钟爱的品牌车

宝马公司创建于 1916 年，总部设在德国慕尼黑。90 多年来，它由最初的飞机引擎制造商发展成为以生产高级轿车为主，飞机引擎、越野车和摩托车为辅的享誉全球的企业集团，位于世界汽车公司前列。

宝马集团一贯以高档品牌为本，并将其作为企业成功的基础。宝马集团拥有 BMW、MINI 和 Rolls-Royce（劳斯莱斯）3 个品牌。这些品牌占据了从小型车到顶级豪华轿车各个细分市场的高端，使宝马集团成为世界上唯一一家专注于高档汽车和摩托车的制造商。宝马集团拥有清晰的品牌形象，其产品在设计美学、动感和动力性能、技术含量和整体品质等方面具有丰富的产品内涵，可以为消费者提供高额的附加值，因此在世界范围内拥有极高的知名度和市场占有率。

宝马集团 2010 年的营业收入为 605 亿欧元（约合 837 亿美元），较 2009 年增长 19%。在此基础上，宝马集团将长期贯彻明确的高档品牌策略，并在注重各品牌独特性的同时，还将推出新产品，进军新领域。

根据上述案例和相关资料的介绍，分析宝马集团所采用的营销组合策略。

任务一　了解市场营销的基础知识

一、市场营销概述

（一）市　场

市场营销中的市场，是指具有特定的需求或欲望，而且愿意并能够通过交换来满足这种需求或欲望的全部现实和潜在消费者的总和。即

$$市场＝人口＋购买欲望＋购买力$$

（二）市场营销

市场营销是指在变化的市场环境中，旨在满足消费者需要、实现企业目标的商务活动过程。市场营销活动包括市场调研、选择目标市场、产品开发和定价、渠道选择、产品促销、储存、运输和信息服务等一系列与市场有关的企业经营活动。

我们可以从以下3个方面理解市场营销的概念：

（1）企业是营销活动的主体。在市场营销活动中，企业是交换的主动者，企业要千方百计地想把产品销售出去，而不是消费者千方百计地想购买。

（2）企业的营销对象是消费者和用户，营销活动的核心是识别、确定和满足消费者的需要。

（3）市场营销是一个商务活动过程，包括一系列有计划的活动。

二、市场营销的功能

企业市场营销作为一种活动，具有以下4项基本功能。

（一）预测市场需求

企业面临的市场环境在不停地变化，消费者需求也在不断变化。有效的市场营销活动注重企业目标与消费者需求的统一，因此可以使企业清楚地了解消费者需求的方向、结构及其分布情况，从而为企业找到生存和发展的良机。

（二）指导企业决策

企业决策的正确与否是其成败的关键，企业要谋得生存和发展，就必须做好经营决策。企业通过市场营销活动，可以分析外部环境的动向，了解消费者的需求和欲望以及竞争者的现状和发展趋势，从而结合自身的资源条件，指导企业在产品、定价、分销、促销和服务等方面作出相应的科学决策。

（三）开拓市场

市场营销活动可以使企业通过对消费者现实和潜在需求的调查、了解与分析，充分把握和捕捉市场机会，积极开发新产品，建立更多的分销渠道并采用更多的促销方式，以开拓市场、增加销售。

（四）维持客户

满足消费者的需求与欲望是企业市场营销活动的出发点和中心，也是市场营销的基本功能。企业开展市场营销活动时，从消费者的需求出发，并针对不同目标市场的消费者采取不同的市场营销策略，可以合理地组织人力、财力、物力等资源，为消费者提供适销对路的产品，从而保留住现有客户。

三、营销管理的过程

营销管理是一个系统活动过程，包括分析市场机会、选择目标市场、设计营销组合、管理营销活动4个步骤。

（一）分析市场机会

寻找、分析与评价市场机会，是市场营销管理人员的主要任务，也是市场营销管理过程的首要步骤。由于市场环境不断变化，市场需求处于动态变化之中，因此企业必须经常寻找、发现新的市场机会。此外，企业还要对所发现的各种市场机会加以评价，甄别对本企业有利的机会。

（二）选择目标市场

企业在选择目标市场的过程中，要全面分析市场环境，收集市场信息，同时，还要进行市场预测工作，在此基础上决定企业所要经营的产品，以及产品的目标市场。

（三）设计营销组合

营销组合是指综合运用企业可以控制的营销手段，对其进行最优化组合，以取得最佳的市场营销效果。市场营销组合策略主要是对产品（Product）、价格（Price）、分销渠道（Place）和促销（Promotion）4个营销策略的整合应用。由于这4个名词的英文首字母都是P，所以营销组合策略又称4P组合。

（四）管理营销活动

管理营销活动即执行和控制市场营销计划。执行市场营销计划的过程如下：① 制定详细的行动方案；② 建立组织结构；③ 设计决策和报酬制度；④ 开发并合理调配人力资源；⑤ 建立适当的企业文化和管理风格。营销控制是指企业跟踪营销活动过程的每一个环节，确保营销活动能够按照计划目标进行，其控制方式主要有年度计划控制、盈利能力控制、效率控制和战略控制等。

四、市场营销观念的演变

市场营销观念是指企业在开展市场营销活动的过程中，在处理企业、消费者和社会三者利益方面所持的态度、思想和观念。市场营销观念的发展先后经历了5个阶段，即生产观念、产品观念、销售观念、市场营销观念和社会市场营销观念。

（一）生产观念

生产观念是指导销售行为的最古老的观念之一，其主要表现是"生产什么，就卖什么"。该观念认为，消费者可以接受任何买得到和买得起的商品，企业应致力于提高生产效率，扩大生产规模，以扩展市场。显然，生产观念是一种重生产、轻市场的商业哲学。例如，20世纪20年代初，美国汽车大王亨利·福特曾经说过的"不管消费者需要什么颜色的汽车，我的车都只有黑色的。"就是这种观点的典型代表。

（二）产品观念

产品观念也是一种较早的企业经营理念。该观念认为，消费者最喜欢高质量、多功能和具有某种特色的产品，因此企业应致力于生产高附加值的产品，并不断加以改进。"好酒不怕巷子深"就是对这种观念的形象说明。这种观念容易导致"营销近视症"，即企业把注意力放在产品上，而不是放在市场需要上，在市场营销管理中缺乏远见，只看到自己的产品质量好，看不到市场需求的变化，从而使企业经营陷入困境。

（三）推销观念

推销观念认为，消费者通常表现出一种购买惰性或抗衡心理，如果顺其自然的话，消费者一般不会足量购买某一企业的产品，因此，企业必须积极推销和大力促销，以刺激消费者大量购买本企业的产品。推销观念不是以买方需要为中心，而是以卖方需要为中心，属于"以销定产"。许多企业在产品过剩或销售的产品不是消费者所渴望的产品时，通常会奉行推销观念。例如，"我们会做什么，就努力去推销什么"就是对这一观念的形象说明。

（四）市场营销观念

市场营销观念是一种新型的企业经营哲学。这种观念以满足消费者需求为出发点，即"消费者需要什么，就生产什么。"市场营销观念认为，企业要达到既定目标，关键在于确定目标市场的需求和欲望，并能比竞争者更好地满足消费者的需求。因此，企业应认真进行市场调研，分析目标消费者的真正需求，并据此合理安排生产、组织销售，这样才能取得最佳经济效益。联想集团奉行的"您的需求，我们的行动"、"顾客至上"、"顾客就是上帝"就是对这种观念的形象说明。

> 市场营销与推销不同。推销是以企业自身生产率为出发点，通过促销宣传影响消费者，使消费者购买其产品；而营销则是以消费者的需求为生产经营的出发点，并综合运用各种科学的营销手段把产品和服务销售给消费者，以促进并引导企业不断发展。

（五）社会市场营销观念

社会市场营销观念是对市场营销观念的修改和补充。该观念认为，企业的任务是确定各个目标市场的需要、欲望和利益，并以保护或提高消费者和社会利益的方式，比竞争者更有效地向目标市场提供能够满足其需要、欲望和利益的产品或服务。社会市场营销观念强调兼顾社会、消费者和企业三方面的利益，并使之协调一致，达到最佳状态。

项目九 营销管理

【管理案例】

> **宜家超市下雨天5折卖雨伞**
>
> 　　下雨天时,宜家一律以半价优惠销售雨伞。通常情况下,物依稀为贵,货以急为贵,这是商家的游戏规则。下雨天,商家趁机赚点钱也无可非议;对消费者而言,下雨天为避免做"落汤鸡",多花点钱买把伞也是心甘情愿的。而宜家却反其道而行之,下雨天时,雨伞一律5折。
>
> 　　宜家能想消费者之想,以低价为消费者提供最需要的产品,从而让更多的消费者了解宜家。

　　以上5种观念可以概括为两大类:一是传统的经营观念,包括生产观念、产品观念和促销观念;二是现代营销观念,包括市场营销观念和社会市场营销观念。传统的经营观念以生产为中心,重生产、轻消费;现代营销观念则以消费者需求为中心。具体来说,5种营销观念的比较如表9-1所示。

表9-1　5种营销观念的比较

营销观念		营销过程	营销重点	营销手段	营销目标
传统营销观念	生产观念	产品—市场	产品	提高生产效率	通过扩大生产、降低成本来获取利润
	产品观念	产品—市场	产品	生产优质产品	通过提高质量、扩大销量来获取利润
	推销观念	产品—市场	产品	促进销售策略	通过加强促销活动、扩大销量来获取利润
现代营销观念	市场营销观念	市场—产品—市场	消费者需求	整体营销活动	通过满足消费者的需求和欲望来获取利润
	社会市场营销观念	市场—产品—市场	消费者需求,社会长期利益	协调性市场营销活动	通过满足消费者的需求和欲望、增加社会长期利益来获取利润

任务二　掌握产品策略

　　产品是指能够提供给市场,用于满足消费者需求和欲望的所有劳动产出。产品策略主要有产品生命周期策略、品牌策略、包装策略等。

一、产品生命周期策略

　　产品生命周期是指产品从进入市场开始,直到被淘汰退出市场为止所经历的全部时间。在同一市场,不同产品的生命周期不一样;在不同市场,同一产品的生命周期也不一样。

> 　　这里的产品生命是指产品的市场寿命、销售生命,而不是使用寿命、自然寿命。

（一）产品生命周期的划分

市场营销主要研究工业制成品的生命周期。典型的产品生命周期包括4个阶段，即导入期、成长期、成熟期和衰退期，整个生命周期曲线呈"S"形，如图9-1所示。

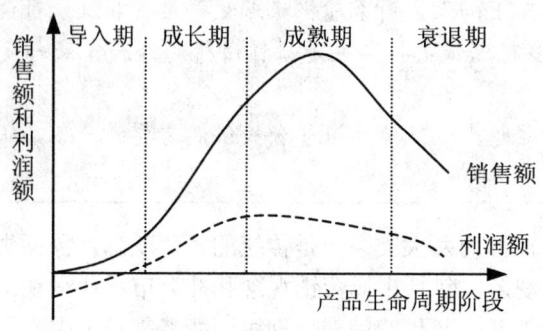

图9-1　产品生命周期曲线

1．导入期

导入期是新产品进入市场的最初阶段，这一阶段的主要特点如下：① 生产批量小、成本高；② 营销费用高；③ 销售量小；④ 利润较低，甚至为负值。

2．成长期

成长期的主要特点如下：① 消费者对产品已经比较熟悉，销售量增长很快；② 产品基本定型，生产批量较大，生产成本相对降低；③ 建立了比较理想的销售渠道，企业可获得一定的利润；④ 竞争者相继加入，市场上出现竞争的趋势。

3．成熟期

成熟期是产品生命周期中最"鼎盛"的时期，其主要特点如下：① 产品已被市场广泛接受，销售额虽仍在增长，但速度趋于缓慢；② 市场需求趋于饱和，销售量和利润达到最高点；③ 许多同类产品进入市场，市场竞争异常激烈；④ 成熟期后期，在销售量有所增长或保持稳定的情况下，利润保持稳定或开始下降。

4．衰退期

衰退期的主要特点如下：① 产品销售量迅速下降；② 产品价格已降至最低水平，利润很低或无利；③ 消费者逐渐减少，很多竞争者相继退出市场。

（二）产品生命周期各阶段的营销策略

（1）导入期。根据导入期的特点，企业要积极收集消费者对新产品的反应，大力开展广告宣传活动，疏通销售渠道，打开销路。

（2）成长期。在成长期，企业要最大限度地占领市场份额，尽可能延长产品的成长期，使获取最大利润的时间得以延长。

（3）成熟期。在这一阶段，企业应努力保持已有的市场份额，以获取最大利润，具体营销策略有市场多元化策略、产品改良策略、市场营销组合改良策略等。

（4）衰退期。在衰退期，企业应尽量减少产品的品牌支出，有效处理处于衰退期的产品，从中挤取利润。

【课堂互动】

教师给出某产品（如汽车、服装、洗发水等），由学生划分其生命周期，并说明各阶段应采取的营销策略。

二、品牌策略

品牌是指销售者的产品或服务的名称、符号、象征、设计及其组合，用来区分本企业与同行企业同类产品的商业名称。常用的品牌策略有以下几种。

（一）品牌化决策——是否使用品牌

由于使用品牌要消耗一定的成本，因而对于使用品牌和不使用品牌对经营效果影响不大的产品来说，不一定要使用品牌。

一般来说，企业在生产以下产品时，可以考虑不使用品牌：

（1）大多数未经加工的原料产品，如棉花、大豆等。

（2）不会因为制造商不同而形成不同特色的产品，如钢材、大米等。

（3）某些生产过程比较简单、选择性不大的小商品。

（4）临时性或一次性生产的产品等。

（二）品牌使用者决策——使用谁的品牌

消费者希望购买具有良好信誉的商家出售的产品，这就要求企业在品牌使用者上作出选择。一般来说，企业可以选择 4 种品牌所有权，一是制造商品牌（又称全国性品牌）；二是经销商品牌（又称专用品牌或私人品牌）；三是以上两种品牌兼用，即以制造商名称生产一些产品，并以经销商的名称生产另一些产品；四是租用第三者的品牌。

（三）品牌名称策略——使用多少品牌

品牌名称策略是指企业决定其产品使用一个或多个品牌，还是不同产品分别使用不同的品牌。常用的品牌名称策略有以下 4 种。

1. 个别品牌策略

个别品牌策略即企业的不同产品分别使用不同的品牌。例如，宝洁公司的洗发水有"飘柔"、"海飞丝"、"潘婷"等品牌。采用该品牌策略具有以下优点：① 企业能针对不同目标市场的需要，有针对性地开展营销活动；② 把个别产品的成败与企业的声誉分开，不会因为个别产品的失败而损害整个企业的形象。个别品牌策略要求企业增加品牌设计和品牌宣传方面的投入，需要有强大的财力做后盾，因此一般适用于实力雄厚的大中型企业。

2. 统一品牌策略

统一品牌策略即企业的所有产品都使用同一品牌。例如，美国通用电气公司的所有产品都用"GE"作为品牌名称。采用该品牌策略具有以下优点：① 企业可以利用多种媒体集中宣传一个品牌，借助品牌的知名度来显示企业的实力，树立企业形象；② 可以节省品牌设计、广告宣传等费用，有利于新产品的顺利推出。但是，统一品牌策略具有一定的风险性，某一产品出现问题时会影响整个品牌形象，危及企业信誉。

3. 分类品牌策略

分类品牌策略即企业根据一定的标准将其产品分类，不同类别产品使用不同的品牌。例如，海尔集团生产的家用电器（如冰箱、彩电、洗衣机等）使用"海尔"品牌，而保健品则使用"采力"品牌。这样，同类产品采用统一品牌策略，不同类别的产品之间采用个别品牌策略，可以兼收统一品牌策略和个别品牌策略的优点。该品牌策略特别适用于经营产品种类繁多，且各类产品之间差别较大的企业。

4. 企业名称加个别品牌策略

企业名称加个别品牌策略即在每个品牌名称之间均冠以企业名称，以企业名称表明产品出处，以品牌名称表明产品的特点。例如，海尔集团推出了"探路者"彩电，"大力神"冷柜，"大王子"、"小王子"和"小小神童"洗衣机。采用该品牌策略既可以使企业降低每个品牌的推广费用，可以利用企业的形象和声誉来进行新产品促销，又可以有效防止某个产品出现问题时对其他产品带来的连带影响。

【课堂互动】

> 举例说明某企业的品牌名称策略。

（四）品牌战略决策

品牌战略决策是指企业将品牌作为核心竞争力，以获取差别利润与价值的战略决策。品牌战略决策主要有品牌延伸策略、多品牌策略、产品线扩展策略、新品牌策略等。

- **品牌延伸策略**：是指企业利用其成功品牌的声誉来推出改进产品或新产品。
- **多品牌策略**：是指企业对同一产品使用两个或两个以上的品牌。
- **产品线扩展策略**：是指企业现有产品线生产的产品使用同一品牌，当增加该产品线的产品时，仍沿用原有的品牌。
- **新品牌策略**：是指为新产品设计新品牌的策略。

（五）品牌重新定位策略

品牌重新定位策略是指由于某些市场环境发生变化，而对产品品牌进行重新定位。品牌重新定位不是对原有定位的简单重复，而是企业经过市场磨炼之后，对原有品牌战略的一次扬弃。企业在面临以下环境时，可考虑对产品进行重新定位：① 企业原有目标消费群体的偏好发生了变化，对原有品牌的需求降低；② 竞争者推出与企业品牌十分接近的品牌，从而侵占了企业产品的市场占有率。

【管理案例】

万宝路的"变性手术"

万宝路香烟刚进入市场时，以女性烟民为目标消费群体，其广告语是：像五月的天气一样温和。从产品的包装设计到广告宣传，万宝路都针对明确的目标消费群体——女性烟民。然而，尽管当时美国的吸烟人数年年都在上升，万宝路的销量却始终平平。

后来，广告大师李奥·贝纳为其做广告策划时，作出一个重大决定，万宝路的命运也由此发生了转折。李奥·贝纳将万宝路重新定位为男子汉香烟，并将它与最具男子汉气概的西部牛仔形象联系起来，吸引所有喜爱、欣赏、追求这种气概的消费者。通过重新定位，万宝路树立了自由、野性与冒险的形象，在众多的香烟品牌中脱颖而出。

三、包装策略

包装是指盛装和保护产品的容器、材料和各种补助物的总称。良好的包装与正确的包装策略结合起来，可以强化包装的作用，促进产品销售。常用的包装策略有以下几种。

（一）类似包装策略

类似包装策略是指企业所生产的各种产品在包装上都采用相同的图案、近似的色彩，体现共同的特色。该包装策略可以节省包装设计费用，树立企业形象，也有利于新产品的推出。但该策略一般只适用于相同或近似质量水平的不同产品，若产品质量相差悬殊，会因个别产品质量下降而影响其他产品的销售。

（二）差异包装策略

差异包装策略是指企业的不同产品均采用独特的包装，在设计上采用不同的风格、色调和材料。该包装策略可以避免因个别产品销售失败而对其他产品产生影响，但会相应地增加包装设计和新产品促销的费用。

（三）配套包装策略

配套包装策略是指企业根据消费者的购买和消费习惯，将多种相互关联的产品纳入同一包装容器内。例如，企业为促进销售，将乒乓球和球拍包装在一起。该包装策略不仅可以方便消费者的购买和使用，而且有利于带动多种产品的销售，特别有利于新产品的推销。

（四）复用包装策略

复用包装策略是指包装内的产品用完后，包装物本身可以回收复用或供消费者做其他用途。例如，啤酒瓶可以回收重复使用、礼品盒可供消费者存放物品等。该包装策略在为消费者带来额外利益的同时，也可以扩大企业产品的销售。

（五）等级包装策略

等级包装策略是指企业为不同质量等级的产品分别设计不同的包装，如优质产品采用高档包装，一般产品采用普通包装。该包装策略可以适应不同的购买力水平或不同消费者的购买心理，从而扩大产品销售。

【管理故事】

榨菜的"旅行"

四川人最开始销售其"拳头"产品——榨菜时，一般是用大坛子、大篓子将其产品卖给上海人；精明的上海人把榨菜倒装在小坛子后，出口日本；在销路不好的情况下，日本商人又将从上海进口的榨菜原封不动地卖给香港商人；而爱动脑子、富于创新精神的香港商人以块、片、丝的形式把榨菜进行真空小袋包装后，再返销日本。在榨菜的"旅行"过程中，各方商人都赚了钱，但是靠包装赚"大钱"的还是香港商人。

管理启示： 不同的包装策略可以为企业带来不同的效益。只有根据产品特性和消费者需求采用合适的包装，才能获得最大的经济效益。

任务三　掌握价格策略

价格是营销组合中唯一能创造收益的因素，也是营销组合中最敏感、最难控制的因素，直接关系着消费者对产品的接受程度，涉及生产者、经营者、消费者等各方面的利益。因此，价格策略是企业市场营销组合中一个极其重要的组成部分。

一、新产品定价策略

新产品的定价关系到新产品能否顺利地进入目标市场，能否获得较大的经济效益，因此，企业必须选择合适的新产品定价策略。常用的新产品定价策略有以下几种。

（一）撇脂定价策略

撇脂定价策略是一种高价格策略，即在新产品上市初始为其制定高价，以便在较短时间内获得最大利润。该价格策略不仅能使企业在短期内获得较大利润，而且可以在竞争加剧时采取降价手段，这样一方面可以限制竞争者的加入，另一方面也符合消费者对待价格由高到低的心理。但是，采用该策略定价的产品的价格大大高于其实际价值，当新产品尚未在消费者心目中建立声誉时，不利于打开市场，甚至有时无人问津。同时，如果产品畅销，很容易引起众多竞争者涌入，从而导致价格急降，使经营者好景不长甚至被迫停产。

企业应用撇脂定价策略时必须具备以下条件：① 产品的质量、形象必须与高价相符，且有足够的消费者能接受这种高价并愿意购买；② 产品必须具有技术独特、不易仿制、生产能力不易迅速扩大等特点，使竞争者不易在短期内进入市场。

【管理案例】

> **苹果与索尼的撇脂定价策略**
>
> 苹果公司的 iPod 产品是最近几年来最成功的消费类数码产品，一经推出就获得成功。第一款 iPod 零售价高达 399 美元，即使对于美国人来说，这也属于高价产品，但是很多"苹果迷"既有钱又愿意花钱，所以还是纷纷购买。
>
> 作为对比，索尼公司的 MP3 也采用撇脂定价策略，但却以失败告终。索尼失败的重要原因是产品的上市速度较慢。当 iPod mini 在市场上热卖两年之后，索尼才推出了针对这款产品的 A1000，此时苹果公司已经推出了另一款新产品 iPod nano。速度的差距使苹果在长时间内享受到了撇脂定价的厚利，而索尼的产品虽然同样定价很高，但是由于销量太少而只"撇"到了少量的"脂"。
>
> 撇脂定价是一种追求短期利润最大化的定价策略，若处理不当，则会影响企业的长期发展。因此，在实践中，特别是在消费者日益成熟、购买行为日趋理性的今天，采用这一定价策略必须谨慎。

（二）渗透定价策略

渗透定价策略是一种低价格策略，即新产品投入市场时，以较低的价格吸引消费者，以打开市场。该定价策略所定的价格较低，一方面能使企业迅速扩大产品销量，从多销中增加利润；另一方面也能阻止竞争者介入，有利于控制市场。该策略的不足之处是投资回收期较长,如果产品不能迅速打开市场或遇到强有力的竞争对手,会给企业造成重大损失。

渗透定价策略作为一种长期的价格策略,一般适用于以下条件:① 新产品的潜在市场较大,需求价格弹性较大,低价可增加销售;② 企业新产品的生产和销售成本会随着销售量的增加而减少。

> 需求价格弹性是指需求量对价格变动的反应程度。如果某产品的需求量对价格变动非常敏感,产品价格稍有变化,需求量就会发生很大的变化,则说明该产品的需求价格弹性较大。

(三)满意定价策略

综合上述两种定价策略的优点,企业可以采取比撇脂价格低、比渗透价格高的定价策略,即满意定价策略。该价格策略既能保证企业获得一定的初期利润,又容易被消费者接受,使买卖双方都满意;但该策略比较保守,不适于需求复杂多变或竞争激烈的市场环境。

二、产品组合定价策略

产品组合定价策略是指处理企业各种产品之间的价格关系的策略。常用的产品组合定价策略有以下几种。

(一)产品线定价策略

产品线定价策略是指根据同一产品线上产品的不同质量和档次,以及消费者的不同需求和竞争者的产品情况,来确定不同的价格。简言之,该策略就是对同一产品线中不同产品之间的价格波动幅度作出决策。

企业采用该定价策略时,要使产品线中不同产品的价格差适应消费者的心理需求。价差过大,会诱导消费者趋向于购买某一种低价产品;价差过小,会使消费者无法确定选购目标。例如,某服装厂将男衬衫的价格定为 260 元、95 元、30 元 3 种价格,消费者自然会把这 3 种价格的衬衫分为高、中、低 3 个档次进行选购。即使这 3 种价格都有变化,消费者仍会按照自己的习惯去购买某一档次的衬衫。

(二)任选品定价策略

任选品定价策略是指对那些与主产品密切关联的可任意选择的产品的定价策略。企业为任选品定价时有两种策略可供选择:一种是为任选品定高价,靠其盈利;二是为任选品定低价,以此作为招徕顾客的因素之一。例如,有些饭店的饭菜定价较低,而烟酒、饮料等任选品定价很高;而有些饭店的烟酒、饮料等任选品定低价,而饭菜定高价。

(三)连带产品定价策略

连带产品定价策略又称后继产品定价策略,是指对那些必须与主产品配套使用的产品的定价策略。同时生产两种相关产品的企业,一般将主产品定低价以吸引消费者购买,而将附属产品定高价,以获得长期利益。例如,吉列公司将剃须刀的价格定得很低,而将刀片的价格定得很高,以赚取利润。

（四）副产品定价策略

企业在生产过程中，经常会产生副产品，如酿造厂的酒糟、榨油厂的油渣等。处理这些副产品通常要花费一定的费用，如果能将其直接变卖，则企业在迫于竞争压力时可以为主产品制定较低的价格，以增强其市场竞争力。

（五）产品群定价策略

企业经常将几种产品组合在一起，进行捆绑降价销售。例如，图书经销商将整套书籍一起销售，价格就要比单独销售低得多。企业采用这种策略时，必须使价格的优惠程度有足够的吸引力，且要注意避免易引起消费者反感的硬性搭配。

> 如果企业经营多种关联产品，则可以考虑采取以下定价策略：
> （1）搭配定价——将多种产品组合在一起定价；
> （2）系列产品定价——不同档次、款式、规格、花色的产品分别定价；
> （3）主产品带动——限定主产品的价格，变化其连带产品的价格；
> （4）连带产品差别定价——根据消费者选择连带产品的不同，区别主产品的价格。

三、心理定价策略

心理定价策略是指企业根据消费者的心理特点，为迎合消费者的某些心理需求而采取的定价策略。常用的心理定价策略有以下几种。

（一）尾数定价策略

尾数定价策略也称非整数定价策略，即给产品制定一个以零头数结尾的非整数价格。企业采用尾数定价策略，可以使消费者产生以下3种心理效益，从而达到促进产品销售的目的。

（1）便宜。例如，99元和100元仅仅相差1元，但前者给消费者的感觉是不到100元，而后者却让人感觉是100多元，因此前者给消费者一种价格偏低的感觉，使之易于接受。

（2）精确。尾数定价能使消费者认为企业定价认真，有尾数的价格是经过认真的成本核算之后确定的，从而使消费者对企业产生信任感。

（3）吉利。国内市场上通常用"8"作为价格尾数，因为"8"与"发"谐音，定价时多用"8"作为尾数，可以让消费者感觉更加吉利。

> 一般认为，5元以下的产品，尾数为9效果最佳；5～100元的产品，尾数为95效果最佳；100元以上的产品，尾数为98、99效果最佳。

（二）整数定价策略

整数定价策略是指企业在定价时，采用舍零凑整的方法制定整数价格，一般以"0"作为尾数。例如，服装厂将一套西装的价格定为500元而非499元。该定价策略实质上利用了消费者按质论价的心理和求方便的心理。在很多消费者看来，整数定价可以抬高产品的"身价"，且给人一种方便、简洁的感觉，因此可以促进产品销售。

（三）声望定价策略

声望定价策略是指针对消费者"价高质必优"的心理，对在消费者心目中具有较高声望、较好信誉的产品制定较高价格。价格档次常被作为产品质量最直观的反映，特别是消费者识别名优产品时，这种心理意识尤为强烈。因此，高价与性能优良、独具特色的名牌产品比较协调，更易显示产品特色，增强产品的吸引力，产生扩大销售的积极效应。

【管理案例】

> **金利来领带的声望定价策略**
>
> 金利来领带一上市就以高价定位，有质量问题的金利来领带决不上市销售，更不会降价处理。这就给消费者传达了这样的信息：金利来领带绝不会有质量问题，低价销售的领带绝非真正的金利来产品。这种定价策略极好地维护了金利来的形象和地位。

（四）招徕定价策略

招徕定价策略是指有意将产品按低于一般市价的价格出售，以吸引消费者。例如，有些零售商利用节假日或换季时机举行"节日大酬宾"、"换季大减价"等活动，把部分产品降价出售，以此来吸引消费者。实际上，消费者在购买廉价产品的同时，也带动了其他正常价格产品的销售。

（五）习惯定价策略

习惯定价策略是指按照消费者的需求习惯和价格习惯来制定价格。一些消费者经常购买、使用的产品（如洗衣粉、肥皂等），已在消费者心中形成一种习惯性的价格标准。此类产品的价格不宜轻易改变，以免引起消费者的不满。在必须变价时，企业宁可调整产品的包装、容量等，也尽量不要采用直接提高价格的办法。

【课堂互动】

> 讨论以下产品最适于采用哪种定价策略：① 书籍；② 日用消费品；③ 首饰；④ 高档化妆品；⑤ 儿童服装。

四、折扣定价策略

折扣定价策略是指企业对价格作出一定程度的让步，直接或间接地降低价格，以扩大产品销售。常用的折扣定价策略有以下几种。

（一）现金折扣策略

现金折扣策略是指对在规定时间内或提前付清账款者给予一定比例的价格折扣。例如，某企业规定付款期限为 1 个月，立即付现折扣 5%，10 天内付现折扣 3%，20 天内付现折扣 2%，最后 10 天内付款无折扣。企业采取现金折扣策略的目的是鼓励买方尽早付款，以加速资金周转，减少财务风险。

（二）数量折扣策略

数量折扣策略是指根据购买数量的多少，分别给予不同的折扣，购买数量越多，折扣越大。数量折扣的实质是将买方大量购买时所节约费用的一部分返还给买方，其关键在于合理确定给予折扣的起点、档次及每个档次的折扣率。企业采取数量折扣策略的目的是鼓励买方大量购买或集中购买企业产品，以期与本企业建立长期的商业关系。

（三）交易折扣策略

交易折扣策略是指企业根据各类中间商在市场营销中担负的不同功能给予不同的价格折扣。交易折扣的多少，随行业与产品的不同而有所区别；同一行业与和同种产品，其折扣率要根据中间商所承担风险的大小而定。一般而言，企业给予中间商的折扣较大，给予零售商的折扣较小。企业采取交易策略的目的是为了鼓励中间商大批量订货，以扩大产品销售。

（四）季节折扣策略

季节折扣策略是指经营季节性产品的企业，对销售淡季来采购的买方给予一定的折扣优惠。例如，啤酒制造商对冬季进货的经销商给予大幅度让利，羽绒服制造商为夏季购买其产品的企业提供折扣等。企业采取季节折扣策略的目的是鼓励买方提前采购或淡季采购，以减轻企业的仓储压力，调节淡旺季之间销售不均衡的现象。

（五）回扣和津贴

回扣是间接折扣的一种形式，是指买方付清全部货款之后，卖方再按一定比例将货款的一部分返还给买方。津贴是企业为特殊目的、对特殊消费者，以一定形式所给予的价格补贴或其他补贴。例如，当中间商为企业产品刊登地方性广告、设置样品展示时，生产企业给予中间商一定数额的资助或补贴。

【管理案例】

美佳西服店的折扣定价策略

日本东京银座美佳西服店采用折扣定价策略，获得了成功。美佳西服店先发布公告，介绍其产品的品质、特点等一般情况，再宣布打折的销售天数及具体日期，最后说明打折方法：第1天打9折，第2天打8折，第3、4天打7折，第5、6天打6折，以此类推，到第15、16天时打1折。该策略的实践结果是，第1、2天顾客不多，来者多半是来探听虚实和看热闹的；第3、4天，人渐渐多起来；第5、6天打6折时，顾客洪水般地拥向柜台抢购。以后连日爆满，没到1折售货日期，产品早已售空。

美佳西服店成功的根本原因在于准确抓住了顾客的求廉心理，有效地运用折扣策略销售产品。人们当然希望买到质量好又便宜的产品，但是有谁能保证你想买时还有货呢？于是出现了顾客前几天犹豫，中间几天抢购，最后几天买不着者惋惜的情景。

任务四　了解分销渠道策略

一、分销渠道的概念

分销渠道是指当产品从生产者向消费者转移时，直接或间接转移产品所有权所经过的途径。

由上述概念可知，分销渠道具有以下几层含义：

（1）分销渠道的起点是生产者，终点是消费者。它所组织的是从生产者到消费者之间完整的商品流通过程，而不是商品流通过程的某一阶段。

（2）分销渠道主要是由参与商品流通过程的各种类型的机构组成的。通过这些机构网络，产品才能从生产者流向最终消费者，实现其价值。

（3）在产品从生产者流向最终消费者的过程中，最少要经过一次产品所有权的转移。

（4）分销渠道并不是生产者和中间商之间相互联系的简单结合，而是企业之间为达到各自或共同目标而进行交易的复杂行为体系。

【课堂互动】
原材料供应商属于分销渠道的成员吗？为什么？

二、分销渠道的功能

分销渠道的基本功能是实现产品从生产者向消费者的转移。具体来说，分销渠道具有以下功能：

（1）传递信息。即收集与传播营销环境中有关现实与潜在顾客、竞争对手和其他参与者的营销调研信息。

（2）联系业务，洽谈生意。即为了实现产品所有权的转移，寻找可能的购买者并与之沟通。

（3）促进销售。即通过沟通，促进企业产品的销售。

（4）编配分装。即通过装配、包装等活动，使生产者所供应的产品符合消费者的需要。

（5）实体储运。即从事商品的存储和运输。

（6）融通资金。即收集和分散资金，以补偿渠道作业所需费用。

（7）转移风险。即通过分销渠道转移企业在经营过程中的部分风险。

三、分销渠道的设计

分销渠道设计是指建立以前从未存在过的分销渠道，或者对已经存在的渠道进行变更的营销活动。分销渠道设计的流程主要包括分析消费者需要、建立渠道目标、制定渠道方案和评估与选择渠道方案4个步骤。

（一）分析消费者需要

企业设计分销渠道时，首先要分析消费者的需要，了解其目标消费群体需要购买的产品与服务的种类与形式，及其购买的时间、地点、方式等，即了解消费者需要的服务产出水平。企业设计分销渠道时需要考虑的服务产出水平包括批量大小、等候时间、空间便利、产品品种与服务支持等。

> **批量大小**：是指在一次购买过程中，分销渠道能够提供给消费者的产品的单位数量。
> **等候时间**：是指消费者等待收到产品的平均时间。
> **空间便利**：是指分销渠道为消费者购买产品提供的便利程度。
> **产品品种**：是指分销渠道提供给消费者的产品的花色、品种、型号等。
> **服务支持**：是指分销渠道提供的附加服务，包括中间商提供的信贷、安装与维修等附加服务。

（二）建立渠道目标

企业在设计分销渠道时，必须要在理想渠道与可能得到的渠道之间作出选择，确定达到目标市场的最佳渠道。如果企业的目标是扩大产品的市场覆盖面，应选择尽可能多的中间商；如果企业要控制中间商，则应不断加强自身能力，选择较少的中间商，以掌握渠道主动权。

（三）制定渠道方案

企业设计分销渠道的主要目的是以较低成本、较高效率，把消费者需要的产品在适当的时间和地点送至消费者手中。为此，企业需要确定中间商的类型和所需中间商的数量，并明确规定中间商的权利与责任，以设计出合适的分销渠道。

（四）评估与选择渠道方案

企业确定分销渠道方案后，就要对各种方案进行评估，找出最优的渠道路线。企业评估渠道方案时必须遵循经济性原则、控制性原则和适应性原则。

> **经济性原则**：是指所选的分销渠道应能够最大限度地降低成本，获得最大的经济效益。
> **控制性原则**：是指企业应对所选择的分销渠道进行有效的控制，并建立一套长期、稳定的分销渠道控制体系，以保证市场份额与销售利润的稳定性。
> **适应性原则**：是指企业选择分销渠道时要充分考虑各种因素的影响，不仅要考虑不同地区的消费者分布、收入、购买特点，还要考虑产品本身的特性与消费的季节性。

四、分销渠道的管理

企业在确定渠道方案后，必须对所有渠道成员进行选择、培训、激励与评估，此外，还要根据市场的变化与时间的推移，及时调整分销渠道。

（一）选择渠道成员

选择渠道成员即根据已设计好的分销渠道招募合适的中间商。一般来说，企业可根据中间商的信誉、销售能力、财务支付能力、经营管理能力等对中间商加以选择。

（二）培训渠道成员

企业应有计划地、定期地对中间商进行系统的培训，使其尽快掌握产品的特性，了解目标市场的信息，增强产品维修技术和产品推销能力。

（三）激励渠道成员

企业应该像重视最终消费者一样重视中间商，需要认真研究中间商的需求与结构，针对不同的中间商采取不同的激励方法，使其出色地完成销售任务。例如，企业可以为业绩较高的中间商分发奖金、给予特殊优惠等。

【管理案例】

> **虎牌啤酒的零售商奖励机制**
>
> 虎牌啤酒针对零售商举办了历时1年的步步高升的零售奖励计划。在此计划中，虎牌啤酒规定零售商的销售总额达到一定数量，便可即时获赠奖品。其具体奖励机制为：在活动期间，销售额达到8万元人民币（按进货价格计算）的，可获赠高级打火机15个；达到12万元人民币的，可获赠精美手表15个；达到16万元人民币的，可获赠优质公文包15个；达到19.8万元人民币的，可获赠电冰箱1台。

（四）评估渠道成员

企业必须按一定标准分析与评估中间商的表现，具体评估标准包括销售额的完成情况、销售增长率、产品的市场占有率、平均库存水平、交货速度、对损坏和遗失商品的处理、为消费者提供的附加服务等。

（五）调整分销渠道

当分销渠道不能按计划运行、目标市场的消费者的购买方式发生变化、市场扩大、新的竞争者进入、产品生命周期更替时，企业需要对分销渠道加以修改和调整。企业调整分销渠道的方式包括增减渠道成员、增减分销渠道、变动分销系统等。

任务五　了解促销策略

促销是指企业通过人员或非人员销售的方式，沟通企业与消费者之间的信息，激发、刺激消费者的购买欲望与兴趣，使其产生购买行为的综合性营销活动。企业常用的促销方式包括人员推销、广告促销、营业推广、公共关系营销等，其中，人员推销属于人员促销方式；广告促销、营业推广和公共关系营销属于非人员促销方式。

一、人员推销

人员推销又称派员推销或直接推销，是指企业通过销售人员直接向消费者推销产品或服务的营销活动。人员推销的基本策略有以下3种。

（一）试探性策略

试探性策略又称"刺激—反应"策略，是指推销人员在不了解顾客的情况下，运用刺激性手段引发顾客产生购买行为的策略。该策略的一般技巧是：推销人员事先设计好能引起顾客兴趣、刺激顾客购买欲望的推销语言，通过渗透性交谈进一步刺激，在交谈中观察顾客的反应，然后根据其反应采取相应的对策，并进一步刺激，再观察反应，以了解顾客的真实需要，诱导其购买动机，引导其产生购买行为。

（二）针对性策略

针对性策略又称"配方—成交"策略，是指推销人员在了解顾客某些情况的前提下，有针对性地进行宣传和介绍，以引起顾客的兴趣和好感，从而达成交易。推销人员采用该策略时，应提前根据顾客的有关情况设计推销语言，以便于目标的实现。

（三）诱导性策略

诱导性策略又称"诱发—满足"策略，是指推销人员运用能激起顾客某种需求的说服方式，诱发引导顾客产生购买行为。该策略是一种创造性的推销策略，要求推销人员能因势利导，诱发、唤起顾客的需求，并能不失时机地宣传、介绍和推荐所推销的产品，以满足顾客对产品的需求。

【管理故事】

驼鹿与防毒面具

有一个推销员，他以能够卖出任何东西而出名。他已经成功卖给牙医一把牙刷，卖给面包师一个面包，卖给瞎子一台电视。但他的朋友对他说："如果你能卖给驼鹿一个防毒面具，你才算是一个真正优秀的推销员。"

于是，这位推销员不远千里来到北方，那里是一片只有驼鹿居住的森林。

"您好，"他对驼鹿说，"您需要防毒面具吗？"

"真遗憾，可我并不需要。"

"您稍后，"推销员说，"您马上就需要一个放毒面具了。"说着他便开始在驼鹿居住的森林中央建造工厂。

工厂建成后，许多有毒废气从大烟囱中滚滚而出。不久，驼鹿来就来到推销员处对他说："现在我需要一个防毒面具了。"

"这正是我想要的。"推销员说着便卖给了驼鹿一个。

驼鹿说："别的驼鹿也同样需要防毒面具，你还有吗？"

"你真走运，我还有成千上万个！"

"可是，你的工厂里生产什么呢？"驼鹿好奇地问。

"防毒面具！"推销员兴奋而又简洁地回答。

管理启示：一个伟大的推销员需要创造需求并推销满足这种需求的产品，才能把推销工作做到最好。

二、广告促销

广告是指企业通过一定的传播媒介，以促进销售和增加赢利为目的，对有关产品、服务与观念进行的有偿的信息沟通活动。广告促销是指企业在一般营销策略的基础上，利用各种促销手段，在广告中突出所经营产品的特点、功能等，从而促进销售的方法和手段。广告促销的一般程序如图9-2所示。

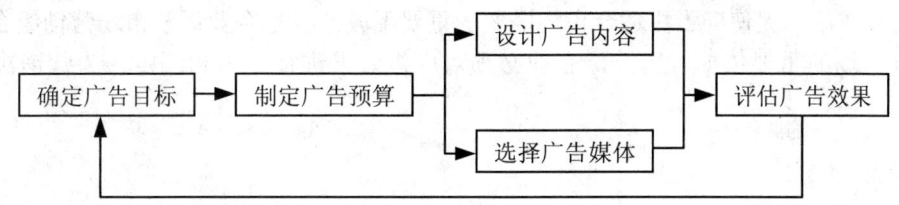

图 9-2 广告促销的程序

（一）确定广告目标

企业进行广告宣传，一般有以下 3 个目的：① 提高消费者对企业产品的认知，促使消费者接受企业产品；② 促进消费者对广告产品的初次试用和重复购买；③ 提示消费者保持对产品的记忆与偏好。企业只有明确广告目标，才能有的放矢，收到预期效果。

（二）制定广告预算

广告预算是指企业在制定广告方案时预先安排的广告预期支出的金额。预算过低，广告花费不足，无法达到预期的效果；反之，会造成浪费，降低广告的投资回报率。因此，企业必须根据产品的生命周期、目标市场份额、行业竞争情况等确定广告预算。

（三）设计广告内容

广告的设计必须以人的心理活动特征为依据，把激发人的潜在意识作为重要目标。这就要求广告内容首先要引起消费者的注意，激发消费者对广告的兴趣，继而使其产生购买愿望，并实施购买行为。一般来说，广告内容应具有规律性强、内容真实、针对性强、创意新颖、富有特色等特点。

（四）选择广告媒体

广告媒体是指企业传递广告信息的中间媒介。合理选择广告媒体，对于提高广告效果和降低广告成本至关重要。常用的广告媒体包括印刷媒体（如报纸、刊物等）、电子媒体（如网络、电视等）、户外媒体（如灯箱、广告牌等）、实物媒体（如模型、标志徽章等）几大类。一般来说，企业在选择广告媒体时，应结合自己的资源条件，综合运用各种广告媒体，而不能单一使用一种媒体。

【管理案例】

娃哈哈的广告媒体组合策略

娃哈哈为了打开北京地区的市场，首先选择报纸媒体进行"巷战"，在《北京日报》、《北京晚报》、《北京广播电视报》等报纸上发布广告。在消费者对娃哈哈有一定了解后，娃哈哈把重点放在了电视广告上，选择北京电视台作为主要媒体进行宣传。同时，娃哈哈还通过广播和路牌进行广告宣传。娃哈哈的广告媒体组合策略为其产品树立了良好的形象，赢得了消费者的青睐。

（五）评估广告效果

广告效果是指广告作品通过广告媒体传播之后所产生的影响。对广告效果的评估，是检验广告活动成败、促使广告更适合市场需要的重要手段,也是企业调整市场营销组合策略、确立目标市场的重要依据。因此,企业必须对广告效果进行评估和测定,为营销决策提供依据。

三、营业推广

营业推广是指企业在一定时期内,运用短期诱因对消费者进行强烈刺激,激发消费者的购买欲望,促使消费者迅速购买的促销方式。营业推广的一般程序如下。

(一)确定营业推广目标

企业进行营业推广时,首先要明确营业推广的目标,然后才能根据目标的要求,策划具体的营业推广方案。例如,针对消费者进行的营业推广,主要目标是鼓励老顾客再次购买,刺激新顾客使用新产品;针对中间商进行的营业推广,主要目标是吸引中间商经营新产品,建立中间商的品牌忠诚度。

(二)选择营业推广方式

企业确定营业推广目标之后,应选择合适的营业推广方式。例如,面向消费者的营业推广方式有赠送样品、包装促销、折价促销、现场演示、参与促销等;面向中间商的营业推广方式有批发回扣、推广津贴、销售竞赛、特许经营等。

(三)制定营业推广方案

完整的营业推广方案是企业实施营业推广策略的依据和指导。企业在制定营业推广方案时,应对以下几个方面做出明确的决策:

- **刺激强度**:即通过营业推广,确定对消费者刺激强度的大小。
- **推广对象**:即针对消费者和中间商的特点,明确营业推广的目标市场。
- **推广媒体**:即根据推广目标的要求,选择适合本企业产品与企业实际情况的推广媒体,并加以综合应用。
- **推广时机**:即根据产品的生命周期、市场竞争态势、消费者的购买心理和收入水平等选择合适的推广时机。
- **推广预算**:即按照上期费用决定当期预算,或者按经验比例来确定各种营业推广费用占总预算的百分比。

(四)评估营业推广效果

营业推广的效果体现了营业推广的目的,企业在每次营业推广结束后,都要对营业推广的效果进行评估,取得营业推广的成果资料,并与推广目标和推广计划进行分析对比,肯定成绩,找出问题,以实现营业推广的目标。评估营业推广的方法主要有比较法、顾客调查法、实验法等。

四、公共关系营销

公共关系营销也称公关营销,是指用来建立和维护企业与公众之间良好关系的一系列活动。公共关系营销主要是通过不花钱或少花钱的活动,利用新闻媒体的力量开展工作。企业

项目九 营销管理

实施公共关系营销的一般程序如下。

（一）确定公关目标

公关目标是指企业在一定时期内通过公共关系活动要达到的目的。公关人员在进行公共关系营销策划时，首先要依据公关调查所确定的企业公关状态及其面临的公关问题，确定企业的公关目标。公关目标是公关策划的首要内容，企业在进行公关策划都必须确立公关目标，以控制公关活动全过程。

（二）选择公共题材

公关人员应加强与新闻编辑的联系，以提高企业新闻的采用率。如果企业可供报道的事件不多，销售部门就应该发动几起有新闻价值的时间，想办法创造新闻，如举行周年庆典、展览会、时装表演、学术讨论会、记者招待会、捐赠物品、请名人演讲等。

（三）选择公共工具

企业可以选择的公共工具有新闻宣传、事件、服务性公关、社会性公关、形象识别媒体等。

- **新闻宣传**：即通过新闻媒体（如报纸、广播、电视等）向社会各界宣传企业的有关信息。
- **事件**：即通过安排一些特殊的事件（如讨论会、竞赛等）来吸引公众对企业产品及其他事件的关注。
- **服务性公关**：即通过各种实惠性服务（如免费修理、培训等）获取公众的了解、信任和好评。
- **社会性公关**：即向文化、教育、体育、卫生等社会公益事业捐赠一定的金钱和实物。
- **形象识别媒体**：即建立能够快速被公众识别的视觉形象，如印发宣传手册、统一制服等。

案例分析——宝马集团的营销组合策略分析

宝马集团综合运用了产品策略、价格策略、分销渠道策略和促销策略，取得了巨大成功。

产品策略

宝马的产品定位是：生产最完美的驾驶工具，向消费者传递创新、动力、美感的品牌魅力。公司的所有促销活动都以这个定位为主题，并在上述三者中选取至少一项作为支持。每个要素的宣传都要考虑到宝马的消费群体，要使消费者感觉到宝马是"成功的新象征"。为此，宝马集团设计了种类繁多的车型，并以不同系列加以区分。例如，宝马集团根据亚洲消费者的需求，在亚洲地区着重推出宝马3系列、5系列、7系列和8系列，这几个车型的共同特点是——节能。

价格策略

宝马的目标在于追求成功的高价策略，其价格比同类汽车一般要高出10%～20%。宝马集团认为其产品制定高价是因为：高价意味着宝马汽车的高品质，也意味着宝马品牌的地位和声望，表示宝马品牌与竞争品牌相比更具有专用性和独特性，更能显示出车主的社会成就。

总之，宝马的高价策略是以其优质的产品和完善的服务，以及宝马品牌的象征价值为基础的。

分销渠道策略

在销售方式上，宝马集团主要采取直销方式。宝马是独特、个性化且技术领先的品牌，其目标顾客为高端消费群体，因此，必须采用细致、个性化的手段，用直接、有效的方式把信息传递给顾客，而直销是最能满足这种需要的销售方式。

对于宝马集团来说，直销不仅可以加强其与顾客的沟通，实现企业与顾客的零距离；还可以利用与顾客的交谈，与顾客建立起长期、稳定的关系，树立宝马的品牌形象。此外，宝马还把销售重点放在提供良好服务和保证零配件供应上。对新开辟的营销区域，在没开展销售活动之前，便先设立服务机构，以建立起可靠的销售渠道。

促销策略

宝马集团认为，促销活动一定要达到以下目标：① 向顾客提供详尽的产品信息；② 加强顾客与企业之间的感情交流；③ 成功地把宝马的品位融入潜在顾客中；④ 在提升整体形象的基础上，完善宝马产品与服务的组合。

为了有效地将信息传递给目标顾客，宝马集团在亚洲主要采用广告营销和公共关系营销两种方式。

（1）广告促销。宝马集团借助香港、新加坡等地的电视、报纸、杂志等多种广告媒体开展广告宣传活动。这些活动主要分为两个阶段：第一阶段主要是向顾客宣传宝马是高级豪华车品牌，同时介绍宝马集团的成就和成功经验；第二阶段以 7 系列作为主要的宣传产品，强调宝马的安全、舒适，以及全方位的售后服务。

（2）公共关系营销。宝马集团在亚洲举行了宝马国际高尔夫金杯赛和宝马汽车鉴赏巡礼两个公关活动。此外，宝马集团还定期举行记者招待会，在电视节目中与顾客代表和汽车专家共同探讨宝马车的功能，让潜在顾客试开宝马车，这些活动也加强了宝马与顾客的沟通。

综合实训　了解宝洁公司日化产品的定价策略

【实训目的】

1. 加强学生对所学知识的掌握；
2. 培养学生分析问题的能力和动手操作能力。

【实训要求】

1. 由学生自愿分组，每组 6~8 人，并选出小组负责人。
2. 以小组为单位选择宝洁公司生产的两种品牌的洗发水作为调查对象，在各大超市中开展调查活动。调查内容包括两种产品的品牌、价格、销售渠道、市场占有率、顾客满意度，以及竞争者产品的价格水平等，分析两种产品在本地的销售情况。
3. 讨论两种产品的定价策略。分析与讨论两种产品所采取的定价策略，以及各定价策略所达到的效果。讨论过程中，先由个人发表意见，然后进行小组讨论，并推举代表进行全班交流。
4. 撰写实训报告，报告内容应包括实训过程、总结、感想等。

【实训考核】

由教师根据表 9-2 所示的考核成绩表对学生作出考核与评价。

表 9-2 考核成绩表

考核内容	考核标准		比重（%）	小计（%）
资料收集	内容	完整性	15	30
		真实性	15	
讨论交流	内容	合理性	10	40
		准确性	10	
	现场表现	语言流利	10	
		表现自如	10	
书面报告	内容	条理性	10	30
		简明性	10	
		创新性	10	
合计（%）			100	

项目小结

本项目主要介绍了营销管理的相关知识，先介绍了市场营销的基础知识，然后分别介绍了 4P 组合营销策略。

1. 市场营销的基础知识

市场营销是指在变化的市场环境中，旨在满足消费者需要、实现企业目标的商务活动过程。

企业市场营销作为一种活动，具有以下 4 项基本功能：① 预测市场需求；② 指导企业决策；③ 开拓市场；④ 维持客户。

营销管理是一个系统活动过程，包括分析市场机会、选择目标市场、设计营销组合、管理营销活动 4 个步骤。

市场营销观念的发展先后经历了 5 个阶段，即生产观念、产品观念、销售观念、市场营销观念和社会市场营销观念。

2. 产品策略

产品是指能够提供给市场，用于满足消费者需求和欲望的所有劳动产出。产品策略主要有产品生命周期策略、品牌策略、包装策略等。

（1）产品生命周期策略

产品生命周期是指产品从进入市场开始，直到被淘汰退出市场为止所经历的全部时间。典型的产品生命周期包括 4 个阶段，即导入期、成长期、成熟期和衰退期，整个生命周期曲线呈"S"形。

（2）品牌策略

品牌是指销售者的产品或服务的名称、符号、象征、设计及其组合，用来区分本企业与同行企业同类产品的商业名称。常用的品牌策略有以下几种：① 品牌化决策——是否使用品牌；② 品牌使用者决策——使用谁的品牌；③ 品牌名称策略——使用多少品牌；④ 品牌战略决策；⑤ 品牌重新定位策略。

(3) 包装策略

包装是指盛装和保护产品的容器、材料和各种补助物的总称。常用的包装策略有以下几种：① 类似包装策略；② 差异包装策略；③ 配套包装策略；④ 复用包装策略；⑤ 等级包装策略。

3. 价格策略

(1) 新产品定价策略

常用的新产品定价策略有以下几种：① 撇脂定价策略；② 渗透定价策略；③ 满意定价策略。

(2) 产品组合定价策略

产品组合定价策略是指处理企业各种产品之间的价格关系的策略。常用的产品组合定价策略有以下几种：① 产品线定价策略；② 任选品定价策略；③ 连带产品定价策略；④ 副产品定价策略；⑤ 产品群定价策略。

(3) 心理定价策略

心理定价策略是指企业根据消费者的心理特点，为迎合消费者的某些心理需求而采取的定价策略。常用的心理定价策略有以下几种：① 尾数定价策略；② 整数定价策略；③ 声望定价策略；④ 招徕定价策略；⑤ 习惯定价策略。

(4) 折扣定价策略

折扣定价策略是指企业对价格作出一定程度的让步，直接或间接地降低价格，以扩大产品销售。常用的折扣定价策略有以下几种：① 现金折扣策略；② 数量折扣策略；③ 交易折扣策略；④ 季节折扣策略；⑤ 回扣和津贴。

4. 分销渠道策略

分销渠道是指当产品从生产者向消费者转移时，直接或间接转移产品所有权所经过的途径。

分销渠道具有以下功能：① 传递信息；② 联系业务，洽谈生意；③ 促进销售；④ 编配分装；⑤ 实体储运；⑥ 融通资金；⑦ 转移风险。

分销渠道设计是指建立以前从未存在过的分销渠道，或者对已经存在的渠道进行变更的营销活动。分销渠道设计的流程主要包括分析消费者需要、建立渠道目标、制定渠道方案和评估与选择渠道方案4个步骤。

企业在确定渠道方案后，必须对所有渠道成员进行选择、培训、激励与评估，此外，还要根据市场的变化与时间的推移，及时调整分销渠道。

5. 促销策略

(1) 人员推销

人员推销又称派员推销或直接推销，是指企业通过销售人员直接向消费者推销产品或服务的营销活动。人员推销的基本策略有以下 3 种：① 试探性策略；② 针对性策略；③ 诱导性策略。

（2）广告促销

广告促销是指企业在一般营销策略的基础上，利用各种促销手段，在广告中突出所经营产品的特点、功能等，从而促进销售的方法和手段。广告促销的一般程序如下：① 确定广告目标；② 制定广告预算；③ 设计广告内容；④ 选择广告媒体；⑤ 评估广告效果。

（3）营业推广

营业推广是指企业在一定时期内，运用短期诱因对消费者进行强烈刺激，激发消费者的购买欲望，促使消费者迅速购买的促销方式。营业推广的一般程序如下：① 确定营业推广目标；② 选择营业推广方式；③ 制定营业推广方案；④ 评估营业推广效果。

（4）公共关系营销

公共关系营销也称公关营销，是指用来建立和维护企业与公众之间良好关系的一系列活动。企业实施公共关系营销的一般程序如下：① 确定公关目标；② 选择公共题材；③ 选择公共工具。

思考与练习

一、名词解释

市场营销　　产品生命周期　　分销渠道　　公共关系营销

二、填空题

1．市场营销观念的发展先后经历了 5 个阶段，即_____、_____、销售观念、市场营销观念和_____。

2．典型的产品生命周期包括 4 个阶段，即_____、_____、_____和_____。

3．_____即企业的所有产品都使用同一品牌。

4．常用的包装策略有_____、_____、_____、_____、_____。

5．企业评估渠道方案时必须遵循_____、_____和_____。

6．人员推销的基本策略有_____、_____和_____。

三、选择题

1．"好酒不怕巷子深"是对（　　）观念的形象说明。
　　A．生产　　　　B．产品　　　　C．推销　　　　D．市场营销

2．（　　）是产品生命周期中最"鼎盛"的时期。
　　A．导入期　　　B．成长期　　　C．成熟期　　　D．衰退期

3．以下产品中，（　　）可以不使用品牌。
　　A．汽车　　　　B．洗发水　　　C．钢材　　　　D．服装

4．某网球生产企业将网球和网球拍包装在一起出售，这是采用了（　　）包装策略。
　　A．类似　　　　B．配套　　　　C．差异　　　　D．等级

5．（　　）定价策略利用了消费者"价高质必优"的心理。
　　A．声望　　　　B．招徕　　　　C．尾数　　　　D．习惯

6. （　　）策略又称"诱发—满足"策略。
   A. 启发性　　　B. 试探性　　　C. 针对性　　　D. 诱导性
7. 下列选项中，（　　）属于电子媒体。
   A. 灯箱　　　　B. 报纸　　　　C. 霓虹灯　　　D. 网络

四、简答题

1. 简述营销管理的过程。
2. 简述产品生命周期各阶段的营销策略。
3. 简述分销渠道管理的过程。
4. 简述广告促销的一般程序。

项目十　企业战略管理

【引　子】

"三年发展靠机遇，十年发展靠战略"，对于谋求长远发展的企业来说，战略管理是极其重要的。而战略管理是一种全新的管理方式，企业只有遵循战略管理的一般过程，应用合适的战略管理方法，才能达到预期的战略目标。

【本章内容提要】

◇ 了解战略管理的概念、原则和任务；
◇ 掌握战略管理的过程；
◇ 掌握战略管理的方法，并能用其解决实际问题。

案例导入——沃尔玛的"平价观"

近年来，各大城市随处可见打着"平价"招牌的商店，"平价"之潮大有泛滥成灾之势。世界首屈一指的零售业霸主沃尔玛公司，成功地把这种经营方式发挥到了极致。

沃尔玛特别重视价格竞争，长期奉行薄利多销的经营方针。沃尔玛商店里随处可见"天天平价"的广告牌，同一种商品在沃尔玛要比其他商店便宜很多。沃尔玛每周六早上都召开经理人员会议，如果有分店报告某商品在其他商店比沃尔玛便宜，则立即决定降价，以符合沃尔玛的口号"为顾客节省每一美元"。事实上，沃尔玛提倡的是低成本、低费用结构、低价格的经营思想，一般零售商的利润都在45%左右，而沃尔玛一般在30%左右。

问题

1. 沃尔玛的"平价观"体现了何种战略？
2. 查找其他资料，分析沃尔玛是如何实现该战略的。

任务一　了解战略管理的基础知识

一、战略管理概述

（一）战　略

战略是指企业以未来为基点，在分析外部环境和内部条件的现状及其变化趋势的基础上，为了寻求企业的长期生存与发展所作的整体性、全局性、长远性的谋划。

（二）战略管理

战略管理是指企业确定其使命，根据外部环境和内部条件设定企业的战略目标，为保证目标的正确落实和实现进行谋划，并依靠自身能力将这种谋划付诸实施，以及在实施过程中进行控制的动态管理过程。

由上述概念可知，战略管理包括以下两层含义：

（1）战略管理不仅包括战略的制定和规划，也包括将制定出的战略付诸实施的过程，因此是一个全过程的管理。

（2）战略管理不是静态的、一次性的管理，而是一种循环的、往复性的动态管理过程。它需要根据企业外部环境、企业内部条件的变化，以及战略执行结果的反馈信息等，重复进行新一轮的战略管理，是不间断的管理。

【管理故事】

石头汤的故事

一个乞丐手里拿着一块石头，敲开了一家人的门，请求女主人把锅借给他用，因为他想煮"石头汤"喝。女主人无法拒绝这个简单的要求，而且她也很想见识一下这种神奇的"石头汤"。于是，乞丐开始在女主人的锅里煮自己的"石头汤"。

锅里的水烧开以后，乞丐又请求女主人给他一点盐，这个请求同样是那么简单，女主人无法拒绝。之后，乞丐用汤勺把汤放到嘴里尝了一下，似乎很满意，但又有些美中不足，于是又请求女主人给这个汤加少许的胡椒粉。

最后，乞丐再一次请求女主人给这个汤加一点"微不足道"的肉沫，以使石头汤的味道更加鲜美。汤煮好了，乞丐把锅里的石头捞出来丢到一旁，而后开始慢慢品尝锅里的汤。

管理启示： 乞丐之所以能够喝到鲜美的肉汤，关键就在于他为肉汤的获得设计了一个完美无缺的过程，有了这种精心的"安排"，一切都变得顺理成章。其实，战略管理就是对未来发展进行安排，并想法设法使这种安排得以实现的过程。

二、战略管理的原则

战略管理有助于企业走向成功之路，但是不正确的战略管理有时会适得其反。因此，企业进行战略管理时要遵循以下原则。

（一）适应环境原则

外部环境在很大程度上会影响企业的战略目标和发展方向，因此，企业制定战略时一定要保证企业与其所处的外部环境相适应。

（二）全程管理原则

战略管理是一个过程，包括战略的制定、实施与控制。在这个过程中，各个阶段是互相支持、互相补充的，忽略其中任何一个阶段，战略管理都不可能成功。

（三）整体最优原则

企业进行战略管理时要将企业视为一个整体，要强调整体最优，而不是局部最优。战略管理主要通过企业制定的战略目标来协调各部门的活动，使之朝着同一个方向努力。

（四）全员参与原则

战略是对企业未来发展作出的整体性、全局性的谋划，所以战略管理绝不仅仅是企业领导和战略管理部门的事，在战略管理的全过程中，企业全体员工都要参与。

（五）反馈修正原则

战略管理涉及的时间跨度较大，一般在5年以上。因此，战略管理的过程通常分为多个阶段，而在此过程中，外部环境可能会发生变化。此时，企业只有不断地跟踪反馈，方能保证战略的适应性。

> **【课堂互动】**
>
> 美国人喜欢"下围棋"——从全局出发，顾全大局；
> 日本人喜欢"打桥牌"——自由组队，互相竞争；
> 中国人喜欢"打麻将"——看住上家，防住下家，自己和不了，别人也休想和。
> "中国企业的战略实施一定要对内下好围棋，对外打好桥牌，千万别打麻将！"讨论分析能否用这句话概括战略管理的原则。

三、战略管理的任务

企业战略管理主要包括以下5项相互关联的管理任务：
（1）提出企业的战略展望，指明企业的未来业务，明确企业未来的发展方向。
（2）建立战略目标，将企业的战略展望转换成企业要达到的具体业绩标准。
（3）制定具体战略，明确企业期望达到的效果。
（4）高效地实施和执行企业战略。
（5）进行战略控制。评价企业的经营业绩，并参照实际的经营过程、变化的经营环境、新的思维和新的机会，适时调整企业的战略展望和战略目标。

> **【知识链接】**
>
> **著名企业的战略目标**
>
> 3M公司：每股收益平均年增长率10%以上，股东权益回报率20%～25%，营运资金回报率27%以上，至少有30%的销售额来自于近4年推出的产品。
> 波音公司：尽我们所能来获得高利润，保持股东的年平均收益率为20%。

任务二　掌握企业战略管理的过程

一个规范、全面的战略管理过程可大体分解为3个阶段，即战略分析阶段、战略制定与选择阶段、战略实施与控制阶段。

一、战略分析阶段

战略分析是指对企业的战略环境进行分析、评价,并预测这些环境未来的发展趋势,以及这些趋势可能对企业造成的影响。企业战略分析可分为外部环境分析和内部环境分析两个部分。

(一)外部环境分析

企业进行外部环境分析主要是为了适时地寻找和发现有利于企业发展的机会,以及对企业来说所存在的威胁,以便在制定与选择战略时能够利用外部环境所提供的机会而避开对企业的威胁因素。企业外部环境分析包括宏观环境分析和行业环境分析两个方面。

1. 宏观环境分析

宏观环境分析主要包括对政治法律环境、经济环境、技术环境和社会文化环境的分析。

- **政治法律环境**:包括政府政策、政府管制、国家政局、特种关税、进出口限制等。
- **经济环境**:包括经济增长率、财政和货币政策、利率、汇率、消费模式、通货膨胀率、居民可支配收入、劳动生产率水平等。
- **技术环境**:包括总体技术水平、产品生命周期、技术变更速度、技术发展趋势等。
- **社会文化环境**:包括教育水平、生活方式、社会价值观、工作习惯、社会习俗、人口规模与分布等。

2. 行业环境分析

行业环境分析主要包括行业周期分析、行业集中度分析、行业吸引力分析、行业结构分析等。

- **行业周期分析**:确定企业所从事的行业处于哪个发展阶段(导入期、成长期、成熟期、衰退期),从而采取不同的发展策略。
- **行业集中度分析**:确定行业发展的现状和趋势(如行业市场是否已经被几个寡头所垄断等),从而采取合适的竞争策略。
- **行业吸引力分析**:确定行业是否有发展前景,一般来讲,具有吸引力的行业具有市场进入壁垒高、买方和卖方议价能力不强、替代品威胁小、企业间竞争不激烈、行业增长快等特点。
- **行业结构分析**:分析行业内现有竞争者、潜在进入者、替代品、购买者、供应商 5 种影响行业结构的因素,从而确定行业内的竞争态势和竞争平衡性。

(二)企业内部分析

企业内部分析是指分析企业所具备的优势或弱点,以便在制定和实施战略时能扬长避短、发挥优势,有效地利用企业自身的各种资源。企业内部分析包括企业资源分析和企业能力分析两个方面。

1. 企业资源分析

企业资源分析即分析企业内部的有形和无形资源。其中,有形资源包括财务资源、人力资源、物质资源、组织资源等,具体表现为厂房、设备、机器、员工、资金等;无形资源包括技术、创新能力、声誉等,具体表现为技术专利、信誉、品牌等。

2. 企业能力分析

企业能力分析主要包括对企业产品的竞争能力、企业管理水平、生产运营能力等方面进行分析。

> **企业产品竞争能力**：包括产品市场占有率、市场覆盖率、产品收益水平、销售增长率、产品结构等。
> **企业管理水平**：包括运营管理效率、资源利用率、快速反应能力、信息处理能力、制度健全性等。
> **生产运营能力**：包括赢利能力、偿债能力、资金周转能力等。

二、战略制定与选择阶段

战略制定与选择阶段主要是确定企业应采取的战略类型，即选择合适的总体战略、业务单位战略和职能战略。

（一）总体战略

总体战略也称企业战略，是指针对企业长远发展，由企业最高管理层制定的、用于指导企业一切行为的总纲领。总体战略包括成长型战略、稳定型战略和紧缩型战略3种。

1．成长型战略

成长型战略是指以发展壮大企业为基本导向，致力于使企业在产销规模、资产、利润或新产品开发等方面获得增长的战略。成长型战略主要包括一体化战略、集中型战略、多元化战略等。

> **一体化战略**：是指企业对具有优势和增长潜力的产品，沿其经营链条的纵向或横向扩大业务的深度和广度，以扩大经营规模，实现企业成长。
> **集中型战略**：也称聚焦战略，是指把经营战略的重点放在一个特定的目标市场上，为特定地区或特定购买者提供特殊的产品或服务。
> **多元化战略**：又称多角化战略，是指企业同时经营两种以上基本经济用途不同的产品或服务。

2．稳定型战略

稳定型战略是指企业在战略方向上没有重大改变，在业务领域、市场地位和产销规模等方面基本保持现有状况，以安全经营为宗旨的战略。在具体实施时，企业可采取无增战略、维持利润战略、暂停战略、谨慎实施战略等。

> **无增战略**：是指企业在保持现有战略的基础上，不仅按照原有方针在原有经营领域内进行战略经营活动，而且其在同行业竞争中所处的市场地位、产销规模、效益水平等都维持现已达到的状况。
> **维持利润战略**：是指为了维持目前的利润水平而牺牲企业未来成长的战略。
> **暂停战略**：是指企业在一段时期内降低成长速度、巩固现有资源的临时战略。
> **谨慎实施战略**：是指企业在外部环境中某一重要因素难以预测或变化趋势不明显时，有意识地降低实施进度，步步为营。

3．紧缩型战略

紧缩型战略是指企业从目前的战略经营领域中收缩和撤退的战略。与增长型战略和稳定型战略相比,紧缩型战略是一种消极的发展战略。紧缩型战略包括适应性紧缩战略、失败性紧缩战略和调整性紧缩战略3种。

> **适应性紧缩战略**:是指企业为了适应经济衰退、消费者对企业产品的需求减少等外部环境变化而采取的一种战略。其适用条件是:企业已预测或感知到外部环境对企业经营的威胁,并且采用稳定型战略尚不足以使企业顺利适应不利的外部环境。

> **失败性紧缩战略**:是指企业由于经营失误造成竞争地位削弱、经营状况恶化时,为最大限度地减少损失而采取的战略。其适用条件是:企业出现重大的内部问题,如产品滞销、财务状况恶化等。

> **调整性紧缩战略**:是指企业为了谋求更好的发展机会,使有限的资源分配到更有效的使用场合而采取的战略。其适用条件是:企业存在一个投资回报率更高的资源配置点。

【管理案例】

海尔的战略选择

海尔的战略选择可分为以下4个阶段:

(1)名牌战略阶段(1984~1991年):只生产冰箱,探索并积累了丰富的企业管理经验,总结出了一套可移植的管理模式,为今后的发展奠定了坚实的基础。

(2)多元化战略阶段(1992~1998年):从单一产品向多元产品发展(1998年时已有几十种产品),从白色家电进入黑色家电领域。

(3)国际化战略阶段(1998~2007年):产品批量销往全球主要经济区域市场,已经建立起自己的海外营销网络与售后服务网络。

(4)大集团战略(2007~2010年):制定实施"三大一活一统一"的大集团战略,即大名牌、大科研、大市场;资本活;企业文化统一。

(二)业务单位战略

业务单位战略也称竞争战略,是指在总体战略的指导下,一个业务单位进行竞争的战略。这里的"业务单位"是企业的一部分,是指拥有单独的任务、目标和特定的市场重点,并且可以单独制定计划而不与其他业务发生牵连的单位。业务单位战略主要包括成本领先战略、差异化战略、集中化战略等。

1. 成本领先战略

成本领先战略是指企业使其总成本低于绝大多数甚至所有竞争对手的竞争战略。总体来讲,成本领先战略就是以大规模生产和经营来降低成本,再以低成本所支持的低价格来赢得市场,增加收入,最终实现赢利。"薄利多销"是对成本领先战略最好的概括。成本领先战略一般适用于以下情况:

> 现有竞争企业之间的价格竞争非常激烈。
> 企业所处行业的产品基本上是标准化或同质化的。
> 消费者对价格的差异非常敏感,而不太关注品牌。
> 消费者具有较强的议价能力。

2. 差异化战略

差异化战略是指企业通过提供与众不同的产品或服务,满足消费者的特殊需求,以获取竞争优势的战略。差异化战略一般适用于以下情况：
- 企业具有很强的研发能力，研发人员具有创造性的眼光。
- 消费者对产品或服务的需求是多种多样的，即消费者需求是有差异的。
- 目标市场内采用类似差异化途径的竞争对手很少，能够保证企业产品实现真正的"差异化"。

3. 集中化战略

集中化战略是指企业将经营战略放在一个特定的目标市场上，为特定地区或特定消费者提供特定产品或服务的战略。企业一旦选择了目标市场，便可以通过产品差别化或成本领先的方法，形成集中化战略。也就是说，采用集中化型战略的企业，基本上就是特殊的差别化或成本领先企业。集中化战略一般适用于以下情况：
- 企业没有足够的资源和能力进入整个市场，只能选择与自己的优势和能力相符的有吸引力的目标市场。
- 定位于多个目标市场的竞争对手很难满足消费者的专业或特殊需求。
- 目标市场内没有其他竞争对手进行专业化经营。

（三）职能战略

职能战略是指企业按照总体战略或业务单位战略对企业内各方面职能活动进行的谋划。职能战略一般可分为生产运营型职能战略、资源保障型职能战略和战略支持型职能战略。
- **生产运营型职能战略**：是指从企业或业务运营的基本职能上为总体战略或业务单位战略提供支持的基础性职能战略，包括研发战略、生产战略、质量战略、营销战略、物流战略等。
- **资源保障型职能战略**：是指为总体战略或业务单位战略提供资源保障和支持的职能战略，包括财务战略、人力资源战略、信息化战略、知识管理战略等。
- **战略支持型职能战略**：是指从全局上为总体战略和业务单位战略提供支持的职能战略，包括组织结构战略、企业文化战略、公共关系战略等。

【课堂互动】

举例说明某个企业的职能战略。

三、战略实施与控制阶段

企业在选定了战略方案之后，就必须将其转化为实际行动并确保其顺利实施，也就是做好战略的实施与控制工作。

（一）战略实施

1. 战略实施的概念

战略实施是指企业为了达到预定的战略目标，将战略方案或战略计划付诸实际行动的过程。

战略实施是战略管理的关键环节，是动员企业全体员工沿着企业战略的方向，自觉而努力地贯彻战略，以期更好地达成企业战略目标的过程。

2. 战略实施的原则

企业在实施战略时应遵循以下原则：

（1）合理性原则

由于企业外部环境及内部条件的变化较大，战略实施的过程比较复杂，因此企业只要在主要的战略目标上达到了预定的战略目标，就应当认为这一战略的制定及实施是成功的。此外，在战略实施过程中，战略的某些内容可能有所改变，但只要不妨碍总体目标及战略的实现，就是合理的。

（2）统一指挥原则

一般来说，企业的高层管理者要比中下层管理者及一般员工掌握的信息更多，对企业战略的各个方面的要求以及相互之间的关系了解得更为全面，对战略意图体会更深。因此，战略实施应当在高层管理者的统一指挥下进行，这样才能使企业为实现战略目标而卓有成效的运行。

（3）权变原则

企业在实施战略的过程中，有时会遇到实施过程与战略计划有所偏离、甚至原定的战略计划无法完成的情况，此时，就要求企业根据环境的变化对原定的战略进行重大调整。

3. 战略实施的模式

战略实施的模式一般有以下5种。

（1）指挥型

在这种模式下，企业高层管理者主要运用严密的逻辑分析方法，重点考虑战略的制定问题。高层管理者拥有较高的权威，靠此发布命令推动战略的实施，因此会造成下层管理者缺乏实施战略的动力和创造精神，甚至拒绝实施战略。

（2）变革型

在这种模式下，企业高层领导者主要考虑如何推动战略的实施。其任务是有效地实施战略，设计适当的信息管理系统。为此，高层管理者会进行一系列的变革，如建立新的组织结构和信息系统等，以增加战略成功的机会。

（3）合作型

在这种模式下，高层管理者鼓励中下层管理者运用头脑风暴法去考虑战略制定与实施的问题。各层管理者可以充分发表自己的意见，提出各种不同的方案。此时，高层管理者主要扮演协调员的角色，确保其他管理者提出的所有好的想法都能够得到充分的论证。

（4）文化型

文化型模式扩大了合作型模式的范围，将企业基层的员工也包括进来。在这种模式下，高层管理者主要指引总的方向，鼓励企业员工根据战略目标去设计自己的工作活动，而在战略执行上则放手让每个人作出自己的决策。

（5）增长型

在这种模式下，企业高层管理者鼓励中下层管理者制定与实施自己的战略。这种模式与其他模式的区别在于，它不是自上而下地灌输企业战略，而是自下而上地提出战略。这种战略集中了来自实践第一线的基层管理者的经验与智慧，而高层管理者只是在这些战略中作出判断与选择，并不将自己的意见强加在下级身上。

（二）战略控制

1. 战略控制的概念

战略控制是指企业在实施战略的过程中，检查各部门为达到目标所进行的各项活动的进展情况，评价战略实施后的绩效并与预定的战略目标及控制标准相比较，找出二者之间的偏差，分析产生偏差的原因并纠正偏差，以确保企业战略的顺利实施。

企业的战略控制可为战略决策提供重要的反馈信息，帮助决策者分析战略决策中哪些内容是符合实际的，哪些是不符合实际的，这对提高战略决策的适应性具有重要意义。

2. 战略控制的时机

企业对战略目标可以滚动地实行"一年微调、两年中调、五年大调"。

（1）一年微调

一年微调是指根据企业在战略实施方面取得的进展、企业整体实力提高的程度和外部环境发生的变化，结合年度经营计划，对战略目标进行一定程度的调整，使之更加符合企业内外部的实际情况。

（2）两年中调

两年中调是指企业在发展到一定阶段的时候，对企业战略、经营、管理和外部环境进行全面的分析研究，根据新情况调整企业的发展战略，修正经营方针，为下一阶段的发展制定更为切合实际的战略目标和战略措施。

（3）五年大调

五年大调是指根据过去 5 年所取得的战略成果和总结的经验教训，以及企业内外部环境的新特点和新变化，重新审视企业的战略目标和战略措施，重新确认企业的战略规划，保证战略规划的稳定性、连续性和可变性。

3. 战略控制的流程

战略控制的一个重要目标就是使实际实施效果尽量符合企业的预期目标。为了达到这一目标，战略控制流程可分为 4 个步骤，即确定控制标准、评价实际绩效、审查结果和采取纠正措施，如图 10-1 所示。

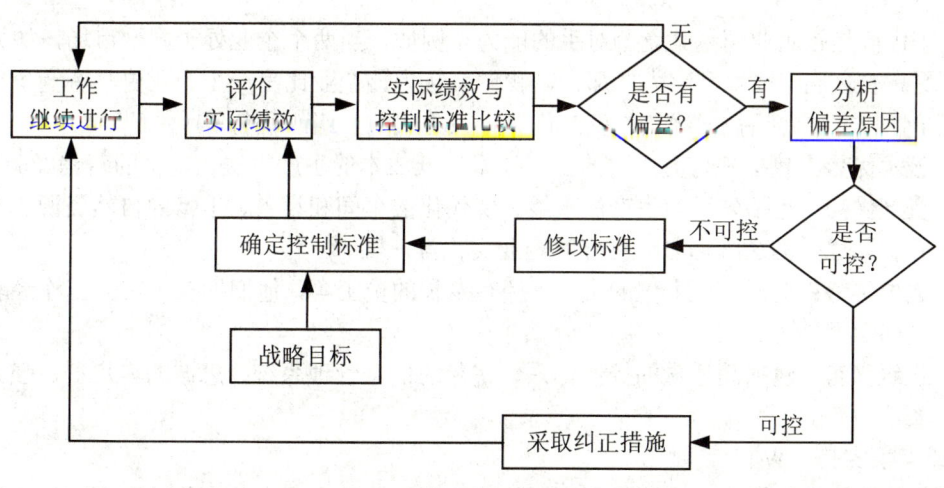

图 10-1　战略控制的流程

（1）确定控制标准

即根据企业的战略目标和内部条件确定企业的控制标准，以此作为战略控制的依据。

（2）评价实际绩效

即全面评价企业的实际绩效，并将其与控制标准进行比较。

（3）审查结果

即分析实际绩效与控制标准之间是否存在偏差，如果偏差较大，则应分析出现偏差的原因。

（4）采取纠正措施

如果实际绩效与控制标准之间的差异可控，则采取相应的纠正或补救措施；如果差异不可控，则应修改控制标准，重复以上步骤。

任务三　掌握战略管理的方法

战略管理是企业管理的核心之一，企业必须要运用科学的方法对其加以分析。常用的战略管理方法有SWOT分析法、波士顿矩阵、麦肯锡矩阵等。

一、SWOT分析法

（一）SWOT分析法的概念

SWOT分析法是一种综合考虑企业外部环境和内部条件的各种因素，进而选择生存和发展战略的方法。其中，"S"是指企业内部的竞争优势（Strength）；"W"是指企业内部的竞争劣势（Weakness）；"O"是指企业外部环境的机会（Opportunity）；"T"是指企业外部环境的威胁（Threat）。

（二）SWOT分析法的内容

根据SWOT分析法的概念可知，SWOT分析法的主要内容即为"S"、"W"、"O"、"T"。

1．竞争优势（S）

竞争优势是指企业超越其竞争对手的能力。例如，当两个企业处于同一市场，如果一个企业有更高的赢利率或赢利潜力，那么，我们就认为该企业比另一个企业更具有竞争优势。

竞争优势主要包括技术优势、资产优势、人力优势、组织优势等。

- **技术优势**：包括独特而先进的生产技术、低成本的生产方法、丰富的营销经验等。
- **资产优势**：包括先进的生产流水线、现代化的车间和设备、丰富的自然资源、充足的资金、优秀的品牌形象、良好的企业文化等。
- **人力优势**：包括积极上进的员工、拥有专长的员工等，他们拥有丰富的工作经验与很强的学习能力。
- **组织优势**：包括高质量的控制体系、完善的信息管理系统、忠诚的客户群、强大的融资能力等。

2．竞争劣势（W）

竞争劣势是指可能使企业处于劣势的条件。可能导致企业竞争劣势的因素有以下几个：

① 缺乏具有竞争能力的技能或技术；② 缺乏具有竞争力的资产资源、人力资源与组织资源；③ 关键领域的竞争优势正在丧失。

3．企业面临的潜在机会（O）

市场机会是影响企业战略决策的重要因素。企业面临的潜在市场机会包括以下几个：① 消费者对企业产品的需求增加；② 市场进入壁垒降低；③ 竞争对手遇到危机。

4．危及企业发展的外部威胁（T）

在企业的外部环境中，总是存在某些对企业的赢利能力和市场地位构成威胁的因素。这些外部威胁可能包括以下几个：① 出现强大的竞争对手；② 目标市场内出现替代品，抢占了企业产品的市场份额；③ 汇率和外贸政策不断变化；④ 客户或供应商的谈判能力提高；⑤ 市场需求减少；⑥ 经济萧条。

（三）SWOT 分析的步骤

SWOT 分析的步骤如下：

（1）列出企业的优势和劣势，以及可能面临的机会与威胁。

（2）将优势、劣势与机会、威胁相结合，形成 SO、WO、WT、ST 战略，如图 10-2 所示。

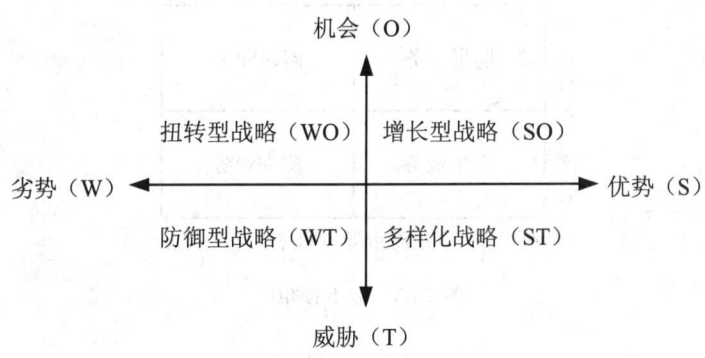

图 10-2　SWOT 分析法

- **SO 战略**：是指发展企业内部优势并利用外部机会的战略。当企业具有特定方面的优势，而外部环境又为发挥这种优势提供有利机会时，可以采用该战略。例如，良好的产品市场前景、供应商规模扩大和竞争对手有财务危机等外部条件，以及企业市场份额提高等内在优势可成为企业收购竞争对手、扩大生产规模的有利条件。
- **WO 战略**：是指利用外部机会弥补内部劣势，从而获取竞争优势的战略。当企业存在外部机会，但由于一些内部劣势而妨碍其有效利用机会时，可采取措施先克服这些劣势。例如，如果企业原材料供应不足，在产品市场前景看好的前提下，企业可利用供应商规模扩大等外部机会实现纵向整合战略，以保证原材料供应。
- **WT 战略**：是一种旨在减少内部劣势，回避外部环境威胁的防御性战略。当企业存在内忧外患时，往往面临生存危机，降低成本也许成为改变劣势的主要措施。例如，当企业原材料供应不足且设备老化，生产成本居高不下时，企业可采取差异化战略，以回避成本方面的劣势和成本原因带来的威胁。

- **ST 战略**：是指企业利用自身优势，回避或减轻外部威胁所造成的影响的战略。例如，竞争对手利用新技术大幅度降低成本、原材料供应紧张、消费者要求大幅度提高产品质量等都会导致企业在竞争中处于非常不利的地位，但若企业拥有充足的资金、熟练的技术工人和较强的产品开发能力，便可利用这些优势开发新工艺，简化生产流程，从而提高原材料利用率，降低生产成本。

【课堂互动】

> 举例说明某企业采用的 SO、WO、WT、ST 战略。

（3）对 SO、WO、WT、ST 战略进行甄别与选择，确定企业目前应采取的具体战略。

二、波士顿矩阵

波士顿矩阵又称 BCG 矩阵，由美国波士顿咨询公司（简称 BCG）提出，主要用于企业进行战略方案的分析与选择。BCG 认为，企业的相对市场占有率和市场增长率是决定其采用何种战略的两个基本参数。以企业的相对市场占有率为横轴，市场增长率为纵轴，可设计出一个四象限的矩阵，如图 10-3 所示。

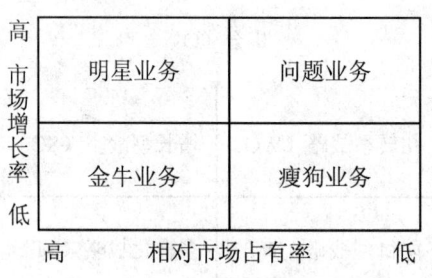

图 10-3　波士顿矩阵

> 相对市场占有率用企业相对于其主要竞争对手的市场占有率来表示。即
> 相对市场占有率 =（本企业的销售额/主要竞争对手的销售额）× 100%

由图 10-3 所示可知，波士顿矩阵划分出 4 种业务组合，即问题业务、明星业务、金牛业务和瘦狗业务。

- **问题业务**：是指市场增长率较高而相对市场占有率较低的业务，一般是企业的新业务。该类业务需要大量的资金投入，所以企业必须慎重选择。如果企业决定继续投资该业务，则应采用成长型战略；反之，则采用紧缩型战略。
- **明星业务**：是指市场增长率和相对市场占有率都比较高的业务，通常代表最佳的投资机会。明星业务有较好的发展机遇和较强的实力，因此企业应采取成长型战略，对其进行必要的投资，以提高企业的竞争地位。
- **金牛业务**：是指市场增长率较低而相对市场占有率较高的业务，一般是企业较成熟的业务。该类业务可以为企业带来较高的利润，但其市场已经成熟，未来的发展前景是有限的，因此企业对该类业务应采取稳定型战略，以巩固其市场地位为主。
> **瘦狗业务**：是指市场增长率和相对市场占有率都比较低的业务，一般是微利甚至亏损的业务。该类业务通常会占用大量的资源（如时间、资金等），多数时候是得不偿失的。因此，企业对该类业务应采取紧缩型战略，以便把资源转移到更有利的业务领域。

三、麦肯锡矩阵

麦肯锡矩阵又称 GE 矩阵，由美国通用电气公司（GE）开发，主要用于对企业进行业务组合分析。

麦肯锡矩阵用"产业吸引力"代替波士顿矩阵中的"市场增长率"，用"企业竞争力"代替"相对市场占有率"，并将每个维度分成高、中、低 3 级，用 9 个象限表示两个维度上不同级别的组合，如图 10-4 所示。其中，"产业吸引力"包括市场规模、市场增长率、边际利润率等要素；"企业竞争力"包括研发能力、生产能力、销售能力、管理能力等要素。

	高	中	低
高	尽量扩大投资，谋求主导地位	细分市场，以追求主导地位	专门化，采取并购战略
中	选择细分市场，大力投入	选择细分市场，专门化	专门化，谋求小块市场份额
低	维持地位	减少投资	集中于竞争对手的赢利业务，或放弃

（纵轴：产业吸引力；横轴：企业竞争力）

图 10-4 麦肯锡矩阵

麦肯锡矩阵是在波士顿矩阵的基础上发展而来的，但麦肯锡矩阵中的"产业吸引力"和"企业竞争力"包含了更多的要素，因此可以保证企业在分析其总体战略时更切合实际、更具操作性。

案例分析——沃尔玛的成本领先战略

沃尔玛的"平价观"实际上是对成本领先战略的完美诠释，始终如一地坚持成本领先战略，是沃尔玛取胜的法宝之一。沃尔玛主要从以下几个方面实现其成本领先战略。

1. 贯彻节约开支的经营理念

沃尔玛的经营理念蕴含于其"天天平价，始终如一"的经营策略中。沃尔玛在零售这一微利行业，力求比竞争对手更节约开支，这一看似平实但实际上却"杀伤力"极强的经营理念，成为沃尔玛在零售业驰骋天下的"撒手锏"，为沃尔玛确立并成功实施成本领先战略提供了先决条件。在节约开支的经营理念的指导之下，沃尔玛最终将流通成本降至行业最低，把商品价格保持在最低价格线上，成为零售业的成本管理专家和成本领先战略的经营典范。

2. 将物流循环链条作为战略实施载体

物流成本是衡量零售企业经营管理水平的重要标志，也是影响零售企业经营成果的重要因素。沃尔玛将包括采购、库存、配送等环节在内的物流循环链条作为实施成本领先战略的载体，并通过对该链条的集中管理，把整个链条中各个环节的成本降至行业最低。

（1）采购管理

在采购环节，沃尔玛主要通过以下做法降低成本：

- 采取集中采购制，尽量实行统一进货。沃尔玛一般一次性签订一年的采购合同，由于数量巨大，其采购价格远远低于同行，形成他人无法比拟的优势。
- 买断进货，并固定时间结算，以降低采购成本，并赢得供应商的信赖。
- 与供应商保持长期合作的关系，通过电脑联网实现信息共享，供应商可以即时了解沃尔玛的销售和库存情况，及时安排生产和运输。由于效率提高，供应商成本降低，沃尔玛也就能从中获得优惠。

（2）库存管理

沃尔玛将电脑应用于库存管理中，大大降低了库存成本。公司总部有一台高速电脑，联结了20个配送中心及1000多家分店。分店售出的每一件商品通过柜台扫描器扫描后，全都自动计入电脑。当某一商品的库存量减少到某一数量时，系统就会发出补货信号。总部收到分店的订单后统一向供应商采购，然后将商品送往离分店最近的配送中心，再由配送中心配送至各个分店。这种高效的库存管理既能使总部迅速掌握销售情况，又能及时补充分店的库存，还不会导致库存积压，从而大大降低了库存成本。

（3）配送管理

沃尔玛被称为零售配送革命的领袖，其独特的配送体系加快了库存周转速度。沃尔玛利用高效的配送中心和先进的卫星通信网络实现了"不停留送货"的配送系统，使配送成本大大降低。

3. 以发达的高科技信息处理系统作为战略实施的基本保障

沃尔玛的高科技信息处理系统不仅包括发达的计算机网络体系，还包括全美最大的私人卫星通信系统和世界上最大的民用数据库。沃尔玛所有分店、配送中心的购销调存信息和运输车队的详细信息，都可以通过与计算机相联的通信卫星传送到总部的数据库，从而为各个节点的信息交流提供了便利。

在高科技信息处理系统的支持下，各个节点实现信息共享，使物流循环链条上的各个环节实现了光滑、平稳、顺畅的低成本衔接。沃尔玛的配送成本因此降至销售额的3%以下，流通费用比竞争对手低60%以上；此外，资金周转速度也得到大幅度提高。

4. 对日常经费进行严格控制

沃尔玛的管理费用仅占其销售额的2%，而行业平均水平为5%。沃尔玛在各个细节上都实施节俭措施，如办公室不置昂贵的办公用品和豪华装饰、店铺装修尽量简洁、商品采用大包装、减少广告开支、鼓励员工为节省开支出谋划策等。此外，沃尔玛的高层管理者也一贯保持节俭作风，即使是总裁也不例外。

综上所述，沃尔玛一直想方设法从各个方面将费用支出与经营收入比例保持在行业最低水平，这就使得沃尔玛在日常管理方面获得竞争对手所无法抗衡的低成本管理优势。

综合实训　SWOT 分析法的应用

【实训目的】
1. 提高学生分析问题的能力；
2. 加强学生对所学知识的掌握。

【背景材料】
以下是海尔集团面对企业外部市场环境和企业内部条件进行的 SWOT 分析。

1. **优势**
   - 健康的整体形象，较强的品牌渗透力
   - 理想的预购率
   - 良好的服务口碑
   - 产品线宽，有利于组合促销
   - 新产品开发能力较强
   - 物流管理先进，便于迅速反映市场需求

2. **劣势**
   - 价格相对较高，往往超出欲购者的心理价位
   - IT 产品缺乏技术上的竞争力
   - 缺乏真正的核心技术
   - 管理、市场、技术人才与跨国企业存在较大差距

3. **机会**
   - 消费者持币待购心理削弱，购买需求加大
   - 消费需求向强势品牌集中，企业品牌优势显著
   - 家庭收入提高而家电产品价格回落，家电更新换代速度加快
   - 产品同质化使家电消费日趋感性，为促销和差异化营销手段提供更多机会

4. **威胁**
   - 家电价格普遍回落，使企业产品的高价位问题更为突出
   - 部分品牌为求生存，不断降价，引发价格恶战，带来行业性的灾难
   - 供大于求的市场现状和内外交困的竞争压力使国产品牌竞争更加激烈

【实训要求】
1. 将学生分成若干小组，每组 4～6 人，以小组为单位分别走访不同的企业。
2. 各小组对所选企业进行全面的调查，收集所需资料，然后按照上述模板对企业进行 SWOT 分析。
3. 每组撰写一份实训报告，并在班级内部进行交流。

【实训考核】
由教师根据表 10-1 所示的考核成绩表对学生作出考核与评价。

表 10-1 考核成绩表

考核内容	考核标准		比重（%）	小计（%）
资料收集	内容	相关性	15	30
	数量	丰富性	15	
书面报告	内容	条理性	10	30
		简明性	10	
		创新性	10	
交流发言	内容	合理性	10	40
		准确性	10	
	现场表现	语言流利	10	
		表现自如	10	
合计（%）				100

项目小结

本项目主要介绍了企业战略管理的相关知识，包括战略管理的基础知识、战略管理的过程和战略管理的方法等内容。

1. **战略管理的基础知识**

战略管理是指企业确定其使命，根据外部环境和内部条件设定企业的战略目标，为保证目标的正确落实和实现进行谋划，并依靠自身能力将这种谋划付诸实施，以及在实施过程中进行控制的动态管理过程。

企业进行战略管理时要遵循以下原则：① 适应环境原则；② 全程管理原则；③ 整体最优原则；④ 全员参与原则；⑤ 反馈修正原则。

企业战略管理主要包括以下 5 项相互关联的管理任务：① 提出企业的战略展望；② 建立战略目标；③ 制定具体战略；④ 实施和执行企业战略；⑤ 进行战略控制。

2. **战略管理的过程**

一个规范、全面的战略管理过程可大体分解为 3 个阶段，即战略分析阶段、战略制定与选择阶段、战略实施与控制阶段。

（1）战略分析阶段

战略分析是指对企业的战略环境进行分析、评价，并预测这些环境未来的发展趋势，以及这些趋势可能对企业造成的影响。

企业战略分析可分为外部环境分析和内部环境分析两个部分。其中，企业外部环境分析包括宏观环境分析和行业环境分析两个方面；企业内部分析包括企业资源分析和企业能力分析两个方面。

（2）战略制定与选择阶段

战略制定与选择阶段主要是确定企业应采取的战略类型，即选择合适的总体战略、业务单位战略和职能战略。

总体战略包括成长型战略、稳定型战略和紧缩型战略 3 种。

业务单位战略主要包括成本领先战略、差异化战略、集中化战略等。

职能战略一般可分为生产运营型职能战略、资源保障型职能战略和战略支持型职能战略。

（3）战略实施与控制阶段

战略实施是指企业为了达到预定的战略目标，将战略方案或战略计划付诸实际行动的过程。

企业在实施战略时应遵循以下原则：① 合理性原则；② 统一指挥原则；③ 权变原则。

战略实施的模式一般有指挥型、变革型、合作型、文化型和增长型 5 种。

战略控制是指企业在实施战略的过程中，检查各部门为达到目标所进行的各项活动的进展情况，评价战略实施后的绩效并与预定的战略目标及控制标准相比较，找出二者之间的偏差，分析产生偏差的原因并纠正偏差，以确保企业战略的顺利实施。

企业对战略目标可以滚动地实行"一年微调、两年中调、五年大调"。

战略控制流程可分为 4 个步骤，即确定控制标准、评价实际绩效、审查结果和采取纠正措施。

3. 战略管理的方法

常用的战略管理方法有 SWOT 分析法、波士顿矩阵、麦肯锡矩阵等。

（1）SWOT 分析法

SWOT 分析法是一种综合考虑企业外部环境和内部条件的各种因素，进而选择生存和发展战略的方法。

SWOT 分析法的主要内容如下：① 竞争优势（S）；② 竞争劣势（W）；③ 企业面临的潜在机会（O）；④ 危机企业发展的外部威胁（T）。

（2）波士顿矩阵

波士顿矩阵又称 BCG 矩阵，由美国波士顿咨询公司（简称 BCG）提出，主要用于企业进行战略方案的分析与选择。

波士顿矩阵划分出 4 种业务组合，即问题业务、明星业务、金牛业务和瘦狗业务。

（3）麦肯锡矩阵

麦肯锡矩阵又称 GE 矩阵，由美国通用电气公司（GE）开发，主要用于对企业进行业务组合分析。

麦肯锡矩阵用"产业吸引力"代替波士顿矩阵中的"市场增长率"，用"企业竞争力"代替"相对市场占有率"，并将每个维度分成高、中、低 3 级，用 9 个象限表示两个维度上不同级别的组合。

思考与练习

一、名词解释

战略管理　　战略分析　　总体战略　　SWOT 分析法

二、填空题

1. 一个规范、全面的战略管理过程可大体分解为3个阶段，即_____阶段、_____阶段、_____阶段。
2. 企业内部分析包括_____和_____两个方面。
3. 总体战略包括_____、_____和_____3种。
4. 职能战略一般可分为_____职能战略、_____职能战略和_____职能战略。
5. 企业对战略目标可以滚动地实行"一年微调、_____、_____"。

三、选择题

1. 下列选项中，（　　）不属于经济环境。
   A．财政和货币政策　　　　　B．社会价值观
   C．消费模式　　　　　　　　D．通货膨胀率
2. （　　）是指为了维持目前的利润水平而牺牲企业未来成长的战略。
   A．无增战略　　　　　　　　B．维持利润战略
   C．暂停战略　　　　　　　　D．谨慎实施战略
3. 成本领先战略最不适用于（　　）。
   A．现有竞争企业之间的价格竞争非常激烈
   B．企业所处行业的产品基本上是标准化或同质化的
   C．消费者非常关注品牌
   D．消费者具有较强的议价能力
4. 以下战略实施的模式中，（　　）最容易导致下层管理者拒绝实施战略。
   A．指挥型　　　B．合作型　　　C．文化型　　　D．增长型
5. SWOT分析法中的"T"是指（　　）。
   A．竞争优势　　　　　　　　B．竞争劣势
   C．企业面临的潜在机会　　　D．危及企业发展的外部威胁

四、简答题

1. 企业进行战略管理时应遵循哪些原则？
2. 战略实施的模式有哪些？
3. 简述波士顿矩阵的4种业务组合。

参考文献

[1] 史秀云. 管理学基础与实务[M]. 北京：北京交通大学出版社，2009.
[2] 李蔚田，徐宗华，张立方. 管理学基础[M]. 北京：中国农业大学出版社；北京大学出版社，2010.
[3] 张永良. 管理学基础[M]. 北京：北京理工大学出版社，2010.
[4] 杨强. 管理学基础[M]. 北京：中国人民大学出版社，2010.
[5] 胡伟. 管理学[M]. 北京：化学工业出版社，2009.
[6] 吕实. 管理学[M]. 北京：清华大学出版社，2010.
[7] 王丹. 人力资源管理实务[M]. 北京：清华大学出版社，2006.
[8] 秦志华. 人力资源管理[M]. 北京：中国人民大学出版社，2009.
[9] 王明琴. 人力资源管理[M]. 北京：科学出版社，2009.
[10] 魏玉芝. 市场营销[M]. 北京：清华大学出版社，2008.
[11] 彭代武. 市场营销学[M]. 武汉：武汉大学出版社，2009.
[12] 陈铖，李晓琳. 海尔集团成功战略分析[J]. 现代商贸工业，2010（17）.